U0825251

国际分割生产与中国制造业出口发展研究

杨永华　著

科学出版社
北　京

内容简介

从2009年至今，中国货物出口一直排名世界第一，其中制造业出口占了很大份额。制造业是我国参与国际分割生产的主体。本书选取中国的制造业为研究对象，分析国际分割生产和中国制造业出口发展之间的关系。首先，作者须构建一个国际分割生产模型，为分析国际分割生产影响出口贸易提供理论分析框架；其次，选取出口比较优势、出口结构、出口复杂度、出口的深化和广化为反映制造业出口发展状况的指标，分析国际分割生产现象对中国制造业出口比较优势和出口结构变化的影响，并重点就国际分割生产对中国制造业的出口复杂度、出口的深化和广化的影响进行了分析。

本书可供国际经济学、世界经济、区域经济学、管理学等相关学科的专业研究人员和师生使用，也可供政府相关领导和管理人员参考。

图书在版编目(CIP)数据

国际分割生产与中国制造业出口发展研究 / 杨永华著. — 北京：科学出版社, 2016.11(2017.8重印)

ISBN 978-7-03-050584-2

Ⅰ.①国… Ⅱ.①杨… Ⅲ.国际分工-影响-制造工业-出口贸易-研究-中国 Ⅳ.①F426.4

中国版本图书馆CIP数据核字（2016）第271221号

责任编辑：杨 岭 朱小刚 / 责任校对：葛茂香
责任印制：余少力 / 封面设计：墨创文化

科学出版社 出版
北京东黄城根北街16号
邮政编码：100717
http://www.sciencep.com

成都锦瑞印刷有限责任公司印刷
科学出版社发行 各地新华书店经销

*

2016年11月第 一 版 开本：B5（720×1000）
2017年8月第二次印刷 印张：15 1/4
字数：300千字

定价：85.00元

（如有印装质量问题，我社负责调换）

前　　言

改革开放以来，出口导向型经济发展战略的实施，使得中国的出口规模迅速扩张。中国出口总额的世界排名由1980年的第28位，上升至2007年的第2位，2009～2015年，中国一直保持世界第一大出口国的排名。在中国的出口中制成品出口占了绝大部分的份额，且制成品出口的增长速度快于所有货物出口总额的增长速度。制成品是我国参与国际分割生产(international fragmentation of production)的主体，国际分割生产，即把产品的生产过程分割成不同的区段配置到不同国家和地区，已经成为影响我国制造业出口的重要因素。

传统的国际贸易理论没有考虑国际分割生产现象，不能解释国际分割生产对出口贸易的影响。本书构建了一个南-北国际分割生产的模型，为分析国际分割生产影响出口贸易提供理论分析框架。另外，对中国出口贸易的相关经验研究主要从宏观层面进行，主要分析贸易总量增长的决定因素，很少具体到行业层面，也很少对中国的出口复杂度、出口的深化和广化等产品特征进行分析，还没有文献把国际分割生产与中国出口的产品特征相结合进行研究。为此，本书一方面运用传统的国际贸易理论和新贸易理论，把国际分割生产纳入分析框架；另一方面，本书选取出口比较优势、出口结构、出口复杂度、出口的深化和广化为反映制造业出口发展状况的指标，分析了国际分割生产现象对中国制造业出口比较优势和出口结构变化的影响，并重点就国际分割生产对中国制造业的出口复杂度、出口的深化和广化的影响进行了理论分析和经验分析。

本书共8章。第1章指出本书的研究视角、研究方法、研究思路、结构安排及创新之处。第2章简要介绍国际分割生产与贸易和出口发展的相关文献。第3章基于Dixit和Stiglitz(1977)的模型，把产品的生产过程分成不同区段并跨国配置，构建一个南-北国际分割生产的模型，分析国际分割生产对制造业出口贸易的影响。第4章在相关文献基础上，构建三类中国制造业国际分割生产程度的指标进行度量。第5章分析考虑国际分割生产与不考虑国际分割生产时，中国制造业出口比较优势和出口结构的变化。第6章首先构建指标度量中国制造业的出口复杂度，其次就国际分割生产对我国制造业出口复杂度的影响进行经验分析。第7章首先构建指标度量中国制造业出口的深化和广化，其次就国际分割生产对我国制造业出口的深化和广化的影响进行计量分析。第8章总结本书的研究结论，并指出进一步研究的方向。

本书得出如下主要结论：①随着北方国家向南方国家分割生产，将会对南方国家的出口比较优势、出口结构、出口复杂度、出口的深化和广化产生影响。

②中国资本或技术密集型制造业的国际分割生产程度比较高，资源密集型行业的国际分割生产程度较低。中国制造业与北美洲、亚洲的国际分割生产程度最高，其次是与欧洲、拉丁美洲的国际分割生产程度，与非洲、大洋洲的国际分割生产程度最低。③由于国际分割生产，中国制造业的出口比较优势明显增强，中国制造业出口结构改善程度也非常突出。但是，分离了国际分割生产引起的他国的贡献和含量后，中国制造业的出口比较优势和出口结构改善程度并没有这么突出。④中国制造业的出口复杂度呈上升趋势。我国科技投入的增加和我国通过外国直接投资(foreign direct investment，FDI)与加工贸易等方式参与国际分割生产的程度不断提高，促进了我国制造业出口复杂度的提高。⑤中国制造业各行业出口市场份额的变化主要源于出口深化的贡献，出口广化的贡献很小。国际分割生产对不同要素密集型行业出口的深化与广化的影响存在差异。

本书的撰写和出版离不开许多人的帮助。我要特别感谢在读博期间的导师冼国明教授，能成为冼老师的学生是我最大的幸运，先生从一个研究者应具备的能力和基本要求入手给予我的精心指导和要求、对我的信任和期望，使我在感激之余不断告诫自己要更加努力。感谢杨先明教授，他时刻关注着我学业和研究进展，给了我许多指导和帮助。感谢南开大学蒋殿春教授、盛斌教授、张晓峒教授、李荣林教授和戴金平教授，我从他们讲授的课程中获益颇多。感谢我亦师亦友亦兄的赵果庆教授、黄玖立教授、文东伟教授和杨长志教授，从本书的设计到具体的撰写和修改，他们都给了我许多指导和意见。感谢我的同窗好友崔喜君和孙江永博士在本书数据方面给予的帮助。最后，我要深深地感谢我的家人，感谢我的妈妈和我的丈夫给予我无比的支持，使我得以全身心投入研究，完成本书写作。

本书的研究和出版得到了国家自然科学基金项目“国际分割生产与中国制造业出口发展研究”(项目编号：71163047)和云南省级立项支持新增一级学科博士点学科建设规划(应用经济学)项目的资助。

由于时间仓促、水平有限，书中难免存在一些不足，恳请读者们批评指正！

杨永华

2016 年 7 月于昆明

目　录

第1章　导　　论

1.1　研究背景和问题提出

20世纪末至21世纪初，随着经济全球化的发展，国际生产体系发生了重大变化，当前国际生产体系的一个普遍的现象是：以往在同一国家(地区)完成的最终产品的生产，现在已被分解，其不同的工序、区段、零部件被分割到不同国家和地区来进行，从而形成了由不同国家和地区的厂商共同参与的国际分割生产。学者们使用不同的术语来描述这一现象，如产品内分工(Arndt，1997；卢锋，2004)、外包(Grossman and Helpman，2005)、垂直专业化(Hummels et al.，2001)、分割生产(Jones and Kierzkowski，1990)、全球生产共享(Feenstra and Hanson，2001)、全球生产网络(Ernst and Kim，2002)等。术语的多样化反映了学者们尚未形成统一认识。为了论述的方便，以及考虑到要从不同的层面分析国际分割生产对中国制造业出口贸易的影响，本书使用国际分割生产这一概念。

近几十年来，世界生产和贸易的一个重要发展就是由垂直专业化分工引起的国际分割生产，这是世界贸易高速增长的一个主要源泉(Feenstra and Hanson，2001；Hummels et al.，2001；Yi，2003；Grossman and Helpman，2005)。本书首先描绘中国出口总额和制造业出口的增长，其次考察中国参与国际分割生产的现状，最后提出本书要研究的问题，即国际分割生产对中国制造业出口的发展有何影响？

1.1.1　中国货物贸易出口的增长

改革开放以来，中国的货物贸易出口取得了巨大的增长。1981～2014年中国的货物贸易出口以年均16.0%的速度增长，远远高于同期的世界平均增长水平7.2%。从各个时期看，中国货物贸易出口的增长速度在不断加快且都高于同期的世界平均增长水平，在20世纪80年代，我国货物贸易出口增长的平均速度为12.9%，高于同期的世界平均增长水平5.0%。20世纪90年代的平均增长速度为14.4%，世界同期平均增长速度为6.5%。而在2000～2009年以21.0%的年均速度增长，世界同期平均增长速度为9.0%。而在2010～2014年以14.7%的年均速度增长，世界同期平均增长速度为9.1%。其中，1994年、2003年、2004年和2010年我国货物贸易出口增长速度超过30%，分别达到了31.9%、34.6%、35.4%和31.3%，34个年份里有19个年份的货物贸易出口增长速度超过 17.2%，高于期间的平均水平(图 1.1)。

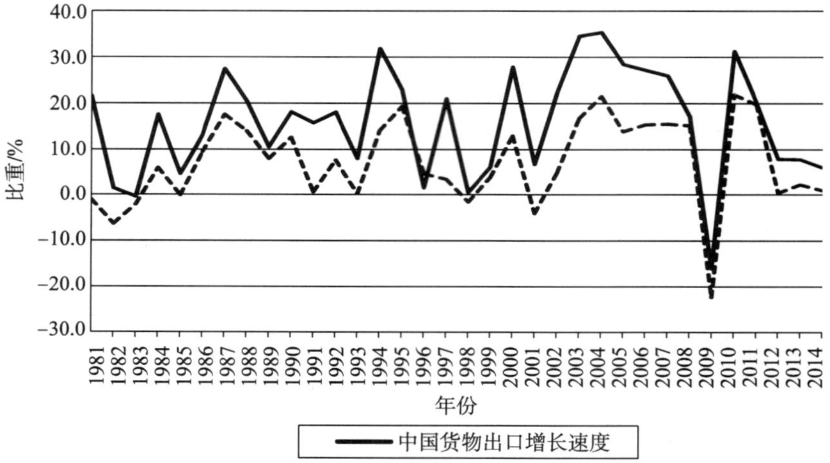

图 1.1　1981～2014 年中国与世界货物贸易出口增长速度

资料来源：作者根据国研网统计数据库的世界经济数据库提供的数据(1978～2013 年)和世界贸易组织(World Trade Organization，WTO)数据库提供的数据(2014～1015)年计算而得。网址为：https://www.wto.org/english/res_e/statis_e/merch_trade_stat_e.htm，http://drc.heinfo.gov.cn/DRCNet.OLAP.BI/web/OLAPQuery.aspx?databasename=WorldEconomy&cubeName=WTO&channel=51&nodeId=82

与此同时，随着中国货物贸易出口的持续高速增长，中国货物贸易出口占世界货物贸易出口的比重不断上升，从 1981 年的 1.1% 上升到了 2015 年的 13.8%，2010 年起比重达到了 10.3%，且持续上升。结果，中国货物贸易出口总额的世界排名也从 1980 年的第 28 位，升至 1990 年的第 14 位，2000 年则攀升到第 7 位，2007 年跃至第 2 位，2009 年中国的货物贸易出口总额为 12 016 亿美元，超过德国成为世界第一大出口国家，此后货物贸易出口一直位居全球第一，且出口额不断增加，2014 年的出口额达到了 23 423 亿美元，比 2009 年增长了近一倍，2015 年我国的出口总额下降到 22 749 亿美元，但是占世界份额却持续上升(表 1.1)。

表 1.1　中国货物贸易出口额占世界货物贸易的比重

年份	中国出口额/亿美元	世界出口额/亿美元	比重/%	年份	中国出口额/亿美元	世界出口额/亿美元	比重/%
1981	220	20 140	1.1	1988	475	28 690	1.7
1982	223	18 860	1.2	1989	525	30 980	1.7
1983	222	18 460	1.2	1990	621	34 900	1.8
1984	261	19 560	1.3	1991	719	35 120	2.0
1985	274	19 540	1.4	1992	849	37 820	2.2
1986	309	21 390	1.4	1993	917	37 910	2.4
1987	394	25 160	1.6	1994	1 210	43 280	2.8

续表

年份	中国出口额/亿美元	世界出口额/亿美元	比重/%	年份	中国出口额/亿美元	世界出口额/亿美元	比重/%
1995	1 488	51 680	2.9	2006	9 690	121 300	8.0
1996	1 510	54 070	2.8	2007	12 205	140 220	8.7
1997	1 828	55 920	3.3	2008	14 307	161 590	8.9
1998	1837	55 030	3.3	2009	12 016	125 540	9.6
1999	1 949	57 150	3.4	2010	15 778	153 000	10.3
2000	2 492	64 570	3.9	2011	18 984	183 280	10.4
2001	2 661	61 950	4.3	2012	20 487	184 040	11.1
2002	3 256	64 950	5.0	2013	22 090	188 160	11.7
2003	4 382	75 890	5.8	2014	23 423	189 950	12.3
2004	5 933	92 230	6.4	2015	22 749	164 820	13.8
2005	7 620	105 080	7.3				

资料来源：作者根据国研网统计数据库的世界经济数据库提供的数据（1978～2013 年）和 WTO 数据库提供的数据（2014～1015 年）计算而得。网址：https://www.wto.org/english/res_e/statis_e/merch_trade_stat_e.htm，http://drc.heinfo.gov.cn/DRCNet.OLAP.BI/web/OLAPQuery.aspx?databasename=WorldEconomy&cubeName=WTO&channel=51&nodeId=82

从出口产品构成来看，中国的货物贸易出口主要以工业制成品为主。工业制成品出口占我国货物总出口的比重在 1981～1985 年有些波动，从 1981 年 55%上升到了 1982 年的 56.7%，此后逐渐下降到了 1985 年的 49.4%。但自 1986 年以来不断提高，从 63.6%逐年持续上升，在 1998 年到达了 90%，2005 年到达了 95%，此后近十年来一直保持在 95%（图 1.2）。

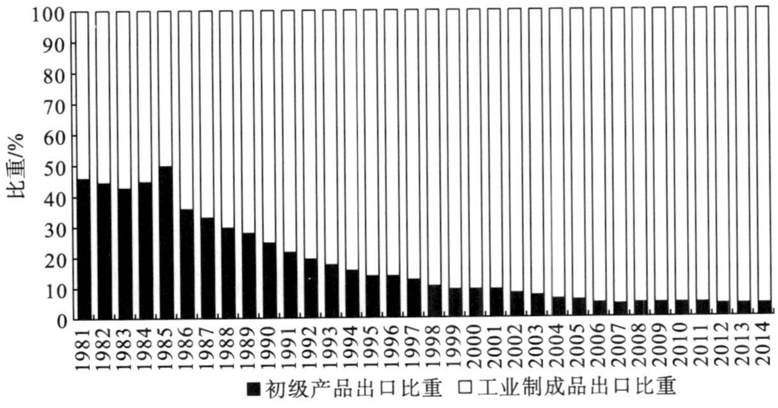

图 1.2　1981～2014 年中国货物出口中初级产品和工业制成品的份额

资料来源：作者根据《中国统计年鉴 2015》数据计算而得

在1981～2014年，中国工业制成品出口的总体增长速度快于我国货物贸易总出口的增长，中国工业制成品出口年均增长速度达到了18.8%，高于货物总出口的年均增长速度16%。从各个时期看，中国工业制成品出口的增长速度在不断加快且都高于同期的中国货物贸易出口平均增长水平，在20世纪80年代，我国工业制成品出口增长的平均速度为19.5%，高于同期的中国货物贸易出口平均增长水平12.9%。20世纪90年代中国工业制成品出口的平均增长速度为17.3%，中国货物贸易出口同期平均增长速度为14.4%。在2000～2009年中国工业制成品出口以21.7%的年均速度增长，中国货物贸易出口同期平均增长速度为21.0%。在2010～2014年中国工业制成品出口以14.8%的年均速度增长，中国货物贸易出口同期平均增长速度为14.7%。其中，1986年、1987年、1988年、1994年、2003年、2004年和2010年我国工业制成品出口增长速度超过30%，分别达到了35.9%、69.8%、31.0%、34.8%、35.7%、36.6%和31.3%，34个年份里有20个年份我国工业制成品出口增长速度超过20%，高于期间的平均水平(图1.3)。

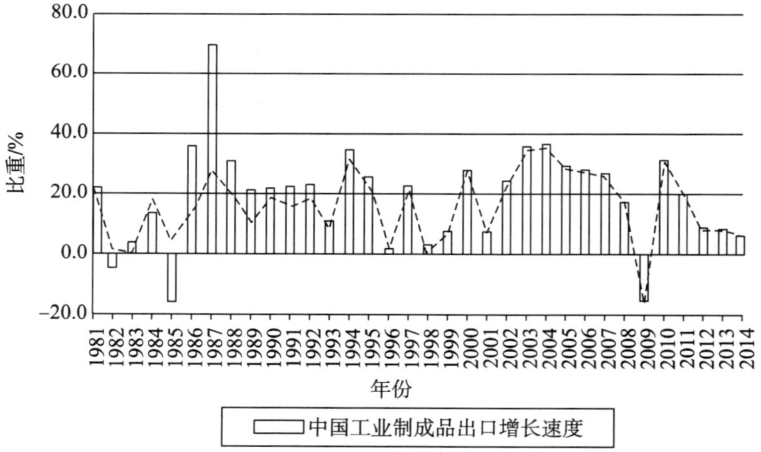

图1.3 1981～2014年中国制成品和货物出口增长速度

资料来源：作者根据《中国统计年鉴2015》数据计算而得

随着我国工业制成品出口不断增长，我国工业制成品出口额由1981年的118亿美元上升到了2014年的22 296亿美元，增长了188倍。我国工业制成品出口高于我国货物贸易总出口增速的增长，以及工业制成品出口占我国货物贸易总出口比重的持续上升，极大地促进了我国货物贸易总出口的快速增长。

1.1.2 中国参与国际分割生产状况

国际分割生产并不是一个新的现象。早在工业革命以前，欧洲的纺织业厂商就采用了国际分割生产这一方式，把纺织品的生产分割到不同国家进行

(Formentini and Iapadre，2008)。然而，以下两个原因使国际分割生产在最近的几十年里取得了很大的发展，从而引起了许多学者的关注：一是技术创新、贸易自由化和国际资本流动，使国际分割生产的程度加深，涉及的国家范围也扩大了(Jones and Kierzkowski，2001a)；二是国际分割生产随着全球化的发展而发展，是经济全球化的结果和重要特征之一(OECD，2005)。

国际分割生产可以通过不同方式实现，取决于共同完成这些生产区段的企业之间的所有权结构和法律关系。一个企业可以通过市场关系向国外供给者购买中间品和服务，也可以通过签订合同把中间品的生产外包给外国企业，还可以通过与海外企业建立合作或合资企业，或者在海外建立子公司，即通过企业内部方式完成中间品的生产。与完全的市场关系相比，通过外包和企业内部方式生产中间品的企业之间关系更加紧密①。这些方式都会引起中间品贸易的增加。因此，一国的中间品贸易也反映了一国参与国际分割生产的程度。这一点在 Hummels 等(2001)的研究中也得到了证实。按照 Hummels 等(2001)的观点，国际分割生产有三方面的特点：一是同一种最终产品的生产可以分割为两个或两个以上的连续的生产阶段；二是两个或两个以上的国家或地区参与这一种最终产品的增值过程；三是在这一最终产品的生产过程中至少有一个国家需要进口中间投入品，由此生产出的产品部分用于出口，部分在国内销售。显然，无论从国际分割生产的生产组织形式看，还是从其特点看，一国的中间品贸易是其参与国际分割生产的反映。

根据联合国的国民经济核算体系，又称国民经济账户体系(the system of national accounts，SNA)基本货物类别与按经济大类分类(broad economic classification，BEC)的 19 个基本类型之间的对应关系(附录 A)，可以把中间产品贸易从总贸易中分离出来，从而考察一国参与国际分割生产的状况。

图 1.4 表明 1995～2015 年我国中间品进出口贸易的总体增长情况与发展趋势。我国中间品进出口总额从 1995 年的 1484.9 亿美元增长到了 2008 年的 15 137.1 亿美元，2009 年受全球金融危机的影响下降为 12 589.9 亿美元，此后又持续增长到了 2014 年的 24 500.5 亿美元，2015 年下降为 21 983.4 亿美元。1999～2015 年我国中间品进出口总额年均增长速度为 17.2%。特别是 2001 年之后增长更加迅速，2002～2008 年我国中间品进出口总额年均增长速度为 27.1%。其中 2000 年、2003 年、2004 年和 2010 年增速超过了 30%，分别达到了 37.3%、36.9%、38.6%、37.0%，17 年间有 10 年的增速超过了 21%，高于期间平均增长速度。

① Melitz(2003)、Antràs(2003)、Antràs 和 Helpman(2004)、Bernard 和 Eaton(2003)等学者对国际分割生产的决策和微观生产组织形式进行了研究，即分析了企业进行国内生产还是国际分割生产的决策问题，还分析了国际分割生产是企业一体化还是外包进行生产的决策问题。但是，关于国际分割生产的微观组织形式不是本书的研究重点，故不做分析。

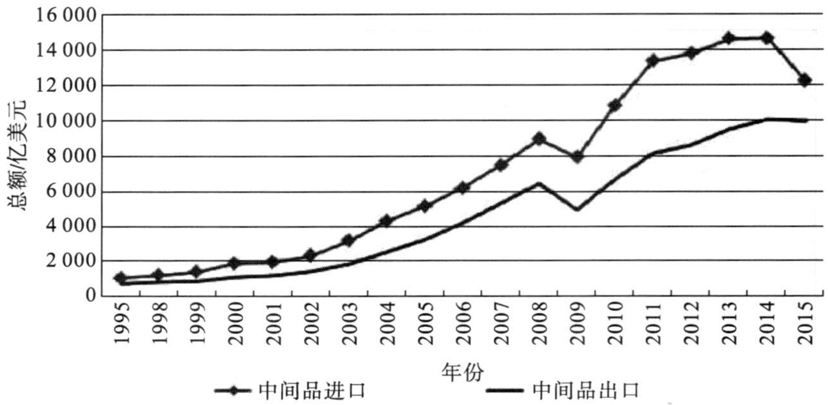

图 1.4 1995～2015 年我国中间品进口与出口总额

注：数据库中缺 1996 年和 1997 年数据。根据联合国的 SNA 基本货物类别与 BEC 的 19 个基本类型之间的对应关系，中间货物包括：食品和饮料，初级，主要用于工业（BEC 分类代码：111）、食品和饮料，加工，主要用于工业（121）、未另归类的工业用品，初级（21）、未另归类的工业用品，加工（22）、燃料和润滑剂，初级（31）、燃料和润滑剂，加工（不包括汽油）（32）、资本货物（运输设备除外）零配件（42）、运输设备零配件（53）

资料来源：作者根据联合国 COMTRADE 数据库的数据计算而得

同期，我国中间品进、出口额的年均增长速度分别为 16.6%和 18.3%，显然出口增长速度大于进口增长速度。特别是 2002～2008 年我国中间品进、出口额的增长速度较快，期间年均增长速度分别为 25.6%和 29.5%。其中 2000 年、2003 年、2004 年和 2010 年我国中间品进口额的年均增长速度超过了 30%，分别达到了 39.7%、39.3%、37.8%、37.4%，17 年间有 11 年的增速超过了 16.8%，高于期间平均增长速度。2000 年、2003 年、2004 年、2006 年和 2010 年我国中间品出口额的年均增长速度超过了 30%，分别达到了 33.1%、32.8%、40.0%、30.4%、37.4%，17 年间有 10 年的增速超过了 22.3%，高于期间平均增长速度。

从图 1.4 可以看出，我国的中间品进口量大于出口量，1995～2015 年我国的中间品贸易都一直处于逆差且逆差不断扩大，特别 2001 年以后逆差扩大得特别快。其逆差从 1995 年的 301 亿美元增长到 2001 年的 778 亿美元，此后持续快速增长到 2015 年的 3028 亿美元。

如图 1.5 所示，在 1995～2015 年，我国中间品贸易总额占我国货物贸易总额的比重随着年份的变化有变化，但一直保持在 52.9%～59.1%，中间品进出口总额年均所占比重为 56.6%。期间，中间品进口占货物总进口的比重保持在 67.6%～78.0%，中间品进口额年均所占比重为 75.1%。同期，中间品出口占货物总出口的比重为 36.9%～44%，中间品出口额年均所占比重为 40.7%。由此可见，我国一半以上的货物贸易是中间品贸易，即我国一半以上的货物贸易与国际分割生产有关。中间品进口所占的比重远远高于中间品出口所占的比重，以及中间品贸易逆差的不断扩大表现了我国参与国际分割生产的特征，即大量进口中间品进行生产，由此生产出的产品一些用于出口，一些在国内销售。

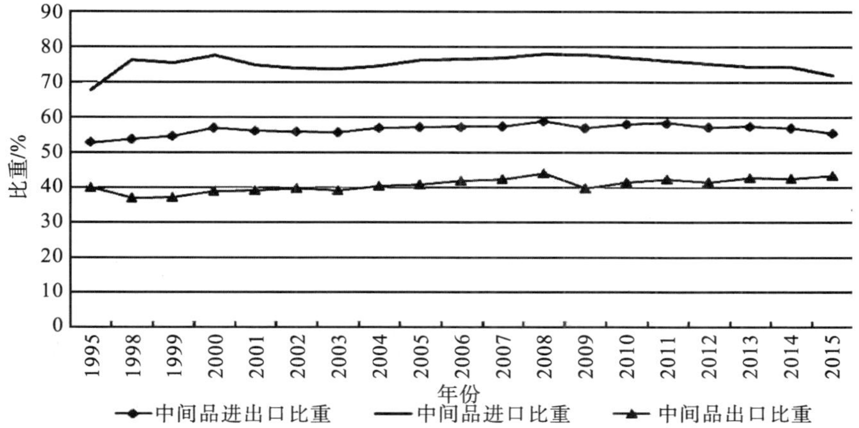

图 1.5　1995～2015 年我国中间品贸易占货物贸易总额的比重

资料来源：作者根据联合国 COMTRADE 数据库的数据计算而得

加工贸易是利用国外零部件和其他资源在本国进行加工、制造、装配，然后将产品销往国外市场。加工贸易是国际分割生产的基本形态之一，也是我国参与国际分割生产的主要方式。1980～2002 年，我国加工贸易年均增长速度高达 27%，是世界贸易增长率的 4 倍多，是我国非加工贸易平均增速的 2 倍(卢锋，2004)。如图 1.6 所示，1981～2015 年，我国的加工贸易取得了很大的发展，我国加工贸易的进出口总额从 1981 年的 26.4 亿美元增长到了 1994 年的 1045.5 亿

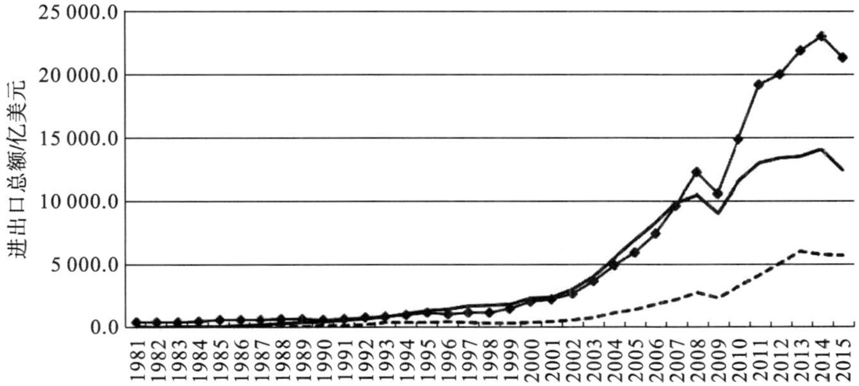

图 1.6　1981～2015 年我国按贸易方式分货物进出口总额

资料来源：作者根据《中国贸易外经统计年鉴 2013》和商务部发布的《2013 年中国对外贸易发展情况》《2014 年中国对外贸易发展情况》《2015 年中国对外贸易发展情况》数据计算而得

美元，2000年增长到2302.1亿美元，此后，我国的加工贸易快速增长，2002年是3021.3亿美元，2003年是4047.6亿美元，2004年是5496.6亿美元，2005年是6904.8亿美元，2006年是8318.3亿美元，2007年是9860.4亿美元，2008年是10 534.9亿美元，2009年有所下降，2010年后上升，2014年增长到了14 087.4亿美元，2015年有所下降。1994～2007年，我国的加工贸易进出口总额超过了一般贸易总额。

我国的加工贸易进出口总额占我国货物贸易进出口总额的比重从1981年的6%上升到了1998年的53%，此后呈下降趋势，但是1991～2009年都保持在41%以上，而2015年逐步下降到了32%(图1.7)。

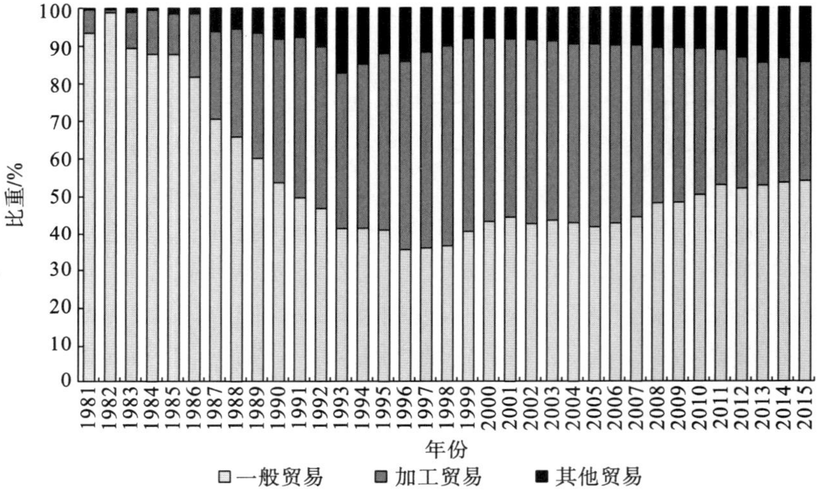

图1.7　1981～2015年我国按贸易方式分货物进出口的份额

资料来源：作者根据《中国贸易外经统计年鉴2013》和商务部发布的《2013年中国对外贸易发展情况》《2014年中国对外贸易发展情况》《2015年中国对外贸易发展情况》数据计算而得

如图1.8所示，1985～2015年，我国加工贸易出口占我国货物出口的比重大于我国的加工贸易进口占我国货物进口的比重，也高于我国加工贸易进出口总额占我国货物进出口总额的比重，三者在1981～2015年平均比重分别为41%、32%、36%。由此可见，我国参与国际分割生产的程度在不断提高，其中以加工贸易出口方式最为明显。这同时也表明，国际分割生产对我国对外贸易总量的扩张起了很大的促进作用。

1992～2005年，我国33个中间产品生产部门出口与进口的增长速度分别为26.26%和23.28%，高于同期我国进出口总额增长的平均速度24.16%(盛斌和马涛，2008)。2001～2011年，我国制成品加工贸易的进口、出口和进出口占所有商品加工贸易的进口、出口和进出口的份额都在91%以上，2012年我国制成

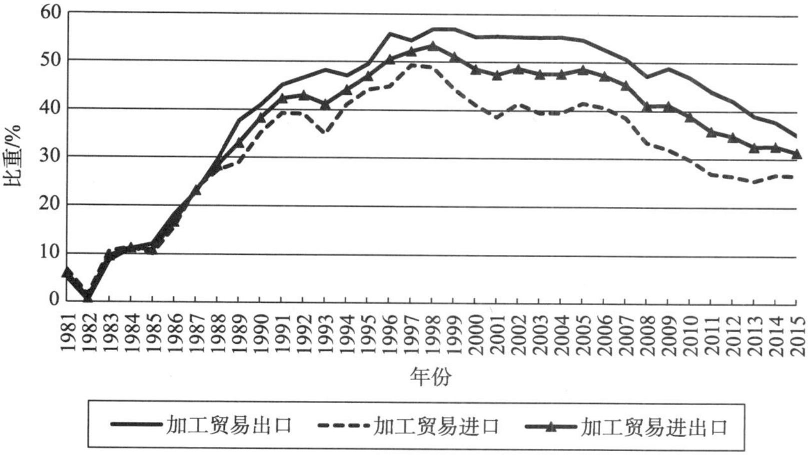

图1.8　1981～2015年我国加工贸易占货物进口、出口和进出口的份额
资料来源：作者根据《中国贸易外经统计年鉴2013》和商务部发布的《2013年中国对外贸易发展情况》《2014年中国对外贸易发展情况》《2015年中国对外贸易发展情况》数据计算而得

品加工贸易的进口占所有商品加工贸易的进口的份额下降到了87%，但是我国制成品加工贸易的进口、出口和进出口占所有商品加工贸易的进口、出口和进出口的份额2001～2012年的平均比重分别是98%、94%和96%(图1.9)。显然，我国进行加工贸易的绝大多数产品是制成品，即我国参与国际分割生产的绝大部分是制成品。

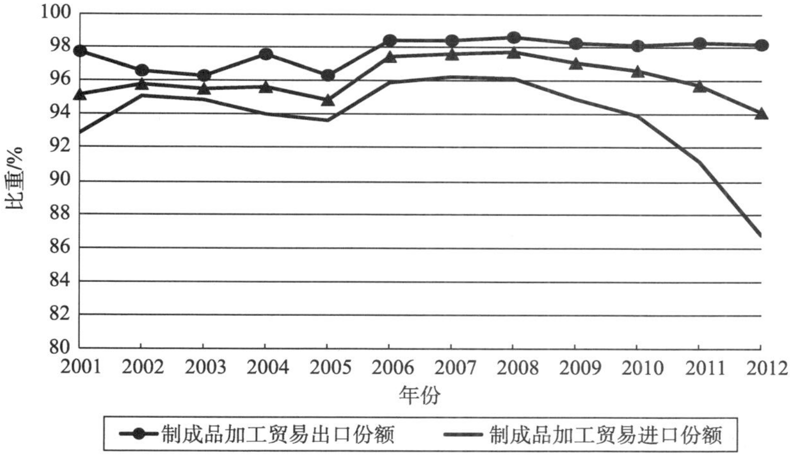

图1.9　我国制成品加工贸易占加工贸易进口、出口和进出口的份额
注：海关分类二位码的制成品包括第四、第六、第七、第八、第九、第十、第十一、第十二、第十三、第十四、第十五、第十六、第十七、第十八和第二十类
资料来源：作者根据国研网数据库、《中国贸易外经统计年鉴》(2007～2013年)、《中国统计年鉴》(2007～2013年)相关数据计算而得

如表 1.2 所示，2006～2012 年我国制成品加工贸易出口额占我国制成品出口额的比重平均为 48.6%，我国制成品加工贸易进口额占我国制成品进口额的比重平均为 41.0%，我国制成品加工贸易进出口总额占我国制成品进出口总额的比重平均为 45.6%。也就是说，我国制成品的进口、出口、进出口中将近有一半以上是由加工贸易的进口、出口、进出口构成，即与国际分割生产有关。如图 1.10所示，随着我国制成品进出口贸易的快速增长，我国的加工贸易也有了很大的增长。2006～2012 年我国制成品出口额由 9287 亿美元上升到了 19 781 亿美元，我国的制成品加工贸易出口额由 5022 亿美元上升到了 8470 亿美元。同期，我国制成品进口额由 6463 亿美元上升到了 12 184 亿美元，我国的制成品加工贸易进口额由 3082 亿美元上升到了 4177 亿美元。同期，我国制成品进出口额由 15 750 亿美元上升到了 31 965 亿美元，我国的制成品加工贸易进出口额由 8105 亿美元上升到了 12 647 亿美元。

表 1.2 2006～2012 年我国制成品加工贸易进口、出口和进出口占我国制成品进口、出口和进出口比重 (单位:%)

年份	2006	2007	2008	2009	2010	2011	2012
制成品加工贸易出口占制成品出口比重	54.1	51.8	48.5	49.9	47.9	45.0	42.8
制成品加工贸易进口占制成品进口比重	47.7	46.5	44.2	39.9	38.3	35.8	34.3
制成品加工贸易进出口占制成品进出口比重	51.5	49.7	46.9	45.9	44.0	41.3	39.6

资料来源：作者根据《中国贸易外经统计年鉴》(2007～2013 年)、《中国统计年鉴》(2007～2013 年)相关数据计算而得

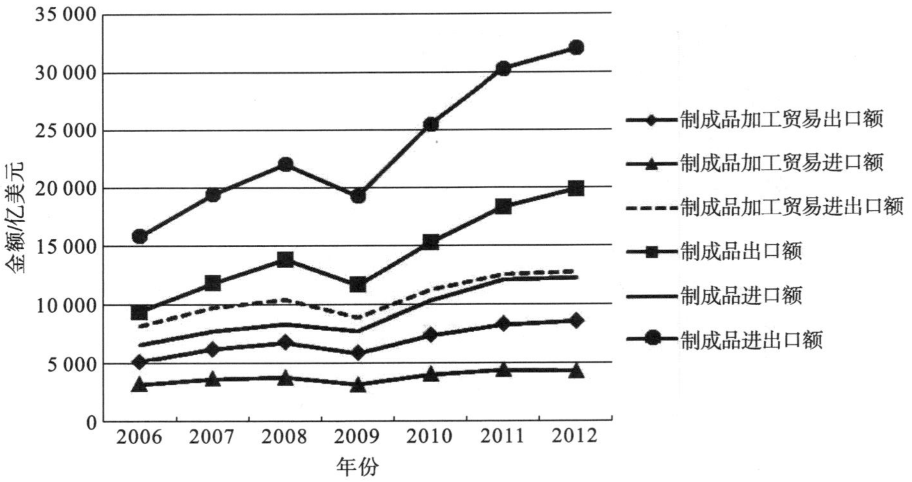

图 1.10 2006～2012 年我国制成品及其加工贸易进口、出口和进出口额
资料来源：作者根据《中国贸易外经统计年鉴》(2007～2013 年)、《中国统计年鉴》(2007～2013 年)相关数据计算而得

1.1.3 问题提出

从上面的分析可以看出，中国的货物出口贸易快速增长，其中制成品出口占了绝大部分的出口份额，且制成品出口贸易的增长速度快于货物贸易总出口的增长速度。在我国制成品和货物总出口贸易增长中，国际分割生产对贸易扩展起了很大的作用。在我国参与国际分割生产的产品中，制成品占了96%左右，显然，制造业是我国参与国际分割生产的主体。

许多学者依据相关的贸易理论，对促进中国出口贸易增长的主要因素进行了研究，并通过经验分析，得出了许多有说服力的观点和结论。但这些研究主要从宏观层面进行研究，分析贸易总量增长的决定因素；或者分析中国的出口增长有何特别之处；或者把相关贸易理论与中国贸易实践相结合，看是否能说明中国的出口贸易问题。这些研究很少具体到行业层面，也很少有研究从产品的特征入手对中国的出口进行全面深入的分析。

根据 Hummels 和 Klenow(2005)的研究，一国出口总量增长的源泉可能是因为出口的广化(the extensive margin of export)，即出口了更多的产品种类，还可能是因为出口的深化(the intensive margin of export)①，即出口了已有产品更多的数量。而若要全面认识中国出口贸易的增长，必须弄清中国出口的增长是由于出口的广化，还是由于出口的深化。这方面的研究已有一些进展，如钱学锋(2008)认为中国的出口扩张主要源于出口的深化，施炳展和李坤望(2009)的研究表明，中国对美国出口增长的70%可以归结为出口的深化。但从目前已有的文献看，并没有把国际分割生产与中国出口总量的增长结合起来进行研究，即没有回答国际分割生产对中国出口的广化和深化有何影响。弄清这一问题至关重要，因为国际分割生产对中国出口的广化和深化的不同影响蕴涵着不同的福利和政策含义。如果国际分割生产对中国出口的影响主要通过出口产品的深化起作用，则意味着国际分割生产促使中国的出口产品集中于某些产品，这将使中国的出口容易受外部因素的冲击，同时还可能因为出口数量扩张而导致我国贸易条件恶化从而出现贫困化增长现象；但是，如果国际分割生产对中国出口的影响主要通过出口产品的广化起作用，则意味着国际分割生产将促使中国的出口产品种类增加，有利于我国产品结构和生产结构的多元化。因此，深入考察国际分割生产对中国出口的广化和深化的影响，对于中国进一步参与国际分割生产的选择具有丰富的政策含义。

同时，一国出口的发展不仅包括出口数量的增长，还包括出口质量的提高。出口产品的复杂度(sophistication)是从出口产品特征层面对出口质量的一个重要

---

① 其他学者使用不同的术语描述了出口增长的这两个源泉，钱学锋(2008)使用了出口的扩展边际和出口的集约边际，施炳展和李坤望(2009)使用了出口的广度和出口的深度。本书认为出口的广化和深化能够更贴切地表现出口增长。

反映。关于随着我国出口数量的增长，是否伴随着出口质量或出口复杂度的提高这一问题存在着争论。一类观点认为我国的出口过度依赖劳动密集型产品，在高技术产品出口上又过度依赖加工贸易，中间品的大规模进口还可能使关键技术的研发活动变得无利可图，企业被长期锁定在低端生产环节，本土技术水平很难得到提高，故而，我国出口的技术含量（复杂度）不高（张幼文，2005；华民，2006）。另一类观点认为，我国出口的复杂度在过去十几年里有了很大的提高，且远高于与其收入水平相仿的国家，中国发展了一条不同于其他发展中国家的出口模式：致力于较高生产率产品的生产，努力开拓先进的、高技术产品的出口之路（Rodrik，2006）。而 Amiti 和 Freund（2008）的研究认为，1992～2005 年，中国出口的复杂度虽有显著提高，但是这些提高几乎都源于加工贸易出口，和一般贸易出口无关。姚洋和张晔（2008）也认为中国的出口加工业大量地使用了国外中间投入品，本国技术含量很低。Xu 和 Lu（2008）认为，近几年中国出口复杂度的提高，约有 1/4 的贡献来源于发达国家的国际直接投资，又称外国直接投资（foreign direct investment，FDI）。显然，这些研究都涉及国际分割生产对出口的“质”，即中国出口产品的复杂度的影响。

国际分割生产意味着，国际贸易的产品中包含着在一个以上的国家实现价值增值过程，某一出口产品的零部件往往来自多个国家。比如，中国企业进口高端零件，经过加工后出口高端产品，从中国的出口产品来看，它们的复杂度很高，但是这个复杂度中包含其他国家的贡献。所以，要全面理解中国出口的复杂度，必须分析国际分割生产对中国出口复杂度的影响。所以，本书将分析国际分割生产对中国出口复杂度的影响并提出相应的政策建议。

国际分割生产还意味着，随着同一个产品的生产过程分割在几个国家或地区进行，各国可以根据各自的比较优势参与产品生产的某个区段。作为发展中国家的中国，即使在生产某些产品生产上没有优势，但仍可以依托劳动力成本的比较优势，在资本或技术密集型产品的劳动密集型环节上实行专业化生产。因此，中国通过国际分割生产所生产的产品中包含其他国家的贡献，中国出口比较优势和出口结构也包含其他国家的含量，在这种情况下，要准确理解中国的出口比较优势和出口结构，必须考虑国际分割生产这一因素。

由于制造业是我国参与国际分割生产的主体，本书选取中国的制造业为研究对象，分析国际分割生产和中国制造业出口发展之间的关系。分别选择出口比较优势、出口结构、出口复杂度、出口的深化和广化作为反映中国制造业出口发展的指标，比较分析国际分割生产条件下中国制造业出口比较优势、出口结构的变化，重点分析国际分割生产对中国制造业出口的深化和广化及出口复杂度的影响。对这一问题的研究将会对中国参与国际分割生产促进制造业出口的发展提供一定的理论支持和政策支持。

1.2 本书的研究视角和研究方法

中国的出口贸易，特别是制造业出口贸易的快速增长，与中国参与国际分割生产密切相关。本书特别关注国际分割生产对中国制造业的出口发展的影响。当然，一国或者一个行业出口的发展包含多方面的内容，不仅包括量的增长，还包括质的提高。本书的研究试图选取出口比较优势、出口结构变化、出口复杂度、出口的深化和广化为反映中国制造业出口发展的指标，比较分析考虑和不考虑国际分割生产条件下中国制造业出口比较优势和出口结构的变化，并从理论和经验分析的角度重点分析国际分割生产对中国制造业的出口复杂度、出口的深化和广化的影响。

本书在充分掌握国内外最新研究成果和相关数据的基础上，文献研究、资料收集与数据分析并重，理论分析与经验分析相结合，以求得出符合实际的结论。

理论研究方面，在Dixit和Stiglitz(1977)、Dixit和Grossman(1982)、Grossman和Rossi-Hansberg(2008)、Jones和Kierzkowski(2001a)、Rodríguez-Clare(2007)、Kohler(2003)、Baldwin和Roberd-Nicoud(2007)等研究及相关理论的基础上，构建一个南-北国际分割生产的模型，为分析国际分割生产影响出口贸易提供理论分析逻辑框架。

经验研究方面，本书首先比较分析考虑和不考虑国际分割生产条件下中国制造业出口比较优势和出口结构的变化；其次，构建指标度量中国制造业各行业的国际分割生产程度、出口复杂度、出口的深化和广化程度；再次，构建国际分割生产与中国制造业出口复杂度、出口的深化和广化之间的计量模型，使用中国相关行业的面板数据进行经验检验，分析国际分割生产和相关因素对中国制造业出口复杂度及出口的深化和广化的影响；最后通过这些方面的研究，为中国利用国际分割生产促进制造业出口的发展提供一定的理论依据和政策支持。

1.3 本书的研究思路和结构安排

1.3.1 研究思路

本书首先回顾国际分割生产与贸易的相关文献，通过对现有文献进行整理和归纳，并在此基础上构建一个包含国际分割生产的南-北贸易模型，以此建立一个分析国际分割生产对制造业出口发展影响的理论框架。随后，本书选取反映中国制造业出口发展的代表性指标，并进行了经验检验。

(1)基于Dixit和Stiglitz(1977)垄断竞争模型(DS模型)，并对DS模型中的差异性产品的生产过程按照Dixit和Grossman(1982)的方法分成连续的生产阶段，参考 Grossman 和 Rossi-Hansberg(2008)的方法对这些连续的生产阶段按照生产率差异与要素密集度分类，综合 Jones 和 Kierzkowski(2001a)、Rodríguez-Clare(2007)基于李嘉图模型框架与 Kohler(2003)、Baldwin 和 Roberd-Nicoud(2007)基于 H-O 模型框架对国际分割生产的分析方法，构建一个南－北国际分割生产的模型，分析国际分割生产对制造业出口贸易的影响。

(2)为全面分析我国参与国际分割生产的情况，需要对分割生产程度进行准确度量。因此，本书将在相关文献的基础上构建三种度量中国制造业国际分割生产程度的指标，分别体现我国制造业参与国际分割生产的行业特征和地域特征。

(3)传统的国际贸易理论，并没有考虑中间投入品和零部件贸易对一国贸易模式和比较优势的影响。在考虑国际分割生产现象后，传统贸易模型中一国的经济特征与一国专业化生产某种最终产品之间的对应关系可能就不再存在，一国最终产品的出口可能并不能真实地反映这个国家的比较优势。因此，本书将分析国际分割生产条件下我国制造业的比较优势和出口结构的变化。

(4)当某个产品的生产是通过国际分割生产完成时，就有可能出现如下情形：某个国家出口产品的复杂度包含其他国家的贡献。所以分析中国出口的复杂度，必须考虑国际分割生产对其造成的影响。因此，本书尝试构建指标以度量中国制造业的出口复杂度，并就国际分割生产对我国制造业出口复杂度的影响进行经验分析。

(5)中国制造业的出口增长可以源于出口的广化和出口的深化，如果我国制造业出口增长主要来源于出口的广化，则说明我国出口产品结构实现多元化。如果我国制造业出口增长主要来源于出口的深化，而且是由高质量导致出口产品深化，则说明我国的贸易条件在改善；如果因为低价格引起出口数量扩张，则可能导致我国贸易条件恶化从而出现贫困化增长现象。因此，本书尝试构建度量制造业出口广化和深化的指标，并对中国制造业出口的广化和深化进行度量，并就国际分割生产对我国制造业出口的广化和深化的影响进行经验分析。

1.3.2 结构安排

根据以上研究思路，本书共分 9 章，第 1 章导论，第 2 章为文献综述，第 8 章为本书主要结论，第 3 章到第 7 章为本书的核心部分。各部分的主要内容如下。

第 1 章导论部分提出本书要研究的问题、研究思路、研究方法和主要创新之处。

第 2 章整理和归纳了三个方面相关的文献。一是关于国际分割生产与贸易的理论研究的文献；二是关于国际分割生产与贸易相关效应的经验研究的文献；三是关于出口发展的相关文献综述。

第 3 章构建一个南－北国际分割生产的模型。本章基于 Dixit 和 Stiglitz

(1977)的DS模型，并对DS模型中的差异性产品的生产过程按照Dixit和Grossman(1982)的方法分成连续的生产阶段，参考Grossman和Rossi-Hansberg(2008)的方法对这些连续的生产阶段按照生产率差异与要素密集度分类，综合Jones和Kierzkowski(2001a)、Rodríguez-Clare(2007)基于李嘉图模型框架与Kohler(2003)、Baldwin和Roberd-Nicoud(2007)基于H-O模型框架对国际分割生产的分析方法，构建一个南-北国际分割生产的模型，分析国际分割生产对制造业出口贸易的影响。把产品的生产阶段分为三个类型的区段，分析了当北方向南方分割第一和第二类区段时产生的一些效应，以及这些效应对南北贸易模式和贸易总量的影响，分析了北方在第三类区段的创新和南方的模仿对分割生产产品复杂度与产品种类变化的影响。

第4章对中国制造业的国际分割生产程度进行度量。本章试图构建三种度量中国制造业国际分割生产程度的指标：一是基于投入-产出方法的度量指标；二是基于零部件贸易的度量指标；三是基于加工贸易的度量指标。前两种指标用中国分行业的相关数据进行度量，分析我国行业水平的国际分割生产程度，后一种用我国与主要贸易伙伴国的相关数据，分析我国制造业对各国的分割生产程度。

第5章比较分析在考虑了国际分割生产后，中国制造业的比较优势和出口结构的变化。

第6章构建度量中国制造业行业水平出口复杂度的指标，首先选取113个国家和地区作为样本，并使用各国制造业SITC分类的205种三位码的产品出口贸易数据，根据产品复杂度的指标计算这205种产品的出口复杂度；其次根据度量的指标和相关数据，计算中国制造业行业水平的出口复杂度；最后就国际分割生产及其他相关因素对出口复杂度的影响进行理论分析，并在此基础上，构建解释中国制造业出口复杂度的计量模型，使用相关的面板数据进行回归分析，从而就国际分割生产对中国制造业出口复杂度的影响提供经验证据。

第7章构建在行业层面上把出口增长分解为出口的深化和广化的指标，用中国制造业相关数据，分析中国制造业的出口增长是由于出口的深化还是出口的广化。把创新纳入分析框架，分析北方的创新和南方的模仿创新与国际分割生产之间的相互影响机制，从而分析国际分割生产对出口深化和广化的影响。在此基础上，结合其他影响出口深化和广化的因素，建立出口深化和广化与国际分割生产、国家规模、要素成本、人均GDP等因素的回归模型，选取10个中国出口最多的代表性国家和地区，使用世界海关组织制定的国际贸易商品分类编码体系《商品名称及编码协调制》(the Harmonized Commodity Description and Coding System，HS)六位码的4221种产品的中国对10个国家和地区和世界对10个国家和地区的国际贸易数据，相应地归类到行业水平，结合相关数据，通过回归模型，进行经验分析。

第8章总结本书研究的主要结论，在所获得的结论的基础上，进一步提出中国参与国际分割生产、提高出口复杂度和促进出口深化与广化的对策及政策建议。

1.4 本书的创新之处

在借鉴相关研究的基础上，本书主要有以下五个方面的创新。

第一，在理论模型方面，本书构建了一个南-北国际分割生产的模型。创新之处是：①将国际分割生产纳入南北贸易模型，使用不同的类型的生产区段，既体现李嘉图式的劳动生产率差异(技术水平差异)，也体现 H-O 模式的要素禀赋差异，分析了不同区段的国际分割生产对贸易的影响；②分析了差异性产品的国际分割生产，并把差异性产品的质量(复杂度)提升和种类变化在模型中内生化，分析了国际分割生产对产品复杂度和种类变化的影响；③分析了国际分割生产的技术转移效应。具体表现为：基于 Dixit 和 Stiglitz(1977)的 DS 模型，并对 DS 模型中的差异性产品的生产过程按照 Dixit 和 Grossman(1982)的方法分成连续的生产阶段，参考 Grossman 和 Rossi-Hansberg(2008)的方法对这些连续的生产阶段按照生产率差异与要素密集度分类，综合 Jones 和 Kierzkowski (2001a)、Rodríguez-Clare(2007)基于李嘉图模型框架与 Kohler(2003)、Baldwin 和 Roberd-Nicoud(2007)基于 H-O 模型框架对国际分割生产的分析方法，构建南-北国际分割生产的模型，分析国际分割生产对制造业出口贸易的影响。本书把产品的生产阶段分为三个类型的区段：第一类是南北都能生产且生产率无差异的区段；第二类是南北都能生产但存在生产率差异的区段；第三类是只有北方能进行生产的区段，既体现了要素密禀赋的差异，也体现了生产率差异。分析了当北方向南方分割第一和第二类区段时产生的一些效应，以及这些效应对南北贸易模式和贸易总量的影响，还分析了北方在第三类区段的创新和南方的模仿对分割生产的产品复杂度与产品种类变化的影响。本书以上这三个创新点是已有文献没有考虑的：①Dixit 和 Stiglitz(1977)研究中的差异性产品没有涉及国际分割生产；②Dixit和 Grossman(1982)研究中的产品的生产过程分成了连续的生产阶段，但是没有涉及生产阶段的跨国界配置，即没有构成国际分割生产；③Grossman 和 Rossi-Hansberg(2008)的研究中连续的生产阶段按要素密集度分成两类区段，分析中只能体现要素禀赋差异，不能体现生产率差异；④Jones 和 Kierzkowski (2001a)只是从国家间的劳动生产率差异入手，分析国际分割生产，Kohler (2003)的研究只是从生产区段的要素密集度差异入手，分析国际分割生产；⑤Rodríguez-Clare(2007)考虑了技术因素，但是只把技术当成影响工资率的因素，没有考虑技术的其他效应，Baldwin 和 Roberd-Nicoud(2007)考虑了国家间的技术差距，但是没有考虑技术转移效应。

第二，本书综合运用三种方法构建了度量中国制造业国际分割生产程度的指标，体现我国制造业参与国际分割生产的行业特征和地域特征。具体表现为：①本书构建三种不同的度量中国制造业国际分割生产程度的指标。一是基于投入一产出方法的度量指标；二是基于零部件贸易数据的度量指标；三是基于加工贸易数据的度量指标。第一种和第三种能够体现我国制造业参与国际分割生产的行业特征，而第二种方法能够体现我国制造业参与国际分割生产的地域特征。②已有文献中还没有用第二种和第三种指标度量中国参与国际分割生产的程度，平新乔等(2006)、盛斌和马涛(2008)的研究中使用了第一种指标，但是在他们的研究中由于关键数据的可获得性受限，所以进行了假设：一是由于有投入产出表的年份较少，所以对其余年份的投入产出表进行了假设；二是由于分行业的中间投入品进口数据无法获得，所以假定为总进口的一个比例。而第二种和第三种指标的相关数据比第一种容易获得，不必使用假设数据，这能够更真实地反映中国制造业的国际分割生产程度。

第三，本书在分析中国制造业出口比较优势和出口结构时，考虑了国际分割生产这一因素。Deardorff(2001b)的研究表明中间投入品会对贸易模式和比较优势产生影响，但并没有学者对其进行经验检验；傅朝阳(2005)、魏浩等(2005)、鲁晓东和李荣林(2007)对中国的出口比较优势和贸易结构的经验研究中都没有考虑国际分割生产的影响。而本书通过简要的模型推导说明了国际分割生产对出口比较优势和出口结构的影响，并与中国制造业相结合进行了验证。

第四，本书通过构建度量行业层面出口复杂度的指标度量了中国制造业出口复杂度，并建立了包括国际分割生产的中国制造业出口复杂度决定因素的计量模型，并用相关数据进行经验分析。对中国制造业出口复杂度的度量中，参考了Rodrik(2006)对出口复杂度的度量方法，但他的指标是产品层面和国家层面的，没有到行业层面；对中国制造业出口复杂度决定因素的分析中，Amiti和Freund(2008)强调加工贸易因素、姚洋和张晔(2008)强调国外中间投入品的影响、Xu和Lu(2008)强调FDI因素，而本书从国际分割生产的角度同时考虑了加工贸易和FDI的影响。

第五，本书通过构建度量行业层面出口的深化和广化的指标度量了中国制造业出口的深化和广化，并建立了包括国际分割生产的中国制造业出口深化和广化的决定因素的计量模型，并用相关数据进行经验分析。对中国制造业出口深化和广化的度量中，参考了Hummels和Klenow(2005)关于出口的深化和广化的度量指标，但他们的指标是国家层面的，本书将其扩展到行业层面。对中国制造业出口深化和广化的影响因素的经验分析中，已有的文献都强调贸易成本和关税的作用(Yi，2003；Amurgo-Pacheco and Pierola，2008；Amiti and Freund，2008)，都没有考虑国际分割生产这一因素。

第 2 章　文 献 综 述

在过去几十年里，随着经济全球化的发展，世界市场上竞争加剧，发达国家的厂商为了提高其在世界市场上的竞争力，把垂直一体化的产品生产过程分割开来，把生产链的不同环节配置到不同的国家和地区，以便利用这些国家或地区间的要素价格差异(Feenstra，1998)。结果，中间品和零部件贸易快速增长。1990～2005 年世界中间品贸易从 3500 亿美元增长到了 13 000 亿美元，年均增长率为 9.3%，超过同期最终产品贸易的增长率。2005 年，发展中国家与发达国家和新兴工业化国家之间的中间品贸易额占世界中间品贸易总额的 1/3(Chen，2008)。这说明发展中国家积极参与了全球范围内的中间产品生产与贸易。当前，全球经贸的一个大趋势是全球价值链的形成和扩展。全球价值链的扩张和深化，为发展中国家提供了巨大的机会，使其以较低的成本融入世界经济体系。眼下世界出口总额的一半都和全球价值链有关。南南价值链也十分流行，已超过南北价值链。发展中国家间的零部件相互出口占出口总额的比例已由 1988 年的 6%上升到 2013 年的 25%①。国际贸易的上述发展促进了国际贸易理论的研究，自 20 世纪 90 年代以来，学者们相继提出了不同的理论模型来解释国际贸易的发展。本书主要回顾与国际分割生产及其对贸易影响相关的文献，以便为下文的研究奠定基础。

2.1　关于国际分割生产与贸易的理论研究

Jones 和 Kierzkowski(1990)的研究构建了分割生产的分析框架，第一次关注了国际分割生产现象。他们把生产过程分离开来并散布到不同空间区位的生产活动称为分割生产，当生产区段跨国配置时就变成国际分割生产。此外，还有许多学者使用不同的术语来描述这一现象，如产品内分工(Arndt，1997；卢锋，2004)、外包(Grossman and Helpman，2005)、垂直专业化(Hummels et al.，2001)、全球生产共享(Feenstra and Hanson，2001)、全球生产网络(Ernst and Kim，2002)等，并做了深入研究，关于国际分割生产与贸易关系的理论研究可以分为以下两类。

2.1.1　基于李嘉图模型的国际分割生产

李嘉图模型仍然是研究国际分割生产的重要理论基础，Jones 和 Kierzkowski (1990，2001a，2001b)基于该模型构建了分析国际分割生产的框架。他们的模型

① WTO 发布的《世界贸易报告 2014》。

包括如下几个假设：①母国和外国两个国家，使用唯一的生产要素劳动力，生产产品A；②产品A的生产过程可以分割成两个生产区段，两个生产区段所生产出来的中间品，在生产一单位的最终产品过程中必须是一比一匹配的投入；③两国的生产率不同，故两个生产区段在母国和外国对应的边际劳动投入量也不同；④两个生产区段在一国内或在两国间进行时的固定成本相等；⑤两国的劳动力成本不同。基于以上假设，他们认为，在给定两国劳动力成本的条件下，两国的生产率差异决定了是否进行国际分割生产及各国生产何区段。

他们认为，随着同一产品的生产被分割成许多不同的区段，讨论具体的生产区段的比较优势比讨论最终产品的比较优势更有意义。国家间的劳动生产率差异决定了各国在各自具有比较优势的生产区段上实行专业化生产，而分工和专业化又导致劳动生产率的提高。按照他们的研究，国际分割生产有四个方面的含义：一是具有生产率效应，即产品国际分割生产的生产率将会高于一体化生产时的生产率；二是具有贸易创造效应，即在国际分割生产的情况下，即使对产品的总需求没有变化，但两国之间的贸易量也会因为中间品贸易的增长而增长；三是会改变贸易模式，即国际分割生产会导致两国之间双向的贸易流动；四是能节约生产成本。

他们的研究为我们提供了一个基于李嘉图模型分析国际分割生产的框架。但是在此基础上仍有以下几个方面需要进一步研究：①有关国际分割生产的效应，还需要进一步的理论模型的推导，并进行经验检验；②没有考虑到分割后生产区段的差异性；③在他们的研究中技术被当成外生变量，不随国际分割生产而变化，也就没有考虑伴随国际分割生产的技术转移和溢出效应；④由于他们假定两个生产区段在一国内或在两国间进行时的固定成本相等，这意味着没有考虑国际分割生产成本，即服务联系成本[①]；⑤没有分析国际分割生产对工资的影响，即劳动力成本是外生变量；⑥只考虑了一个生产部门。

Deardorff(2001b)基于李嘉图模型，首先研究了一个小型开放经济的国际分割生产，其次分析了两国世界的国际分割生产。他给出如下几个假设：①该国用唯一的生产要素劳动力生产两种(最终)产品，其中只有一种产品可以被分割生产；②该国的劳动力总量是固定的；③每种产品的单位产出所需要的劳动力投入量是不变的；④假定分割生产发生在出口部门，该产品的生产过程可以分割成多个(至少两个以上)生产区段，每一个区段都需要一定量的劳动力投入量，并生产出一单位的中间品，每个区段的产出都需要前一个区段的中间品的投入，其投入与产出是一比一的关系，最后一个区段生产出一单位的最终产品；⑤存在分割生产成本。根据上述假定，该国是既定产品价格的接受者，所以该国将对比两种产

① 服务联系成本是指把配置于不同国家的生产区段联系和协调起来的成本，可以被认为是协调生产活动、运输、通信、管理和金融服务等方面的综合成本(Jones and Kierzkowski，1990)。

品决定的均衡工资水平，专业化生产并出口能够提供较高工资水平的产品。显然，在给定产品价格的条件下，该国劳动生产率决定了生产这两种产品的相对比较优势和其贸易模式。

Deardorff(2001b)将生产分割由两个生产区段推及到多个区段，他认为在多区段分割生产条件下，也是该国的劳动生产率决定着其分割生产的比较优势，从而决定着该国的贸易模式。在他的分析中，最终产品的价格是不确定的，两国从国际分割生产中的获益因此也是不确定的。当分割生产使该国的贸易条件逆转时，该国的福利必然下降。

Long 等(2005)研究了服务与分割生产的关系。假设：①有两个国家，一个发达国家和一个发展中国家；②有两个部门，服务部门供给服务，制造业部门生产一系列连续的零部件及其最终产品；③劳动是唯一的基本要素，每种零部件是由劳动和服务共同生产而得，服务只由劳动生产；④发达国家比发展中国家能够提供更加广泛类别的服务，一国提供的服务类别越广泛则导致该国生产零部件的生产率越高且服务成本越低。他们的研究表明，当服务不能贸易时，由服务成本和工资共同决定的生产零部件的比较优势，将促使发达国家生产并出口服务密集型的零部件，而发展中国家生产并出口劳动密集型的零部件。此时，发展中国家的低工资会促使发达国家向其分割生产，但后者较高的服务成本则限制了发达国家对其分割生产。当服务能够自由贸易，即没有运输成本时，发达国家将会把所有零部件的生产区段都分割到发展中国家进行，利用其低成本的劳动力获最大的收益。

他们的研究有如下特点：①除了工资差异因素以外，还考虑了决定分割生产的另一个因素——服务；②这里的服务与 Jones 和 Kierzkowski(1990)研究中的服务存在很大的区别，后者将国际分割生产的不同区段联系和协调起来的活动，称为服务联系，而前者将服务当成生产零部件的一种投入品；③体现了生产区段的差异性，如服务密集型和劳动密集型的零部件。但是他们没有考虑存在贸易成本(包括服务和零部件的贸易成本)时，贸易成本对分割生产的影响。

Rodríguez-Clare(2007)基于以下假设在李嘉图框架下分析了国际分割生产的短期和长期效应。假定：①富国和穷国两个国家，每个国家都有生产部门和研究部门两个部门，使用唯一的生产要素即劳动，研究部门生产技术，生产部门生产的可贸易的最终产品是由一系列连续的中间服务组合而成；②富国可以把连续的中间服务的一定份额分割到穷国，不存在分割成本，这一分割份额的大小取决于两国之间的工资差距；③各国的工资率是人均技术水平的函数；④不存在贸易成本。

基于上述假定，富国倾向于把中间服务分割到工资比本国低的穷国，降低生产成本，从而提高其生产率。在短期内，分割生产对富国有害，对穷国有利。因为随着富国向穷国分割生产，富国因节省生产成本使价格指数下降，同时两国劳动力需求发生变化，导致富国工资下降，穷国工资上升，由此，随着工资差距缩小，分割生产的生产率效应下降，因此富国贸易条件恶化带来的负面效应将会超过效率提高带来的积极效应。而分割生产通过劳动力需求效应对穷国产生积极效应。在长期中，富国从分割生产中获得的收益增加，穷国的收益减小。因为富国将会把分割生产解放的劳动力配置到研究部门，这将会提高富国的人均技术水平，从而使富国的工资上升。相反的，穷国会把更多的劳动力配置到生产部门，人均技术水平下降，结果，穷国的工资下降。由于劳动力在研究部门的重新配置，富国长期从分割生产中的获益比短期分割生产中的获益大，而穷国从分割生产中的收益，长期比短期小。

这一研究的特别之处是：①将要素价格内生化，分析了分割生产和要素价格之间的相互影响；②分析了伴随分割生产的要素配置效应；③将技术在国际分割生产框架下内生化。该研究仍然有进一步扩展的空间：一是只把技术当成影响工资率的因素，没有考虑技术的其他效应；二是没有考虑分割生产成本对分割份额的影响；三是没有考虑贸易成本对分割生产的影响。

2.1.2　基于 H-O 模型的国际分割生产

Jones 和 Kierzkowski(1990)第一次在 H-O 模型的基础上分析了国际分割生产。他们的分析基于以下假设：①两个国家，有资本和劳动两种生产要素，外国劳动丰裕，母国资本丰裕；②生产一种产品，此产品的生产过程可以分割成两个区段，一个劳动力密集型区段和一个资本密集型区段；③两国要素禀赋足够丰裕，即使在生产区段自由贸易的情况下，也不会出现要素价格均等化；④不考虑服务联系成本。他们的结论是：根据生产区段的要素密集度和国家间的要素禀赋差异，外国将专业化生产劳动力密集型区段，而母国专业化生产资本密集型区段。生产区段产品的贸易将使分割生产程度提高，从而使生产分割产品的规模报酬递增，产出规模扩大。

他们的研究为我们提供了一个可以基于 H-O 模型分析国际分割生产的思路。但是仍有以下几个方面需要进一步研究：①将研究进行理论模型化的推导；②分析包含多个生产区段的情形；③服务联系成本对分割生产的影响；④国际分割生产的效应。

Deardorff(2001a)把国际分割生产纳入了 H-O 模型，分析了国际分割生产对要素价格的影响。研究包含如下假设：①两个国家，有资本和劳动两种生产要素，北方资本丰裕，南方劳动丰裕，两国间要素价格存在差异；②生产一种最终产品，需要一种中间品的投入，该中间品是资本密集型的，只有北方能够生产，最终产品的生产还有另外一个区段；③存在服务联系成本。他的研究表明，北方把另外一个区段分割到南方的条件是：由国际分割生产导致的直接生产成本的节省，足够弥补服务联系成本。国际分割生产促使两国要素价格差距缩小的条件是：在北方的劳动密集区段在南方是相对资本密集的。

Kohler(2003)基于 H-O 模型，分析了国际分割对生产要素价格和最终产品价格的影响。基于如下假设：①两个国家，即本国和外国，两种要素，即资本和劳动；②两个部门，一个部门生产不可分割生产的产品，另一个部门生产的是可分割生产产品，其生产过程可以分割成一系列连续的阶段，每个阶段的要素密集度不同；③国际分割生产的服务联系成本是冰山型的；④每个生产阶段都需要资本和劳动的投入，由于国家间存在效率差异，同一个生产阶段在外国和本国需要的资本和劳动投入量不同；⑤两国的要素价格存在差异。他的研究认为国际分割生产的决定因素包括：参与分割生产的两国之间的要素价格差异，分割生产的服务联系成本和两国之间的生产效率差异。且随着本国向外国分割生产，本国的要素价格和分割生产产品的相对价格将会变化，变化的方向取决于生产分割产品部门的相对要素密集度或分割生产区段的相对要素密集度。

这一研究的特点是：①考察了包含多个生产阶段的国际分割生产；②将服务联系成本赋予具体的函数形式，便于纳入模型推导中；③考虑了国家间的生产效率差异。但是该研究与 Deardorff(2001a)的研究一样，主要分析分割生产对要素价格的效应，没有或者很少分析分割生产的其他效应，如资源配置效应、生产率效应和贸易效应等。

Baldwin 和 Roberd-Nicoud(2007)在 H-O 模型基础上研究了国际分割生产的要素价格、产出和贸易等效应。他们的模型包括如下假设：①两个国家，即母国和外国，两种要素，即人力资本和劳动力，外国是劳动力丰裕国，母国则人力资本丰裕，两部门分别生产两种最终产品，一种是人力资本密集型产品，另一种是劳动力密集型产品；②两种最终产品都可以分割成三个区段；③技术进步是希克斯中性的，母国是技术先进国，外国是技术落后国；④分割生产使母国可以把先进的技术和外国便宜的要素结合起来使用；⑤国际分割生产的服务联系成本是冰山型的。

基于上述假定，母国倾向于向外国分割三个区段中分割成本最低的一段，当分割生产节省的生产成本足以弥补服务联系成本时，国际分割生产会对母国产生如下效应：①要素的隐性转移效应。分割生产产生了如同母国的要素禀赋增加同样的效应。②产品价格效应。分割生产使两部门产品的相对价格变化，变化方向取决于要素的隐性转移效应导致的资本和劳动的相对变化。③产出效应。要素的隐性转移效应，使分割生产产品的产出变化。④要素价格效应。国际分割生产通过成本节省效应改变母国的要素价格。⑤贸易效应。一方面，要素的隐性转移效应使最终产品的贸易增加；另一方面，分割生产区段产品的贸易使产业内贸易增加。在产业内存在双向的国际分割生产时，产业内贸易更加突出。

他们的研究有如下特点：①研究了两种产品都国际分割生产的情况；②把产品生产过程分为三个区段，主要分析单向分割生产(母国向外国)，也讨论了双向分割生产的情况；③考虑了国家间的技术差距；④分析了国际分割生产的许多效应。但仍有几处可以深入研究：一是他们的研究是从母国角度出发，只分析了国际分割生产对母国的效应，而国际分割生产对分割接受国的影响是一个值得研究的方向；二是母国把先进的技术和外国便宜的要素相结合，意味着国际分割生产可能对分割接受国产生技术转移和溢出效应，值得深入分析。

2.2　关于国际分割生产效应的经验研究

许多学者对与贸易相关的国际分割生产的效应进行了经验研究，并得出了许多不同的结论。这些研究可以分为以下几类：国际分割生产与贸易效应、国际分割生产与劳动力配置效应、国际分割生产与生产率效应的相关经验研究。

2.2.1　国际分割生产与贸易效应的经验研究

前文综述的关于国际分割生产和贸易相关理论的研究表明，国际分割生产通过促进区段产品贸易和最终产品贸易产生了贸易效应。学者们对国际分割生产的贸易效应进行了经验研究，表 2.1 总结了若干代表性的研究。在这些研究中，主要使用三种方法度量了国际分割生产程度，分别是基于零部件贸易数据的度量方法、基于投入—产出方法的度量方法和基于加工贸易数据的度量方法。

表 2.1　国际分割生产的贸易效应

作者	对象	国际分割生产程度度量方法	贸易效应
Ng 和 Yeats(1999)	东亚	基于零部件贸易数据的度量	+
Ng 和 Yeats(2003)	东亚	基于零部件贸易数据的度量	+
Kimura 和 Ando(2005)	东亚	基于零部件贸易数据的度量	+
Kimura(2006)	东亚	基于零部件贸易数据的度量	+
Athukorala 和 Yamashita(2006)	东亚	基于零部件贸易数据的度量	+
Kaminski 和 Ng(2001)	中欧十国	基于零部件贸易数据的度量	+，分割的贸易效应在国家间存在差异
Feenstra 和 Hanson(1996)	美国	基于投入—产出方法的度量	+
Campa 和 Goldberg(1997)	美国、英国、加拿大和日本	基于投入—产出方法的度量	+，国家间存在差异
Hummels 等(2001)	10 个 OECD 国家和 4 个新兴国家	基于投入—产出方法的度量	+
Strauss-Kahn(2003)	法国	基于投入—产出方法的度量	+
Hijzen(2005)	英国	基于投入—产出方法的度量	+
Yeats(1998)	OECD 国家	基于加工贸易数据的度量	+，机械和交通运输设备、纺织和服装行业较突出

续表

作者	对象	国际分割生产程度度量方法	贸易效应
Görg(2000)	美国	基于加工贸易数据的度量	+，皮革和纺织部门最为突出
Baldone 等(2001)	欧盟 15 国	基于加工贸易数据的度量	+，纺织和服装行业非常明显
Helg 和 Tajoli(2005)	德国、意大利	基于加工贸易数据的度量	+，某些部门较突出
Baldone 等(2007)	欧盟	基于加工贸易数据的度量	+，少数行业较明显

注：“+”表示贸易效应为正，即国际分割生产的贸易效应为正
资料来源：作者根据相关文献整理

表 2.1 中关于国际分割生产贸易效应的 16 项经验研究表明，国际分割生产对贸易有促进作用。能够得出如此一致的结论可能是因为：随着经济全球化，越来越多的发展中国家参与国际分割生产(Yeats，1998)，而贸易自由化的发展，使贸易成本不断下降，对国际分割生产的区段贸易是一种激励，从而也促进了国际分割生产发展。于是越来越多的区段产品在国家间流转，最终使得国际分割生产引起的贸易以比贸易总额更快的速度增长。

这些经验研究有如下四个特点。

第一，其中大多数研究选择某一区域为研究对象，如东亚地区、经济合作与发展组织(Organization for Economic Co-operation and Development，OECD)国家、中欧十国和欧盟等。这主要是因为国际分割生产有区域集中性。国际分割生产集中于某一区域的主要原因有以下两个方面。一方面，国际分割生产的区域集中使国际分割生产的服务联系成本下降，主要表现为：①地理位置的临近使运输成本下降；②区域内国家间的关税互惠使贸易成本下降；③在区域内容易发挥服务联系的规模经济。另一方面，区域内各国互补的比较优势促进了国际分割生产的区域集中。例如，在东亚地区，日本主要从事资本和技术密集型的生产区段，中国主要从事劳动密集型的生产区段，东亚各个国家按照其要素禀赋参与国际分割生产，从而使生产成本下降(Ng and Yeats，2003)。

第二，这些经验研究的研究对象除了某些区域，所选择的国家主要以发达国家为主，没有发展中国家。

第三，国际分割生产的贸易效应在不同国家之间存在差异。

第四，在同一个国家，国际分割生产对各行业的贸易效应存在差异。

由于在国际分割生产活动中，发展中国家和发达国家都起着重要的作用(Yeats，1998)，所以，选择以发展中国家为研究对象，分析国际分割生产对其贸易的影响，比较各行业的国际分割生产的贸易效应是值得进一步研究的问题。

2.2.2 国际分割生产与劳动力配置效应的经验研究

当母国把生产的一些区段分割到国外进行时，这些生产区段的资源和劳动力会被释放出来，如果母国能够为释放出这部分资源和劳动力创造新的、更好的就

业机会，把这部分资源和劳动力重新配置到技术含量较高的生产区段中去，则可以使产品质量和产品技术含量得到提高。

关于国际分割生产对劳动力配置效应的研究主要包括以下两类：一是国际分割生产的劳动力配置效应和产品质量；二是国际分割生产对高技能型劳动力配置的影响。

1. 国际分割生产的劳动力配置效应和产品质量

Graziani(2001)研究了意大利的纺织和服装业的国际分割生产。意大利向国外分割相对劳动密集型的生产区段，而自己更加专业化地生产复杂度更高的和技术密集度更高的生产区段。于是，意大利的纺织品厂商通过提高服务改进他们的产品质量，服装厂商通过改进样式增强他们的产品的独特性，这些策略使“意大利制造”的产品具有较高的质量水平，与发展中国家的制造的便宜但质量低的产品相比更有竞争力。Petrucci 和 Quintieri(2001)也基于一个包含国际分割生产的一般均衡模型，研究了意大利的服装业，并得出相似的结论。Ruane 和 Görg(2001)研究了爱尔兰的电子产业的国际分割生产状况。通过参与国际分割生产，爱尔兰的电子产业趋向于向高技能劳动力密集的区段发展，故在电子产业中具有很强竞争力。

也就是说，母国通过向国外分割相对劳动密集型的区段，更加专业化于高技能劳动密集型的区段，即通过国际分割生产的劳动力配置效应，可以提高其产品的质量和竞争力。

2. 国际分割生产对高技能型劳动力配置的影响

关于国际分割生产对母国劳动力的重新配置的影响，通常使用的方法是把劳动力分为高技能型劳动力和低技能型劳动力，将高技能型劳动力的工资占劳动力工资总额的份额(skilled-labour share of total wage，WSH)或者以高技能劳动力的就业份额(skilled-labour share of total employment，ESH)作为被解释变量，将度量国际分割生产的代理变量作为一个解释变量，结合其他诸如总产出、资本和一些会影响高技能劳动力需求的变量作为解释变量进行计量回归。

表 2.2 总结了 7 项关于国际分割生产对母国高技能型劳动力配置效应的经验研究文献，其中有 6 项研究得出国际分割生产对母国高技能型劳动力的配置有正向的效应的结论；有 1 项，即 Helg 和 Tajoli(2005)对意大利和德国的研究发现不同国家的国际分割生产对其高技能型劳动力配置效应不同，在意大利，对外分割生产对其高技能劳动力的就业份额提高有正向的作用，而在德国，向外分割生产对其高技能劳动力的就业份额的影响不显著。

表 2.2 国际分割生产对劳动力的配置效应

作者	对象	样本	分割的代理变量	分割的效应
Feenstra 和 Hanson(1996)	美国	435 个部门 1972～1992 年	进口的中间品占非能源进口的比重	解释了 31%～51% 的 WSH 的上升
Hansson(2000)	瑞典	34 个行业 1970～1993 年	来自非 OECD 国家的进口竞争	解释了 5% 的 WSH 的上升
Head 和 Ries(2002)	日本	1070 个 MNE① 1965～1989 年	MNE 子公司占总公司的就业份额	解释了 9% 的 WSH 的上升
Helg 和 Tajoli (2005)	意大利和德国	20 个行业 1988～1996 年	加工贸易进口占行业产出的比重	在意大利对 ESH 作用为正，德国不显著
Egger 和 Egger (2005b)	澳大利亚	20 个行业 1990～1998 年	从 CEECs② 进口的中间品占行业产出的比重	分割增加 87% 则 ESH 增加 15%
Geishecker (2006)	德国	23 个行业 1991～2000 年	从 CEECs 进口的中间品占行业产出的比重	解释了 47%～53% 的 WSH 的上升
Becker 等(2009)	德国	490 个 MNE 的 1266 个子公司 1965～1989 年	MNE 子公司占总公司的就业份额	解释了 1%～5% 的 WSH 的上升

注：①multinational enterprise，简称 MNE；②central and eastern european countries，简称 CEECs

从表 2.2 可以看出，向外分割生产对高技能型劳动力配置的影响程度存在较大的差异。在有些研究中，对外分割生产解释了 50%左右的高技能型劳动力工资份额的增长，如 Feenstra 和 Hanson(1996)、Geishecker(2006)的研究。而在另一些研究中，对外分割生产只能解释 5%的高技能型劳动力工资份额的增长，如 Hansson(2000)、Becker 等(2009)的研究。经验研究结论存在差异的原因主要有：一是考察的对象和使用数据样本不同；二是度量国际分割生产的代理变量不同，有些用 MNE 子公司占总公司的就业份额度量分割生产程度，也有些使用进口的中间品占行业总产出的比重作为分割生产的代理变量，还有外运加工贸易(outward processing trade，OPT)的进口占行业产出的比重等许多度量分割生产的指标。虽然这些因素所导致的研究结论不一致，但是总体上，国际分割生产对母国高技能型劳动力的配置存在正面效应。

2.2.3 国际分割生产与生产率效应的经验研究

当母国通过国际分割生产将一些生产区段分割到劳动力成本低的国家时，产品的价格将会随着生产成本的下降而降低，产品价格的降低效应将会随着母国的生产率的提高而增大。而产品的贸易会随产品价格的下降而增大，因此，国际分割生产的生产率效应通过产品价格对贸易有正向的作用。

许多学者以分割生产行业(部门)的全要素生产率(total factor productivity，TFP)或劳动生产率作为因变量，以度量分割生产的代理变量作为解释变量，通常采用 Feenstra 和 Hanson(1996)的方法，用进口的中间投入品占总投入成本的比重作为分割生产的度量，结合其他影响 TFP 的因素，如资本、劳动力和研发等作为解释变量，建立计量模型，分析国际分割生产对 TFP 的影响。表 2.3 列出了若干比较有代表性的经验研究。

表 2.3　国际分割生产的生产率效应

作者	对象	样本	因变量	分割的生产率效应
Amiti 和 Wei(2006)	美国	1992～2000 年的制造业数据	劳动生产率	原料生产区段和服务区段的向外分割分别解释了 10%和 5%的生产率的上升
Egger 和 Egger(2001)	奥地利	1990～1998 年的 18 个制造业数据	TFP	0.9%的 TFP 的平均增长率中 0.2%可以归因于分割生产
Görg 和 Hanley(2005a)	爱尔兰	1990～1995 年 12 个电子工业部门数据	TFP	原料生产区段和服务区段的向外分割的贡献都为正，但是前者的影响系数更大
Criscuolo 和 Leaver(2005)	英国	2000～2003 年制造业和服务部门 3700 个企业的数据	TFP	在服务部门分割的 TFP 效应为正，在制造业没有显著性
Girma 和 Görg(2004)	英国	1980～1992 年化学工业、机械制造业和电子工业的行业数据	TFP	在化学工业和机械制造业，分割的 TFP 效应为正，在电子工业的分割效应为负

资料来源：作者根据相关文献整理

从表 2.3 可以看出，五项研究中，除了两项，即 Criscuolo 和 Leaver(2005)对英国的研究中，在制造业部门分割生产的生产率效应没有通过显著性检验，还有 Girma 和 Görg(2004)对英国的研究中，在电子工业分割生产的生产率效应为负，其余的研究结论都认为国际分割生产对生产率有正向的影响，但是影响程度因分割区段、分割行业等的不同而不同。

2.3　出口发展的相关文献综述

出口发展包含多方面的内容，本书选取从出口产品特征反映出口发展的三个指标：一是随着出口总量的增长，出口复杂度是否提高；二是出口总量的增长，是由于出口了更多的新产品，即出口的广化，还是由于出口了已有产品更多的数量，即出口的深化；三是本书还选取了在已有文献中比较常用的出口比较优势和出口结构变化指标来表现出口发展。本节将对出口复杂度、出口的广化和深化、出口比较优势与出口结构的相关文献及研究国际分割生产对这些指标的影响的相关文献进行综述。

2.3.1　出口复杂度的相关研究

说到出口发展，从产品特征看通常要包含以下的变化：生产的产品向着资本、技能型劳动力和技术密集的方向变化，即产品的技术含量不断提高。而在经济现实中，随着经济自由化和全球化的发展，初级产品在世界贸易中的份额正在逐渐下降，而制成品和技术密集度高的产品份额在快速增长(Lall，2000)。显然，世界贸易中的产品，包括发展中国家出口的产品的技术含量在变化。但是已有的研究对产品的技术特征的挖掘是有限的，Lall(2000)的研究也只是分五类分析了行业的技术特征。Lall 等(2006)发现了这个不足之处，故提出了一种新的表示产品技术特征的方法，即产品复杂度。使用每种产品的信息和每个出口国家的人均收入，定义出口复杂度为：一国的人均收入越高，则出口的产品复杂度越高。这个定义背后蕴涵着这样的原理：富国出口的产品必须具备某些特征，使其弥补高工资带来的高生产成本劣势，从而在国际市场上具有竞争优势。显然，这些特征中，技术是决定出口复杂度的最重要因素，高收入国家的先进技术水平通常是其竞争力的主要源泉。这里所说的技术不仅包括以研究和开发(R&D)为基础的产品创新或生产工序创新，还包括有效利用技术进行生产的能力，以及通过改进技术实现规模经济、有效组织供给或选择有效的供给链的能力。

1. 出口复杂度度量的相关研究

近年来，学者们提出了不同方法度量出口复杂度，其中比较有代表性的主要有如下两种。

一是 Lall 等(2006)的度量出口复杂度的方法，他们定义每种产品的出口复杂度等于出口这一产品的所有国家的人均收入的加权平均，而每个国家的权重是该国出口占整个世界出口的份额。他们根据这一方法，选取 97 个国家样本，使用各国 SITC Rev 2(即联合国标准国际贸易分类第二次修订)三位码水平的 237 个产品和四位码水平的 766 个产品的出口数据，计算了所有出口产品的复杂度，并分国家类别、技术类别和产业类别比较了出口复杂度。

二是 Rodrik(2006)和 Hausmann 等(2007)提出的以人均收入度量的出口产品的复杂度指标(the weighted sum of the per capita GDP of countries exporting product，PRODY)。Hausmann 等(2007)认为，Lall 等(2006)的度量方法以一国出口占世界的份额作为权重计算出口复杂度，可能会高估大国的作用而忽略了小国在某些出口产品上的比较优势，从而低估了小国对某些产品出口复杂度的贡献。所以，PRODY 同样是出口这一产品的所有国家的人均收入的加权平均，不同在于权重，每个国家的权重是该国出口的每种产品相对于整个世界的相对比较优势。他们进一步构建了度量国家的出口复杂度，即国家出口生产率水平(the productivity of a country's exports，EXPY)，其是对该国每种产品出口复杂度 PRODY 的加权平均，权重是每种产品出口在该国总出口的份额。Rodrik(2006)用 EXPY 指标度量了中国的出口复杂度，发现中国的出口复杂度与比其人均收入高三倍的国家的出口复杂度相同。

2. 出口复杂度影响因素的相关研究

在相关经验研究中，影响出口复杂度的因素主要包括要素禀赋和国际分割生产。

1)要素禀赋和出口复杂度

Xu(2007)和Schott(2006)的研究认为，根据H-O理论，一国的出口应该显示一国的要素禀赋。根据比较优势原理，一国应该专业化并出口具有比较优势的产品，因此，自然资源充裕的国家应该出口自然资源或资源密集型的产品，而诸如中国和印度这样劳动力充裕的国家应该出口玩具和服装之类的劳动密集型产品，人力资本和先进技术丰裕的发达国家应该出口复杂度高的诸如制药品、化学制品、汽车和电子机械等资本密集或技术密集的产品。Krugman(1979)和Schott(2006)的研究表明，消费者的多样性偏好和产品的水平差异性，导致了产品内贸易，一国生产的差异性产品的数量是其资源禀赋的函数。显然，根据他们的研究一国的出口复杂度与其要素禀赋有关。

一国的要素禀赋包括自然资源、劳动力、物质资本和知识资本等，一般认为自然资源丰富且人力资本和物质资本存量较低的国家，通常对经济的长期增长和技术升级有阻碍作用。Hausmann等(2007)的研究表明一国的自然资源(土地面积)与其出口复杂度负相关。Schott(2006)定义了度量技能型劳动力水平的指标为接受过中级或高级教育的人口占总人口的份额，研究发现一国与OECD国家的相似度随人均GDP或技能型劳动力水平的升高而增加。

以上关于要素禀赋和出口复杂度的相关研究表明，要素禀赋对出口复杂度有影响。但是，由于出口复杂度是反映产品的技术特征，所以，在经验研究中不同的要素，如自然资源、劳动力、物质资本和知识资本等对出口复杂度的影响方向不同。

2)国际分割生产和出口复杂度

按照Hummels等(1998，2001)的研究，中间品贸易是国际分割生产的一个重要表现，而跨国公司在国外直接投资建立子公司或分支机构完成零部件的生产或组装，是国际分割生产的一个主要组织形式。显然，由国际分割生产引起的FDI和中间品贸易会对一国的出口复杂度有影响，一方面FDI的流入和中间品的进口可以当成是投入要素，通过要素投入产出的关系影响出口复杂度，投入要素技术含量越高，则产出的复杂度也越高；另一方面，FDI的流入和中间品的进口是国际技术转移的两个渠道，还可以通过与东道国企业的关联效应促进东道国产业技术的提高(Coe and Helpman，1995)。因此，FDI的流入和中间品的进口可以通过对东道国的技术转移作用影响其出口复杂度。Xu(2007)认为发展中国家出口复杂度高的产品，是因为加工和组装了高技术水平的进口中间品。Amiti 和 Freund(2008)的研究认为，1992～2005 年，中国出口的复杂度虽有显著提高，但是这些提高几乎都源于加工贸易出口，与一般贸易出口无关。姚洋和张晔(2008)也认为中国的出口加工业大量使用国外中间投入品，本国技术含量很低。Xu 和 Lu(2008)认为，近几年，中国出口复杂度的提高，约有 1/4 的贡献来源于发达国家的 FDI。

以上研究表明，国际分割生产通过 FDI 和加工贸易对中国的出口复杂度产生了影响。

2.3.2 出口的深化与广化的相关研究

发展经济学家比较关注的一个问题是，随着一国出口的增长其贸易条件是否会恶化，从而使贸易利益下降，或者甚至对经济增长造成不良的影响。学者们认为一国出口增长的源泉不同则对经济发展的含义也不同，所以他们对一国出口增长的源泉进行了探析，即一国的出口增长是因为出口的广化，即出口了更多品种的产品种类，还是因为出口的深化，即出口了已有产品更多的数量。如果一国的出口增长主要是通过出口的深化起作用，则意味着一国的出口产品集中于某些产品，该国的出口容易受外部因素的冲击，同时还可能因为出口数量扩张而导致该国贸易条件恶化从而出现贫困化增长现象；如果出口增长是由出口广化促成的，则有利于一国生产结构的多元化，有利于一国经济的增长。最近，有一些学者对出口的深化与广化进行了研究，主要包括两类：一类是研究某个国家出口的增长是属于出口深化还是出口广化；另一类是研究影响一国出口深化和出口广化的因素。

1. 出口增长的源泉——出口的深化和广化的相关研究

Hummels 和 Klenow(2005)的研究表明，出口的广化对大国出口的增长起主要作用。而 Evenett 和 Venables(2002)研究了 1970～1997 年新兴国家的出口增长，结果表明，出口广化的贡献只有 33%。Felbermayr 和 Kohler(2006)研究了世界贸易的增长，发现在 1950～1970 年和 20 世纪 90 年代中期，出口广化在世界贸易增长中起了主要作用，在其余年份，则出口深化起了主要作用。Helpman 等(2007)的研究也得出同样的结论，1970～1997 年，世界贸易增长主要来自出口深化。Amurgo-Pacheco 和 Pierola(2008)分析了 24 个发达国家和发展中国家 1990～2005 年的贸易流量，发现这些国家 86%的出口增长来源于出口的深化，但在发展中国家，出口广化的贡献正在提升。Amiti 和 Freund(2008)使用 HS 十位码水平的中国对美国的出口数据进行研究，结果表明，从 1992 年以来，中国对美国出口的产品种类增加了 40%，但出口广化对中国出口增长的贡献最多不过 15%，几乎中国对美国的所有产品出口增长都源于出口的深化。钱学锋

(2008)的研究表明，2003～2006 年，中国的出口增长主要源自出口深化。施炳展和李坤望(2009)研究发现中国对美国出口增长的 70%归结为出口的深化。

以上研究表明，不管是中国还是其他国家，出口增长主要源于出口的深化，但是出口的深化和广化对出口增长的贡献会随样本的变化而变化。

2. 出口的深化与广化的影响因素的相关研究

Yi(2003)指出，贸易成本的持续削减对贸易量的影响主要是通过出口广化引起的。Eaton 等(2008)对法国出口的分析表明，当贸易成本变化导致出口总量变化时，出口广化也较显著。Amurgo-Pacheco 和 Pierola(2008)研究发现贸易成本的下降有利于出口的深化和广化。Debaere 和 Mostashari(2007)发现，贸易成本的下降(关税削减)解释了 6.7%的出口广化。Feenstra 和 Kee(2007)认为，美国的关税自由化促进了墨西哥和中国对其的出口广化。Martina(2008)通过研究美国对 156 个国家的出口数据发现距离对出口深化和广化的影响为负，但对出口广化的影响系数更大且更显著，贸易自由化促进了出口深化。Felbermayr 和 Kohler(2006)研究发现 WTO 主要是促进了出口的广化。钱学锋(2008)研究发现，贸易成本的变动对中国出口增长的影响主要是通过促进出口广化实现的。

以上关于出口的深化和广化的影响因素的研究主要关注于关税、运输成本(距离)等贸易成本因素。显然，对出口的深化和广化的影响因素的挖掘是非常有限的。

2.3.3　出口比较优势和出口结构的相关研究

当前对于中国比较优势的经验研究大都以显性比较优势指数为基础。傅朝阳(2005)对中国出口商品的比较优势进行了经验分析，发现中国的出口比较优势基本符合 H-O 定理。魏浩等(2005)在对制成品按技术结构和要素密集度分类的基础上，对 1997 年以来中国制成品的出口比较优势和贸易结构做了经验分析。结果表明：中国最具有比较优势的制成品主要集中在技术含量低的非熟练劳动力密集型产品，且这类产品在中国制成品出口中占一半以上的份额。鲁晓东和李荣林(2007)研究了中国 1987～2005 年的贸易结构和比较优势及其变化，从总体上看中国的比较优势已发生变化。对中国比较优势的稳定性检验表明，以要素禀赋为基础的比较优势显示出相对的稳定性。

从以上研究可以看出，学者们主要是从要素禀赋的角度解释中国出口比较优势的变化，这种研究尚不足以充分解释中国出口结构和比较优势的变化。通过本书的文献综述可以看出，国际分割生产和由此引起的中间产品贸易是国际贸易中的一个普遍现象。通过分割生产，一国可能会在分割生产以前没有竞争力的产品上具有比较优势，即国际分割生产可以影响一国的出口比较优势(Deardorff，2001a)。因而，在国际分割生产条件下，分割生产的最终产品包含不同国家的贡献。此时，一国的出口中不仅包含该国的技术或生产要素，也包含其他国家的技术和要素的贡献，因此，要真实地反映一国的出口比较优势和出口结构必须考虑国际分割生产这一因素。

2.4 小　结

关于国际分割生产与贸易之间的关系，学者们虽然从理论研究和经验分析方面都提出了许多有见地的解释，但是现有的这些研究大多以发达国家为对象，集中分析国际分割生产的动因、国际分割生产对母国的贸易效应、对母国的劳动力配置效应和生产率效应等。Chen(2008)的研究发现：发展中国家的中间品贸易占世界中间品贸易的份额为1/3，表明发展中国家也是国际分割生产体系重要的组成部分。Yeats(1998)的研究也表明诸如中国和墨西哥等越来越多的发展中国家开始加入国际分割生产体系，发展中国家和发达国家在国际分割生产中都起着重要的作用。但是现有的文献几乎没有从发展中国家和接受“分割”的东道国的角度对国际分割生产及其效应进行深入研究，因此，从发展中国家角度，选取参与国际分割生产程度比较高的中国作为研究对象，分析国际分割生产与中国参与国际分割生产的主体——制造业的出口显得特别有代表性。

基于李嘉图模型的国际分割生产，从国家间的劳动生产率差异入手，假定各国在分割生产的各个生产区段上的劳动生产率是不同的，各国会专业化地生产相对劳动生产率更高的区段；基于H-O模型的国际分割生产，假定不同的生产区段需要不同的要素比例，因此，各国根据其要素禀赋和生产区段的特征参与国际分割生产。而现实经济中，国家之间特别是发达国家和发展中国家之间既存在李嘉图式的劳动生产率差异(技术水平差异)，也存在H-O模式的要素禀赋差异，如发达国家资本比较充裕，而发展中国家劳动力比较充裕。因此，本书试图构建既体现要素密集度的差异，也体现生产率差异的国际分割生产模型，并分析当北方(发达国家)向南方(发展中国家)分割生产时对贸易的影响，以及对分割生产产品复杂度和产品种类变化的影响。

从出口发展看，一国出口的发展不仅包括出口数量的增长，还包括出口质量的提高。出口复杂度是从出口产品特征层面对出口质量的一个重要反映。关于随着我国出口数量的增长，是否伴随着出口复杂度的提高这一问题存在着争论：一类观点认为我国的出口过度依赖劳动密集型产品，在高技术产品出口上又过度依赖加工贸易，中间品的大规模进口还可能使关键技术的研发活动变得无利可图，企业被长期锁定在低端生产环节，本土技术水平很难得到提高，故而，我国出口复杂度不高(张幼文，2005；华民，2006)。另一类观点认为，我国出口复杂度在过去十几年里有了很大的提高，且远高于与其收入水平相仿的国家，中国发展了一条不同于其他发展中国家的出口模式：致力于较高生产率产品的生产，努力开拓先进的、高技术产品的出口之路(Rodrik，2006)。这些不同的观点都缺乏更深层次的理论支持。从本书的文献回顾可以看出，中国的出口发展与国际分割生产有密切关系，中国的出口复杂度中包含在国际分割生产中其他国家的贡献。所以，要全面理解中国制造业出口的复杂度，必须分析国际分割生产的影响。一些学者如 Amiti 和 Freund(2008)认为，中国出口的复杂度的提高源于加工贸易，Xu 和 Lu(2008)认为中国出口复杂度的提高，约有 1/4 源于 FDI 的贡献。但是他们的研究没有从国际分割生产这一角度，在理论上将加工贸易或 FDI 结合起来分析对出口复杂度的影响及其机制，更没有具体到制造业和制造业分行业进行分析和验证。有鉴于此，本书要从理论分析和经验检验两方面，分析国际分割生产对中国制造业分行业出口复杂度的影响。

关于出口的深化与广化及其影响因素的相关研究，为我们从出口产品特征视角分析中国出口增长的源泉提供了方法。但是用此方法对中国出口深化与广化的影响因素的分析仍停留在对关税、运输成本等因素。卢锋(2006)、Dean 等(2007)的研究指出，中国在过去 20 多年里国际贸易总量的大幅度上升与全球范围内的国际分割生产或产品内分工过程密切相关。但是从目前已有的文献看，并没有文献把国际分割生产与中国出口的深化与广化相结合进行研究，更没有具体到制造业行业层面的出口深化和广化研究，也就没有回答国际分割生产对中国制造业出口的深化和广化有何影响。因此，本书试图从理论分析和经验分析两方面对此问题综合考察。

第 3 章　南一北国际分割生产模型

中国的出口主要以工业制成品为主。近年来，工业制成品占总出口的比重一直保持在 90%，且制成品出口的增长速度快于所有货物出口总额的增长速度。而当前制成品生产的一个最基本的现象是：产品生产过程中不同的工序、不同的区段、不同的零部件分散到不同国家和地区来进行，从而形成了同一个最终产品由不同国家或地区的厂商共同参与完成的国际分割生产。

传统国际贸易理论中，最终产品生产的各个阶段都是在同一个国家完成的，各国间贸易的产品都是最终产品，这与现实中的国际分割生产现象是不一致的。Baldone 等(2007)认为传统的国际贸易理论模型预测与实证研究之间存在差异的一个重要原因是：中间投入品和零部件贸易在总产品贸易中占了很大的份额，但是传统贸易理论模型却把它忽略了，也就是说把国际分割生产现象忽略了。本书试图通过构建一个南一北国际分割生产模型，将国际分割生产纳入分析贸易的理论框架，使用不同的类型的生产区段既体现李嘉图式的劳动生产率差异(技术水平差异)，也体现 H-O 模式的要素禀赋差异，分析不同区段的国际分割生产产生的效应。

Dixit 和 Stiglitz(1977)的 DS 模型研究了差异性产品，但没有涉及差异性产品的国际分割生产。Dixit 和 Grossman(1982)的研究把产品的生产过程分成了连续的生产阶段，但是没有涉及生产阶段的跨国界配置，即没有构成国际分割生产。Grossman 和 Rossi-Hansberg(2008)的研究把产品的生产阶段按要素密集度分成两类区段，分析中只能体现要素禀赋差异，不能体现生产率差异。Jones 和 Kierzkowski(2001b)只是从国家间的劳动生产率差异入手，分析国际分割生产，而 Kohler(2003)的研究只是从生产区段的要素密集度差异入手，分析国际分割生产。Rodríguez-Clare(2007)考虑了技术因素，但是只把技术当成影响工资率的因素，没有考虑技术的其他效应，Baldwin 和 Roberd-Nicoud(2007)考虑了国家间的技术差距，但是没有考虑技术转移效应。

本书基于 DS 模型(Dixit and Stiglitz，1977)，对差异性产品的生产过程按照 Dixit 和 Grossman(1982)的方法分成连续的生产阶段，参考 Grossman 和 Rossi-Hansberg(2008)的方法对这些连续的生产阶段按照生产率差异和要素密集度分类，综合 Jones 和 Kierzkowski(2001a)、Rodríguez-Clare(2007)基于李嘉图模型框架与 Kohler(2003)、Baldwin 和 Roberd-Nicoud(2007)基于 H-O 模型框架对国际分割生产的分析方法，构建南一北国际分割生产的模型，分析国际分割生产。本书把产品的生产阶段分为三个类型的区段：第一类是南北都能生产且生产率无差异的区段；第二类是南北都能生产但存在生产率差异的区段；第三类是只有北方能进行生产的区段，既体现要素密禀赋的差异，也体现生产率差异。分析当北方向南方分割第一类和第二类区段时产生的一些效应，以及这些效应对南北贸易模式和贸易总量的影响。

3.1　无国际分割生产条件下的模型基本假设和结构

假设世界由两个国家组成，即北方 N 和南方 S，国家 N 和 S 均有两种生产要素，即非熟练劳动力 L 和熟练劳动力 H，北方 N 是熟练劳动力 H 丰裕的国家，南方 S 是非熟练劳动力 L 丰裕的国家。存在两个产业，即一个生产同质产品的产业(即农业)和一个生产差异性产品的产业(即制造业)。北方的技术先进，南方技术相对落后，假设技术进步是希克斯中性的①，北方的效率高于南方。因此，北方的劳动力工资高于南方，$w_N > w_S$，$h_N > h_S$，其中 w_N，w_S，h_N，h_S 分别是非熟练劳动力 L 和熟练劳动力 H 在北方与南方的工资。

3.1.1　消费者行为

假设农业生产的是同质产品 x_0，制造业生产的是 M 种差异性产品 $X=(x_1, x_2, \cdots, x_M)$。按照 Dixit 和 Stiglitz(1977)的 DS 模型，假设代表性消费者从消费 x_0 和 X 两组产品中获得的效用可以用柯布－道格拉斯型效用函数表示，且函数中的参数分别等于消费者对 x_0 和 X 两组产品的支出比例 $1-\mu$ 和 μ。消费者从消费差异性产品 x_1，x_2，…，x_M 中获得的效用满足不变替代弹性(constant elasticity of substitution，CES)效用函数。由此 N、S 两国的代表性消费者的效用函数 U 和约束条件可以表示如下：

$$U = x_0^{1-\mu} X^{\mu}, X = \left[\sum_{m=1}^{M} (x_m)^{(\sigma-1)/\sigma}\right]^{\sigma/(\sigma-1)} \tag{3.1}$$

$$p_0 \cdot x_0 + \sum_{m=1}^{M} p_m \cdot x_m \leqslant y \tag{3.2}$$

$$令 E = \sum_{m=1}^{M} p_m \cdot x_m$$

其中，μ 是消费者用于差异性产品的支出比例；σ 是差异性产品之间的替代弹性，$0<\sigma<1$，表明差异性产品之间是不完全替代的，同时，σ 是常数，因为差异性产品在消费者效用函数中是不变替代弹性的；$\rho=1/(1-\sigma)$，ρ 表示消费者的“多样性偏好”(love of variety)程度；x_0 是农业生产的同质产品的生产量，也是消费量。x_m 是消费者对第 m 种差异性产品的消费量，p_m 是第 m 种差异性产品的价格，p_0 是同质产品的价格，y 是消费者的总支出也是劳动力的收入，E 是消

① 参考了 Baldwin 和 Roberd-Nicoud(2007)的假设。

费者对差异性产品 X 的支出。

假设消费者有严格的凸偏好，则消费者面临的效用最大化问题是

$$\max U = \max\left\{x_0^{1-\mu}\left[\sum_{m=1}^{M}(x_m)^{(\sigma-1)/\sigma}\right]^{\mu\sigma/(\sigma-1)}\right\} \tag{3.3}$$

$$\text{s.t.} \quad p_0 \cdot x_0 + \sum_{m=1}^{M} p_m \cdot x_m \leqslant y$$

按照 Fujita 等(1999)和黄玖立(2006)的方法，以上问题的求解可分为两步。

第一步，给定消费者对差异性产品 X 的支出 E，求每种产品的最优消费量 $x_m(m=1, 2, \cdots, M)$，求解如下效用最大化：

$$\max X = \max\left[\sum_{m=1}^{M}(x_m)^{(\sigma-1)/\sigma}\right]^{\sigma/(\sigma-1)}$$

$$\text{s.t.} \sum_{m=1}^{M} p_m x_m = E \tag{3.4}$$

建立拉格朗日函数如下：

$$L(x_m, \lambda) = \left[\sum_{m=1}^{M}(x_m)^{(\sigma-1)/\sigma}\right]^{\sigma/(\sigma-1)} - \lambda\left(\sum_{m=1}^{M} p_m x_m - E\right) \tag{3.5}$$

求式(3.5)的一阶必要条件为

$$\frac{\partial L(x_m, \lambda)}{\partial x_m} = \left[\sum_{m=1}^{M}(x_m)^{(\sigma-1)/\sigma}\right]^{1/(\sigma-1)} \cdot x_m^{1/\sigma} - \lambda p_m = 0 \tag{3.6}$$

任取 k 属于(1, 2, …, M)，由式(3.6)可得

$$\frac{\partial L(x_k, \lambda)}{\partial x_k} = \left[\sum_{k=1}^{M}(x_k)^{(\sigma-1)/\sigma}\right]^{1/(\sigma-1)} \cdot x_k^{1/\sigma} - \lambda p_k = 0 \tag{3.6a}$$

$$\frac{\partial L(x_m, \lambda)}{\partial \lambda} = \sum_{m=1}^{M} p_m x_m - E = 0 \tag{3.7}$$

由式(3.6)和(3.6a)可得：$\dfrac{p_m}{p_k} = \left(\dfrac{x_m}{x_k}\right)^{-1/\sigma}$

即

$$x_m = \left(\frac{p_k}{p_m}\right)^{\sigma} x_k \tag{3.8}$$

将式(3.8)代入式(3.4)可得

$$x_m = \frac{p_m^{-\sigma}}{\sum_{k=1}^{M} p_k^{1-\sigma}} E$$

或

$$p_m = \frac{x_m^{-1/\sigma}}{\sum_{k=1}^{M} x_k^{\sigma-1/\sigma}} E = x_m^{-1/\sigma} \cdot X^{1-\sigma/\sigma} E \tag{3.9}$$

式(3.9)可写成

$$x_m = \left(\frac{p_m}{G}\right)^{-\sigma} \frac{E}{G} \tag{3.10}$$

其中，$G=\left[\sum_{m=1}^{M}p_m^{1-\sigma}\right]^{(1/1-\sigma)}$。

式(3.9)或式(3.10)表明了第 m 种产品面临的需求函数。其中，G 是生产差异性产品产业的价格指数。

第二步，给定消费者的收入 y，选择最优的同质品和差异性产品，即求解如下效用最大化问题：

$$\max U=\max x_0^{1-\mu}X^{\mu}$$
$$\text{s.t.}\quad p_0\cdot x_0+G\cdot X\leqslant y \tag{3.11}$$

建立拉格朗日函数如下：

$$L(x_0,X,\lambda)=x_0^{1-\mu}X^{\mu}-\lambda(p_0\cdot x_0+G\cdot X\text{-}y) \tag{3.12}$$

求式(3.2)的一阶必要条件为

$$\frac{\partial L(x_0,X,\lambda)}{\partial x_0}=(1-\mu)\cdot x_0^{-\mu}\cdot X^{\mu}-\lambda p_0=0 \tag{3.13}$$

$$\frac{\partial L(x_0,X,\lambda)}{\partial x_0}=\mu\cdot x_0^{1-\mu}\cdot X^{\mu-1}-\lambda G=0 \tag{3.14}$$

$$\frac{\partial L(x_0,X,\lambda)}{\partial\lambda}=p_0\cdot x_0+G\cdot X-y=0 \tag{3.15}$$

由式(3.13)和式(3.14)可得

$$\frac{X}{x_0}=\frac{\mu}{1-\mu}\cdot\frac{p_0}{G} \tag{3.16}$$

由式(3.16)得到 x_0 或 X，分别代入式(3.15)可得消费者对同质品 x_0 和差异性产品 X 的需求为

$$x_0=(1-\mu)\cdot\frac{y}{p_0} \tag{3.17}$$

$$X=\mu\cdot\frac{y}{G} \tag{3.18}$$

把式(3.18)代入式(3.10)，则消费者对第 m 种差异产品的需求函数最终可表示为

$$x_m=\left(\frac{p_m}{G}\right)^{-\sigma}\frac{\mu\cdot y}{G} \tag{3.19}$$

其中，$1\leqslant m\leqslant M$。

消费者对差异性产品的需求与其自身价格成反方向变化，需求价格弹性为 $-\sigma$，与差异性产品的产业价格指数同方向变化，这意味着若其他替代产品的价格提高，对本商品的需求也随之增加，与消费者用在差异性产品上的支出比例同方向变化，与消费者收入同方向变化。

3.1.2 生产者行为

假设差异性产品 $X=(x_1, x_2, \cdots, x_M)$中，各差异性产品 x_m 是熟练劳动力 H 密集型产品，且需要更高的技术水平，同质产品 x_0 是非熟练劳动力 L 密集型产品。北方 N 是熟练劳动力 H 丰裕的国家，南方 S 是非熟练劳动力 L 丰裕的国家。北方的技术处于先进地位，南方技术相对落后。所以，差异性产品 $X=(x_1, x_2, \cdots, x_M)$只有北方 N 可以生产，而同质产品 x_0 北方 N 和南方 S 都能生产。假设北方 N 生产差异性产品产业内有 M 个行业，每个行业有一个企业，每个企业生产一个种类的产品，企业 m 生产差异性产品 $x_m(1\leqslant m\leqslant M)$。每个企业 m 都使用生产要素 L 和 H 生产一种产品 x_m，在给定成本最小化约束下，N 国生产一单位产品 x_m 所需要的生产要素 L 和 H 的投入量是 a_{Lm}^N 和 a_{Hm}^N。a_{Lm}^N 和 a_{Hm}^N 分别表示 N 国生产一单位产品 x_m 所需要的 L 和 H 的最小边际投入量①。假设同质产品 x_0 的生产需要两种生产要素即非熟练劳动力 L 和熟练劳动力 H 的投入，北方 N 和南方 S 都能生产 x_0，两国生产 x_0 的生产函数是相同的，不存在技术差距。因此在开放条件下，北方 N 将会生产具有比较优势的差异性产品 $X=(x_1, x_2, \cdots, x_M)$，南方 S 将会生产具有比较优势的同质产品 x_0。

假设南方 S 生产同质产品的生产函数是规模报酬不变的柯布－道格拉斯生产函数②：

$$x_0 = AL_S^{\theta}H_S^{1-\theta} \tag{3.20}$$

其中，θ 是非熟练劳动力对产出的贡献份额；$1-\theta$ 是非熟练劳动力对产出的贡献份额，且 $0<\theta<1$；A 是生产同质产品产业的生产率。于是根据单位劳动力的平均产出和单位劳动力的平均投入，则有

$$w_S = A \cdot \left(\frac{H}{L}\right)^{1-\theta}, h_S = A \cdot \left(\frac{L}{H}\right)^{\theta} \tag{3.21}$$

各种劳动力的收入(工资)与其各自的产出的贡献份额相关，还与两种劳动力的相对禀赋 H/L 或 L/H 相关。

北方 N 的每个企业都试图最大化其利润。按照 DS 模型，每个企业 m 生产产品都产生固定成本 F_m 和边际成本 c_m，则平均成本为 c_m+F_m/x_m③，企业 m 在行业支出 E_m 和行业价格水平 G 固定的条件下，确定其价格 p_m。于是对于企业 m，其边际收益可表示为④

---

① 参考了 Jones 和 Kierzkowski(2001a)、Grossman 和 Rossi-Hansberg(2008)对单位产出要素投入的假设方法。

② 参见黄玖立(2006)的方法。

③ Navaretti 和 Venables(2004)认为生产差异性产品企业的边际成本是固定的。根据前文的假设：产品 x_m 所需要的生产要素 L 和 H 的边际投入量是 a_{Lm}^N 和 a_{Hm}^N，可知企业 m 的边际成本与平均可变成本相等。

④ 参见 Navaretti 和 Venables(2004)中，生产差异性产品企业在给定其需求函数的情况下，其边际收益的表示方法。

$$\mathrm{MR}_m = \frac{\partial R_m}{\partial x_{im}} = p_m(1 - 1/\varepsilon_m) = p_m \frac{\sigma - 1}{\sigma} \tag{3.22}$$

其中，ε_m 是企业 m 的需求价格弹性。由于每个企业都在假定行业价格水平既定的条件下追求利润最大化，所以，需求价格弹性等于 σ，故而得到式(3.22)。

在垄断竞争条件下，企业利润最大化原则是边际收益等于边际成本，企业自由进入直到平均成本等于价格，即厂商均衡的条件下的价格和产出为

$$\mathrm{MR}_m = p_m \frac{\sigma - 1}{\sigma} = c_m \text{，即 } p_m = \frac{\sigma}{\sigma - 1} c_m \tag{3.23}$$

$$p_m = c_m + \frac{F_m}{x_m} \text{，即 } p_m = (\sigma - 1) \frac{F_m}{c_m} \tag{3.24}$$

根据前面的假设，显然有 $c_m = a_{Lm}^N \cdot w_N + a_{Hm}^N \cdot h_N$，代入式(3.23)，由此，$N$ 国的企业 m 的产品 x_m 的价格 p_m 为

$$p_m = \frac{\sigma}{\sigma - 1}(a_{Lm}^N \cdot w_N + a_{Hm}^N \cdot h_N) \tag{3.25}$$

其中，企业的产品价格是边际成本加成，取决于替代弹性 σ、本国的要素价格 w_N 和 w_S，以及代表技术水平的单位产出要素边际投入量 a_{Lm}^N 和 a_{Hm}^N。显然，这些参数中任何一个的变化都会引起企业产出价格的变化。

3.1.3　开放条件下的需求和贸易

令同质产品 x_0 为计价单位(numeraire)，即 $p_0 = 1$，则各差异性产品的价格 $p_m(1 \leqslant m \leqslant M)$ 也是各差异性产品相对于同质产品的相对价格。假设 N 和 S 两国是处于开放经济，则 N、S 两国的价格指数可表示为

$$G_N = \left[\sum_{m=1}^{M} p_m^{1-\sigma}\right]^{(1/1-\sigma)} \qquad G_S = \left[\sum_{m=1}^{M} (p_m \cdot \tau(m)^{1-\sigma}\right]^{(1/1-\sigma)} \tag{3.26}$$

N 和 S 两国代表性消费者对第 m 种产品的需求 x_m^N 和 x_m^S 分别为①

$$x_m^N = \left(\frac{p_m}{G_N}\right)^{-\sigma} \cdot \frac{\mu \cdot y_N}{G_N}, x_m^S = \left(\frac{p_m \cdot \tau(m)}{G_S}\right)^{-\sigma} \cdot \frac{\mu \cdot y_S}{G_S}, \text{其中}, 1 \leqslant m \leqslant M \tag{3.27}$$

N 和 S 两国代表性消费者对同质产品 x_0 的需求 x_0^N 和 x_0^S 分别为

$$x_0^N = (1 - \mu)\tau(0) \cdot y_N, x_0^S = (1 - \mu) \cdot y_S \tag{3.28}$$

其中，$\tau(m)$表示运输成本是冰山成本类型②，包括 N 或 S 国需要从国外进口 $\tau(m) > 1$单位的 m 产品，以保证 N 或 S 国获得 1 单位的这类商品，即要使得 1 单位商品到达目的地，必须有大于 1 的 T 单位从产地“起运”，其中 $\tau(m) - 1$ 部分商品在运输途中“融化”掉了。$\tau(0)$表示 x_0 的运输成本，与 $\tau(m)$的含义相同。

---

① Choudhri 和 Hakura(2001)在 DS 模型的基础上，扩展得出了一国对另外一个国家的差异性产品的需求函数，本书参考了其方法。

② Navaretti 和 Venables(2004)假设运输成本为冰山成本类型。

于是，S 国和 N 国分别对 N 国和 S 国产品的需求，即 N 国和 S 国的出口可表示为

$$\mathrm{EX}_N = \sum_{m=1}^{M}\left(\frac{p_m \cdot \tau(m)}{G_S}\right)^{-\sigma} \cdot \frac{\bar{\mu} \cdot Y_S}{G_S} \tag{3.29}$$

其中，$Y_S = L_S \cdot w_S + H_S \cdot h_S$。

$$\mathrm{EX}_S = (1-\mu)\tau(0) \cdot Y_N \tag{3.30}$$

其中，$Y_N = L_N \cdot w_N + H_N \cdot h_N$。

Y_S 和 Y_N 分别表示 S 国和 N 国所有消费的总支出或总收入。显然，N 国的出口完全取决于其生产的产品的相对价格 p_m 和运输成本 $\tau(m)$ 的大小，以及 S 国的收入或支出。S 国的出口取决于运输成本 $\tau(0)$ 和 N 国的收入或支出。不考虑运输成本的影响时，即 $\tau(m)=\tau(0)=1$ 时，一国的出口完全决定于两国产品的价格和对方国家的收入或支出。N 国和 S 国的收入或支出取决于两国的要素价格 w_N，h_N，w_S，h_S 和要素禀赋 L_N，H_N，L_S，H_S。

3.2 国际分割生产条件下的模型

3.2.1 基本假设与变量说明

参考 Dixit 和 Grossman(1982)、Kohler(2003)的方法，企业生产同一产品的过程可以分成许多连续的生产阶段。这些生产阶段是在企业内部完成还是通过市场外包若干生产阶段，完全取决于垂直一体化和外包带给追求利润最大化的企业的收益与成本的对比。当其中几个生产阶段已经分割到企业在国外的子公司或者外包给国外的其他企业时，就形成了国际分割生产。有许多因素会影响企业国际分割生产的收益和成本，但最主要的一个因素是国家之间的要素价格差异，企业通常按照生产阶段的要素密集度与各国要素禀赋，把生产区段在国家之间进行配置。比如，把劳动密集型的生产阶段分配到劳动力成本低的国家，而把资本密集型的生产阶段分配到资本成本低的国家，以降低其生产成本。

假设同质产品 x_0 是不可分割生产的产品，差异性产品 $X=(x_1, x_2, \cdots, x_M)$ 是可分割生产的产品。于是，N 国的企业 $m(1 \leqslant m \leqslant M)$ 生产产品 x_m 的生产过程可分为一系列连续的阶段，而这些连续的阶段可以分类为三个区段①：一是非熟练劳动力 L 密集投入区段(为了叙述方便，简称 L 区段)，如产品的组装和装配活动；二是非熟练劳动力 L 和熟练劳动力 H 共同投入区段(简称 LH 区段)，

---

① Grossman 和 Rossi-Hansberg(2008)把产品的生产过程分成非熟练劳动力密集任务(L-tasks)和熟练劳动力密集任务(H-tasks)，本书分为三个区段是为了能够更好地对比 N 国和 S 国都能进行且生产率无差异的区段、N 国和 S 国都能进行但生产率有差异的区段、只有 N 国能进行的区段，既体现要素密集度的差异，也体现生产率差异和技术创新差异。

如一些中间投入品的生产；三是熟练劳动力 H 密集投入区段(简称 H 区段)，包括产品的研发、设计和销售技巧等。假设这三个区段都是必需的，生产技术的进步并不能使不同区段相互替代。

S 国不能生产差异性产品 X 的原因是 S 国的技术比较落后，进行 H 区段的生产成本非常昂贵，但是 S 国可以进行 L 区段和 LH 区段产品的生产。假设 L 区段中 L 是唯一的生产要素，并且在这区段生产过程中，N 和 S 两国的生产者拥有相同的技术，即两国技术无差距。S 国是非熟练劳动力 L 丰裕的国家，且 $w_N > w_S$，所以 S 国在 L 区段上具有优势，故 N 国会把 L 区段分割到 S 国进行生产。LH 区段要同时有 L 和 H 的投入，一方面，由于 $w_N > w_S$，$h_N > h_S$，所以 N 国会把 LH 区段分割到 S 国进行生产；另一方面，在这一区段中 N 和 S 两国之间存在生产技术的差距，N 国的技术比 S 国先进，即使前面 L 区段的分割导致 S 国要素价格上升，N 国会把 LH 区段分割到 S 国，因为伴随着 N 国的 LH 区段分割到 S 国，N 国会把其技术与 S 国的生产要素相结合，所以高技术水平的 N 国把 LH 区段分割到低技术水平的 S 国是有利可图的。H 区段唯一的投入要素是熟练劳动力 H，即受了一定程度的教育的劳动力。虽然 $h_N > h_S$，但是，一方面 N 国是熟练劳动力 H 丰裕的国家；另一方面，在 H 区段中 N 和 S 两国之间存在技术的差距，N 和 S 两国已有的技术水平决定了两国在进行这一区段活动时产品研发、创新的概率，所以 N 国把 H 区段分割到 S 国的可能性很小。综合以上分析，企业 m 将所生产产品 x_m 的 L 区段和 LH 区段分割到 S 国，但是任何一个区段都不可能从 S 国分割到 N 国。正如 Bloom 等(2007)所认为的那样：从技术落后国向技术先进国分割生产是不经济的，因为即使技术落后国拥有技术先进国同样教育水平的劳动力，但是技术落后国在技术、制度或管理效率上与技术先进国仍存在差距。

N 国把三个区段中的任何一个或几个区段，或者把任一个区段中的某一部分分割到 S 国是为了利用 S 国低成本的生产要素，从而降低生产成本，但正如许多学者所强调的，生产过程的分割并不是无成本的。企业把其生产过程分割成若干区段，配置到不同的国家或地区从而优化其最终产品的生产，这样做虽然可以直接节省生产成本，但是，也需要额外的成本把这些生产区段联系和协调起来，即需要 Jones-Kierzkowski 式的服务联系成本，包括协调成本、运输成本、通信成本、管理成本和金融服务成本。因此，国际分割生产虽然降低了生产的边际成本但提高了服务联系成本，从而需要对服务联系成本和分割生产节省的成本进行平衡取舍(Jones and Kierzkowski，2005，Jones et al.，2005)。这些变量共同决定了 N 和 S 两国的国际分割生产状况及其影响，而这些变量之间存在着相互影响，需要深入分析。

企业 m 生产产品 x_m 有连续的三个区段，假设生产一单位产品 x_m 分别需要这三个区段各一单位的投入。于是，在 S 和 N 两国生产一单位同一种产品 x_m 所

需要的 L 和 H 的最小边际投入量 a_{Lm}^{N} 和 a_{Hm}^{N}，a_{Lm}^{S} 和 a_{Hm}^{S}，可以表示为

$$a_{Lm}^{N}=a_{Lm}^{NL}+a_{Lm}^{NLH},a_{Hm}^{N}=a_{Hm}^{NLH}+a_{Hm}^{NH}\quad(1\leqslant m\leqslant M)\tag{3.31}$$

$$a_{Lm}^{S}=a_{Lm}^{SL}+a_{Lm}^{SLH},a_{Hm}^{S}=a_{Hm}^{SLH}+a_{Hm}^{SH}\quad(1\leqslant m\leqslant M)\tag{3.32}$$

其中，a_{Lm}^{NL} 是 N 国在生产一单位产品 x_m 的 L 区段中生产要素 L 的投入量；a_{Lm}^{NLH} 和 a_{Hm}^{NLH} 分别是 N 国在生产一单位产品 x_m 的 LH 区段中生产要素 L 和 H 的投入量；a_{Hm}^{NH} 是 N 国在生产一单位产品 x_m 的 H 区段中生产要素 H 的投入量；a_{Lm}^{SL}，a_{Lm}^{SLH}，a_{Hm}^{SLH} 和 a_{Hm}^{SH} 分别是 S 国对应的指标。根据前面的 N 和 S 两国在 L 区段拥有相同技术水平的假设，显然有 $a_{Lm}^{NL}=a_{Lm}^{SL}$，而在 LH 区段和 H 区段 N 和 S 两国存在着技术差距，假设技术差距为 λ，$\lambda>1$，则有 $a_{Lm}^{SLH}=\lambda\cdot a_{Lm}^{NLH}$ 和 $a_{Hm}^{SH}=\lambda\cdot a_{Lm}^{NH}$ ①。

N 国企业 m 生产产品 x_m 的某些区段可以在国内完成也可以在国外（S 国）完成，在 S 国完成时，可以通过 N 国企业 m 在 S 国建立子公司完成这些区段的生产，也可以外包给 S 国的企业来完成。为了便于分析，我们先忽略 N 国企业在 S 国内完成这些区段的组织方式，假定这些区段不管在海外子公司内部进行还是外包给国外的企业，需要投入的要素量是相等的，而所需要的要素投入量是由区段性质和企业的生产技术决定的。有些区段是很难分割到国外去的，分割的成本反映了分割的难度，如果分割出去的区段不同或分割出去的区段的长度不同，则所产生的成本也不同，因此，在分析中应根据不同的情况进行分析。

3.2.2　*L* 区段的南－北分割

1. *L* 区段的南－北分割模型

参考 Dixit 和 Grossman（1982）、Kohler（2003）的方法，假设 N 国企业 m 生产产品 x_m 的 L 区段可分为 j 阶段，j 是取值范围为[0，1]的一个连续变量，j 从 0 到 1 增长时，生产从上游到下游方向进行，直到 $j=1$ 时，x_m 的 L 区段生产完成。假设分割的服务联系成本是冰山成本类型的②，若 N 国企业在国内完成一单位的 L 区段需要 a_{Lm}^{NL} 单位的成本（L）投入，分割到 S 国后则需要 $a_{Lm}^{NL}\cdot\delta(L)$ 单位的成本（L）投入，其中 $\delta(L)>1$，表示 N 国的企业 m 把其生产产品 x_m 的整个 L 区段分割到 S 国所产生的服务联系成本。假设 L 区段中 j 阶段在国内一单位需要 a_{Lmj}^{NL} 单位的成本（L）投入，则在 S 国需要 $a_{Lmj}^{NL}\cdot\delta(j)$ 单位的成本（L）投入，其中，$\delta(j)>1$，且有 $\delta(L)=\int_{j=0}^{1}\delta(j)\cdot\mathrm{d}j$，$a_{Lm}^{NL}=\int_{j=0}^{1}a_{Lmj}^{NL}\cdot\mathrm{d}j$，$a_{Lm}^{SL}=\int_{j=0}^{1}a_{Lmj}^{SL}\cdot\mathrm{d}j$，因此有 $a_{Lmj}^{NL}=a_{Lm}^{NL}\cdot\mathrm{d}j$，$a_{Lmj}^{SL}=a_{Lm}^{SL}\cdot\mathrm{d}j$。根据前面的假设 $a_{Lm}^{NL}=a_{Lm}^{SL}$，有 $a_{Lmj}^{NL}=$

---

① 参考 Baldwin 和 Roberd-Nicoud（2007）、Grossman 和 Rossi-Hansberg（2008）对技术差距的假设方法。

② Kohler（2003）、Baldwin 和 Roberd-Nicoud（2007）、Grossman 和 Rossi-Hansberg（2008）都假设分割的服务联系成本为冰山成本类型。

a_{Lmj}^{SL}，故 L 区段中 j 阶段在 S 国需要 $a_{Lmj}^{NL}\cdot\delta(j)=a_{Lm}^{NL}\cdot\delta(j)\cdot \mathrm{d}j$ 单位的成本(L)投入。假设 $\delta(j)$ 是关于 j 的非递减的函数，即 $\partial\delta(j)/\partial j\geqslant 0$，当 j 从 0 到 1 增长时，分割的服务联系成本是增加的，因此，分割也应该沿着 j 从 0 到 1 增长的顺序进行，显然，$\delta(0)=1$，$j=0$，意味着分割没有发生，也就没产生相应的服务联系成本①。

根据前面的假设，我们有 $w_N>w_S$，即 $w_N>\delta(0)\cdot w_S$，因此，N 国企业把生产的 L 区段或其中一部分分割到 S 国生产是可以增加企业利润的，因为 N 国的企业在 S 国利用比母国成本低的非熟练劳动力 L。当然这会产生一定的分割成本，分割成本因分割的区段或阶段而不同。假设 N 国企业会把 J 部分的 L 区段分割到 S 国，而边际分割点 J 的取值是由 N 和 S 两国的工资和分割成本共同决定的，J 应满足：

$$a_{LmJ}^{NL}\cdot w_N=\delta(J)a_{LmJ}^{SL}\cdot w_S$$

$$\text{即 } a_{Lm}^{NL}\cdot \mathrm{d}j\cdot w_N=\delta(J)a_{Lm}^{SL}\cdot \mathrm{d}j\cdot w_S$$

$$\text{即 } w_N=\delta(J)\cdot w_S \tag{3.33}$$

对于任意的点 $J_1\in[0,1]$，若有 $J_1<J$，则有

$$a_{Lm}^{NL}\cdot w_N>\delta(J_1)a_{Lm}^{SL}\cdot w_S$$

$$\text{即 } w_N>\delta(J_1)\cdot w_S$$

假设 N 国企业把 J 部分的 L 区段分割到 S 国时，并没有引起 N 和 S 两国非熟练劳动力 L 和熟练劳动力 H 的工资变化。显然，N 国企业 m 通过国际分割生产一单位产品 x_m，其满足成本最小的边际分割点 J 是 N 和 S 两国生产差距的增函数。分割生产后，增加一单位产品 x_m 所增加的成本，即边际成本为

$$c_m=\int_{j=J}^{1}a_{Lm}^{NL}\cdot w_N\cdot \mathrm{d}j+\int_{j=0}^{J}a_{Lm}^{SL}\cdot\delta(j)\cdot w_S\cdot \mathrm{d}j$$
$$+a_{Lm}^{NLH}\cdot w_N+a_{Hm}^{NLH}\cdot h_N+a_{Hm}^{NH}\cdot h_N$$

即

$$c_m=(1-J)a_{Lm}^{NL}\cdot w_N+a_{Lm}^{SL}\cdot w_S\cdot\int_{j=0}^{J}\delta(j)\cdot \mathrm{d}j+a_{Lm}^{NLH}\cdot w_N$$
$$+a_{Hm}^{NLH}\cdot h_N+a_{Hm}^{NH}\cdot h_N \tag{3.34}$$

式(3.34)右边第一项表示的是 L 区段在母国(N 国)完成的部分($1-J$)所花费的边际成本。

把式(3.33)和 $a_{Lm}^{NL}=a_{Lm}^{SL}$ 代入式(3.34)，则有

$$c_m=a_{Lm}^{NL}\cdot w_N\cdot\varphi(J)+a_{Lm}^{NLH}\cdot w_N+a_{Hm}^{NLH}\cdot h_N+a_{Hm}^{NH}\cdot h_N \tag{3.35}$$

其中，

$$\varphi(J)=1-J+\frac{\int_{j=0}^{J}\delta(j)\cdot \mathrm{d}j}{\delta(J)} \tag{3.35a}$$

① 本书关于服务联系成本的具体函数的假设与 Grossman 和 Rossi-Hansberg(2008)有区别，后者先假定了一个与分割阶段 i 正相关的基元函数 $t(i)$，再把服务联系成本假定为 $\beta t(i)$，不如本书的假设容易理解。

式(3.35)表示的是 N 国企业 m 生产一单位产品 x_m，通过国际分割生产后，在既定一单位产出的约束条件下的最小的总投入成本。式(3.35)中右边第一项表示在 L 区段的投入成本，第二项表示在 LH 区段的投入成本，第三项表示在 H 区段的投入成本。

因为在 L 区段无分割生产时，L 区段的边际投入为 $a_{Lm}^{NL}\cdot w_N\cdot\varphi(0)$，$\varphi(0)=1$，分割生产时，$L$ 区段的边际投入为 $a_{Lm}^{NL}\cdot w_N\cdot\varphi(J)$，其中 $J>1$。则

$$\frac{\partial\varphi(J)}{\partial J}=-1+\frac{[\delta(J)]^2-\delta'(J)\cdot\delta(J)}{[\delta(J)]^2}=-\frac{\delta'(J)\cdot\int_{j=0}^{J}\delta(j)\cdot\mathrm{d}j}{\delta(J)} \tag{3.36}$$

因为 $\delta(j)>1$，所以 $\int_{j=0}^{J}\delta(j)\cdot\mathrm{d}j>0$，$\delta(J)>0$，而且 $\delta'(j)=\partial\delta(j)/\partial j\geqslant0$，所以有

$$\frac{\partial\varphi(J)}{\partial J}<0 \tag{3.36b}$$

说明 L 区段分割生产时，L 区段的边际成本系数 $\varphi(J)$ 是分割程度 J 的减函数，即随着分割 L 区段的边际投入在减少，所以有 $\varphi(J)<\varphi(0)$，由此可以断定分割生产是节省投入成本的。

显然，N 国企业 m 在本国生产一单位产品 x_m 和通过分割 J 部分 L 区段到 S 国进行生产，变化的是第一项，即节省投入成本 Δc_m：

$$\begin{aligned}\Delta c_m&=[\varphi(0)-\varphi(J)]a_{Lm}^{NL}\cdot w_N=a_{Lm}^{NL}\cdot w_N\cdot\left(J-\frac{\int_{j=0}^{J}\delta(j)\cdot\mathrm{d}j}{\delta(J)}\right)\\&=a_{Lm}^{NL}\cdot\left[J\cdot w_N-w_S\cdot\int_{j=0}^{J}\delta(j)\cdot\mathrm{d}j\right]\end{aligned} \tag{3.36c}$$

由式(3.36b)和式(3.36c)，显然，$\Delta c_m>0$。

结合式(3.23)可知 N 国企业 m 通过国际分割 L 区段生产产品 x_m，价格将会下降 Δp_m：

$$\Delta p_m=\frac{\sigma}{\sigma-1}\cdot\Delta c_{Nm}=\frac{\sigma}{\sigma-1}\cdot a_{Lm}^{NL}\cdot\left[J\cdot w_N-w_S\cdot\int_{j=0}^{J}\delta(j)\cdot\mathrm{d}j\right] \tag{3.37}$$

N 国企业 m 通过国际分割 L 区段生产一单位的产品 x_m 时，结合式(3.23)和式(3.34)可以得到 N 国和 S 国的附加值(value added)v_m^N 和 v_m^S。

$$v_m^N=\frac{\sigma}{\sigma-1}\cdot[(1-J)a_{Lm}^{NL}\cdot w_N+a_{Lm}^{NLH}\cdot w_N+a_{Hm}^{NLH}\cdot h_N+a_{Hm}^{NH}\cdot h_N] \tag{3.38}$$

$$v_m^S=\frac{\sigma}{\sigma-1}\cdot a_{Lm}^{SL}\cdot w_S\cdot\int_{j=0}^{J}\delta(j)\cdot\mathrm{d}j=\frac{\int_{j=0}^{J}\delta(j)\cdot\mathrm{d}j}{\delta(J)}\cdot a_{Lm}^{SL}\cdot w_N \tag{3.39}$$

假设 N 国的所有企业 $m(m=1, 2, \cdots, M)$ 都把所生产产品的 x_m 的 L 区段的 J 部分分割到 S 国进行，$1-J$ 部分在本国进行。x_1，x_2，…，x_M 分别表示各企业的产出，L_N 表示 N 国的非熟练劳动力 L 的供给量，则非熟练劳动力市场出清的条件是

$$L_N=(1-J)\sum_{m=1}^{M}x_m a_{Lm}^{NL}+\sum_{m=1}^{M}x_m a_{Lm}^{NLH}$$

即

$$\sum_{m=1}^{M}x_m a_{Lm}^{NL}+\sum_{m=1}^{M}x_m a_{Lm}^{NLH}=J\cdot\sum_{m=1}^{M}x_m a_{Lm}^{NL}+L_N \tag{3.40}$$

即分割以后，N 国的非熟练劳动力 L 的供给量相当于增加了 ΔL_N，则

$$\Delta L_N=J\cdot\sum_{m=1}^{M}x_m a_{Lm}^{NL}$$

当 N 国的所有企业都把其 L 区段的 J 部分分割到 S 国进行时，N 国和 S 国的附加值 V^N 和 V^S 为

$$V^N=\frac{\sigma}{\sigma-1}\cdot\sum_{m=1}^{M}[(1-J)a_{Lm}^{NL}\cdot w_N+a_{Lm}^{NLH}\cdot w_N+a_{Hm}^{NLH}\cdot h_N+a_{Hm}^{NH}\cdot h_N]\cdot x_m \tag{3.41}$$

$$V^S=\frac{\sigma}{\sigma-1}\cdot\int_{j=0}^{J}\delta(j)\cdot \mathrm{d}j\cdot w_S\cdot\sum_{m=1}^{M}a_{Lm}^{SL}\cdot x_m \tag{3.42}$$

2. 影响 L 区段分割程度 J 的因素

从式(3.33)～式(3.42)的推导过程可以看出，当 N 国企业把 L 区段的 J 部分分割到 S 国进行时，其产品的边际成本、产品的价格、N 国和 S 国在产品生产过程中的附加值及劳动力市场所受的影响都与分割程度 J 有关。因此，首先对影响 L 区段分割程度 J 的因素进行分析是很有必要的。

把产品的生产过程分割到不同的国家进行生产是受国家间的比较优势驱使的，如李嘉图模型中的生产率差异导致的比较优势和 H-D 模型中由要素价格差异导致的比较优势均促进了国家间的分割生产(Jones and Kierzkowski，2001a)。由于在 L 区段，N 和 S 两国生产率无差异，所以，N 国企业把 L 区段的 J 部分分割到 S 国进行是为了利用 S 国的低成本要素，从而降低其生产成本，所以，N、S 两国的非熟练劳动力 L 的工资差距，即 $w_N>w_S$ 是促使 L 区段分割的重要因素。N、S 两国的非熟练劳动力 L 的工资差距对降低其生产成本的作用，证明如下：

对式(3.36c)两边分别关于 w_N，w_S 求偏导，可得

$$\frac{\partial\Delta c_m}{\partial w_N}=a_{Lm}^{NL}\cdot J,\ \frac{\partial\Delta c_m}{\partial w_S}=-a_{Lm}^{NL}\cdot\int_{j=0}^{J}\delta(j)\cdot \mathrm{d}j \tag{3.43}$$

因为 $a_{Lm}^{NL}>0$，$J>0$，$\int_{j=0}^{J}\delta(j)\cdot \mathrm{d}j>0$，所以 $\frac{\partial\ \Delta c_m}{\partial\ w_N}>0$，$\frac{\partial\ \Delta c_m}{\partial\ w_S}<0$，$\frac{\partial\ \Delta c_m}{\partial\ w_N}>$

0 说明当 w_S 给定时，w_N 越高，分割节省的生产成本 Δc_m 越大，$\frac{\partial \Delta c_m}{\partial w_S}<0$ 说明当 w_N 给定时，w_S 越高，分割节省的生产成本 Δc_m 越小，也就是说分割节省的生产成本 Δc_m 与 N 和 S 两国的工资差距 Δw 正相关，工资差距越大，由分割带给企业的成本节省越多，越能增加企业利润，从而激励企业进行国际分割生产。

然而，随着生产区段在国家之间的分割，产生了服务联系成本。在进行国际分割生产时，总的生产成本可以分为间接成本和直接成本，服务联系成本属于前者，而各生产区段生产中所产生的成本是后者。在已有文献中通常把服务联系成本当成固定成本处理(Jones and Kierzkowski，1990，2001a)。但是，通常分割程度越高，服务联系成本也越高，服务联系成本因分割区段和分割程度而变化，因此，在本书中把服务联系成本 $\delta(j)$ 内生化了。服务联系成本因分割程度不同而不同，因为 $\partial \delta(j)/\partial j \geqslant 0$，所以服务联系成本 $\delta(j)$ 随分割程度的增加而增加，同时也会受其他一些外部因素的影响。

通常有以下两个外部因素促使服务联系成本的下降，从而促进了国际生产分割：一是技术创新使不同生产区段之间的服务联系更加便利和成本更低，特别是通信和金融服务部门的技术进步，促使了服务联系成本的下降；二是贸易自由化和市场的开放加速了服务联系成本的下降。运输成本的下降及贸易壁垒的削减，使生产者在面临全球竞争的同时，也使其有机会在全球范围内通过国际分割生产优化其生产①。

结合式(3.33)和式(3.43)及以上的分析可以得到以下命题。

命题 1 L 区段分割程度 J 由分割生产节省的成本和服务联系成本决定。分割生产节省的成本由 N 和 S 两国的非熟练劳动力 L 的工资差距决定。服务联系成本与分割程度正相关且相互影响，服务联系成本下降使分割程度加深，而分割程度加深使服务联系成本增加。同时，通信和金融服务部门的技术进步、运输成本下降及贸易壁垒削减是服务联系成本下降的外部因素。

3. 要素价格不变条件下 L 区段分割的效应

命题 2.1 当 N 国企业把其 L 区段的 J 部分分割到 S 国进行时，产生了生产率效应、相对价格下降效应和非熟练劳动力供给效应。

1)生产率效应

生产率效应来源于通过国际分割生产所带来的成本节省。对式(3.36c)关于 J 求导可得

① 参见 Jones 和 Kierzkowski(1990)、Jones 等(2005)。

$$\frac{\partial \Delta c_m}{\partial J}=a_{Lm}^{NL}\cdot w_N\cdot\frac{\delta'(J)\cdot\int_{j=0}^{J}\delta(j)\cdot \mathrm{d}j}{[\delta(J)]^2}$$

因为$\delta(j)>1$，所以$\int_{j=0}^{J}\delta(j)\cdot \mathrm{d}j>0$，$\delta(J)>0$，而且$\delta'(j)=\partial\delta(j)/\partial j\geqslant 0$，$a_{Lm}^{NL}>0$，$w_N>0$，所以$\frac{\partial \Delta c_m}{\partial J}>0$，说明生产$x_m$的边际成本的节省量随分割程度的增加而增加。分割生产使生产一单位产品x_m的单位投入成本下降，即更少的要素成本的投入就可以产出既定的产量。所产生的节省是与单位产出的非熟练劳动力投入量a_{Lm}^{NL}、分割程度J及N和S两国工资差距正相关的。分割能够导致生产率效应的原因主要包括：一是N国企业通过把其L区段分割到S国，减少了其在国内的区段，从而能够更加专业化于具有比较优势的LH区段和H区段，从而产生生产率效应；二是N国企业通过把其L区段分割到S国，可能会引起生产资源在企业内的重新配置，也有可能产生生产率效应；三是企业在分割生产中通过成本的节省，可以把一些资源释放出来，增加对核心业务和技术的投入，也将会产生生产率效应。

2)相对价格下降效应

L区段分割引起的相对价格下降效应来源于国际分割生产导致的生产成本的下降。把式(3.35)代入式(3.23)可得

$$p_m=\frac{\sigma}{\sigma-1}\cdot[a_{Lm}^{NL}\cdot w_N\cdot\varphi(J)+a_{Lm}^{NLH}\cdot w_N+a_{Hm}^{NLH}\cdot h_N+a_{Hm}^{NH}\cdot h_N]$$

对上式关于J求导可得

$$\frac{\partial p_m}{\partial J}=\frac{\sigma}{\sigma-1}\cdot a_{Lm}^{NL}\cdot w_N\cdot\frac{\partial\varphi(J)}{\partial J}$$

因为$\frac{\partial\varphi(J)}{\partial J}<0$，所以$\frac{\partial p_m}{\partial J}<0$。

$\frac{\partial p_m}{\partial J}<0$表明$x_m$相对于同质产品$x_0$的相对价格$p_m$随分割程度的增加而下降(前面已假设同质产品$x_0$的价格$p_0=1$，故$x_m$的价格$p_m$就是相对价格)。当$N$国企业把其生产产品$x_m$的$L$区段的分割到$S$国进行时，$x_m$的价格下降，这将会同时增加$N$国和$S$国对$x_m$的需求。这样，$N$国企业$m$将会增加其产品$x_m$的生产。

3)非熟练劳动力供给效应

当N国企业把其L区段分割到S国进行时增加了非熟练劳动力供给，式(3.40)表示的是当N国的所有企业把L区段分割到S国时非熟练劳动力市场

的出清，显然增加了 $J \cdot \sum_{m=1}^{M} x_m a_{Lm}^{NL}$ 单位的非熟练劳动力供给。对式(3.40)两边关于 J 求导，可得

$$\frac{\partial L_N}{\partial J} = \sum_{m=1}^{M} x_m a_{Lm}^{NL} > 0$$

上式说明，N 国的非熟练劳动力供给随着分割程度的增加而增加。由此也可以看出，L 区段的分割起到了和非熟练劳动力数量型的技术进步相同的作用①。而 N 国非熟练劳动力数量的增加和前面分析的 x_m 的相对价格下降引起需求的增加，都会促使 N 国企业重新吸收非熟练劳动力扩大生产，增加分割。

推论 1　当 N 国企业把其 L 区段的分割到 S 国进行时，分割的生产率效应使分割生产的产品产量增加；分割的相对价格下降效应使分割生产的产品需求增加；分割的非熟练劳动力供给效应使分割生产的产品的要素投入(非熟练劳动力)增加；这些效应的共同作用必将引起分割生产的最终产品的贸易增加。

4)分割生产产品的两国含量

命题 2.2　当 N 国企业把其 L 区段分割到 S 国进行时，分割生产的最终产品包含 N、S 两国的含量(附加值)和 N、S 两国要素的贡献。

在 L 区段的分割过程中，N 国和 S 国对最终产品的贡献表现在 N 国企业在通过分割进行生产的过程中 N 国和 S 国的附加值上。式(3.38)和式(3.39)表明了在某个最终产品的分割生产中，N 国和 S 国的含量和要素贡献。在一单位产品 x_m 中，N 国和 S 国的含量分别为 v_m^N 和 v_m^S。

根据式(3.38) $\frac{\partial v_m^N}{\partial J} = -\frac{\sigma}{\sigma - 1} \cdot a_{Lm}^{NL} \cdot w_N < 0$，所以 v_m^N 与分割程度反向变化，根据系数可以判断 v_m^N 与 LH 区段和 H 区段的要素投入正向变化，以及与 L 区段留在 N 国的要素投入正向变化。根据式(3.39) $\frac{\partial v_m^S}{\partial J} = \frac{\sigma}{\sigma - 1} \cdot a_{Lm}^{SL} \cdot w_S \cdot \delta(J) > 0$，所以 v_m^S 与分割程度正向变化，且与分割到 S 国的 L 区段的要素投入正向变化。式(3.41)和式(3.42)表明在整个差异性产品的分割生产过程中 N 国和 S 国的含量和要素贡献。从式(3.41)中可以看出，N 国的附加值 V^N 与分割程度 J 负相关，与 N 国对 L 区段、LH 区段和 H 区段的要素投入正向变化，与分割生产产品产量 x_m 正相关。随着分割程度加深，x_m 有增加的趋势，V^N 的变化要看这两个相反方向影响的对比。式(3.42)表明，S 国的附加值 V^S 与分割程度 J 正相关，与 S 国对 L 区段的投入和 x_m 也正相关，因此，S 国的附加值将会随分割程度的增加而增加。

---

①　参见 Jones 和 Kierzkowsi(1990)、Grossman 和 Rossi-Hansberg(2008)。

3.2.3 *LH* 区段的南-北分割

1. *LH* 区段的南-北分割模型

假设 N 国企业 m 生产产品 x_m 的 LH 区段可分为 k 阶段，k 是取值范围为[0，1]的一个连续变量，k 从0到1增长时，生产从上游到下游方向进行，直到 $k=1$ 时，x_m 的 LH 区段生产完成。假设分割的服务联系成本是冰山成本类型的，若 N 国企业在国内完成一单位的 LH 区段需要 a_{Lm}^{NLH} 单位的非熟练劳动力(L)投入和 a_{Hm}^{NLH} 单位的熟练劳动力(H)投入，分割到 S 国后则需要 $a_{Lm}^{NLH}\cdot\delta(LH)$ 单位的非熟练劳动力(L)投入和 $a_{Hm}^{NLH}\cdot\delta(LH)$ 单位的熟练劳动力(H)投入，其中 $\delta(LH)>1$，表示 N 国企业 m 把其生产产品 x_m 的整个 LH 区段分割到 S 国所产生的服务联系成本。假设 LH 区段中的第 k 阶段在国内一单位需要 a_{Lmk}^{NLH} 单位的 L 投入和 a_{Hmk}^{NLH} 单位的 H 投入，在 S 国则需要 $a_{Lmk}^{NLH}\cdot\delta(k)$ 单位的 L 投入和 $a_{Hmk}^{NLH}\cdot\delta(k)$ 单位的 H 投入，其中，$\delta(k)>1$，且有 $\delta(LH)=\int_{k=0}^{1}\delta(k)\cdot\mathrm{d}k$，$a_{Lm}^{NLH}=\int_{k=0}^{1}a_{Lmk}^{NLH}\cdot\mathrm{d}k$，$a_{Hm}^{NLH}=\int_{k=0}^{1}a_{Hmk}^{NLH}\cdot\mathrm{d}k$。假设 LH 区段分为 k 阶段，每个阶段的 L 投入量和 H 投入量是相等的，即对于任意的 k' 和 $k''\in[0,1]$，有 $a_{Lmk'}^{NLH}=a_{Lmk''}^{NLH}$，$a_{Hmk'}^{NLH}=a_{Hmk''}^{NLH}$，因此有 $a_{Lmk}^{NLH}=a_{Lm}^{NLH}\cdot\mathrm{d}k$，$a_{Hmk}^{NLH}=a_{Hm}^{NLH}\cdot\mathrm{d}k$。由于在 LH 区段分割生产过程中不仅存在分割的服务联系成本，且在 LH 区段 N 和 S 两国存在着技术差距 λ，即 $a_{Lm}^{SLH}=\lambda\cdot a_{Lm}^{NLH}$，所以 LH 区段中 k 阶段的生产在 N 国需要 $a_{Lm}^{NLH}\cdot\mathrm{d}k$ 单位的 L 投入和 $a_{Hm}^{NLH}\cdot\mathrm{d}k$ 单位的 H 投入，在 S 国使用 S 国的技术和要素进行生产，则需要 $\lambda\cdot a_{Lm}^{NLH}\cdot\delta(k)\cdot\mathrm{d}k$ 单位的 L 投入和 $\lambda\cdot a_{Hm}^{NLH}\cdot\delta(k)\cdot\mathrm{d}k$ 单位的 H 投入。假设 $\delta(k)$ 是关于 k 的非递减函数，即 $\partial\delta(k)/\partial k\geqslant0$，当 k 从0增长到1时，分割的服务联系成本是增加的，因此，分割也应该沿着 k 从0增长到1的顺序进行。显然，$\delta(0)=1$，$k=0$，意味着分割没有发生，也没产生分割的服务联系成本。

根据前面的假设，我们有 $w_N>w_S$，$h_N>h_S$，即 $w_N>\delta(0)\cdot w_S$，$h_N>\delta(0)\cdot h_S$，因此，N 国企业把生产的 LH 区段或其一部分分割到 S 国生产，是为了利用比母国成本低的非熟练劳动力 L 和熟练劳动力 H，当然也会产生一定的分割成本，分割成本因分割的区段或阶段不同而不同，而且由于 LH 区段 N、S 两国的技术水平不同，完成同一生产区段所需要的单位要素投入量也不同。假设 N 国企业把 K 部分的 LH 区段分割到 S 国，而分割点 K 的取值是由 N、S 两国的工资、分割成本和生产技术水平共同决定的，K 应满足：

$$a_{LmK}^{NLH}\cdot w_N+a_{HmK}^{NLH}\cdot h_N=\lambda\cdot\delta(K)(a_{LmK}^{NLH}\cdot w_S+a_{HmK}^{NLH}\cdot h_S)$$

即

$$a_{Lm}^{NLH} \cdot w_N + a_{Hm}^{NLH} \cdot h_N = \lambda \cdot \delta(K)(a_{Lm}^{NLH} \cdot w_S + a_{Hm}^{NLH} \cdot h_S) \tag{3.44}$$

对于任意的 $k_1 \in [0, 1]$，若有 $k_1 < K$，则有

$$(a_{Lm}^{NLH} \cdot w_N + a_{Hm}^{NLH} \cdot h_N) > \lambda \cdot \delta(k_1)(a_{Lm}^{NLH} \cdot w_S + a_{Hm}^{NLH} \cdot h_S) \tag{3.44a}$$

假设 N 国企业会把 K 部分的 LH 区段分割到 S 国进行生产。显然，N 国企业 m 通过国际分割 LH 区段生产一单位产品 x_m，其满足成本最小的边际分割点 K 是 N、S 两国生产差距的增函数。假设进行 LH 区段分割生产时，L 区段已经从 N 国分割到 S 国进行。此时再分割 K 部分的 LH 区段，则分割生产后，增加一单位产品 x_m 增加的成本，即边际成本为

$$c_m = a_{Lm}^{NL} \cdot \delta(L) \cdot w_S + \int_{k=0}^{K} (a_{Lm}^{SLH} \cdot w_S + a_{Hm}^{SLH} \cdot h_S) \cdot \mathrm{d}k$$

$$+ \int_{k=K}^{1} (a_{Lm}^{NLH} \cdot w_N + a_{Hm}^{NLH} \cdot h_N) \cdot \mathrm{d}k + a_{Hm}^{NH} \cdot h_N$$

$$c_m = a_{Lm}^{NL}\delta(L)w_S + \lambda(a_{Lm}^{NLH}w_S + a_{Hm}^{NLH}h_S)\int_{k=0}^{K}\delta(k)\mathrm{d}k$$

$$+ (1-K)(a_{Lm}^{NLH}w_N + a_{Hm}^{NLH}h_N) + a_{Hm}^{NH}h_N \tag{3.45}$$

其中，$(1-K)$表示的是 L 区段在母国（N 国）完成的部分。把式(3.44)代入式(3.45)，则有

$$c_m = a_{Lm}^{NL} \cdot \delta(L) \cdot w_S + \Phi(K)(a_{Lm}^{NLH} \cdot w_N + a_{Hm}^{NLH} \cdot h_N) + a_{Hm}^{NH} \cdot h_N \tag{3.46}$$

其中，$\Phi(K) = 1 - K + \dfrac{\int_{k=0}^{K}\delta(k)\mathrm{d}k}{\delta(K)}$。

式(3.46)表示的是 N 国企业 m 生产一单位产品 x_m，通过国际分割整个区段的 L 区段和部分的 LH 区段生产后，在既定一单位产出的约束条件下的最小的总投入成本。式(3.46)中右边第一项表示在 L 区段的投入成本，第二项表示在 LH 区段的投入成本，第三项表示在 H 区段的投入成本。

假设 N 国企业通过国际分割整个区段的 L 区段和部分的 LH 区段在 S 国生产时，先不考虑 N、S 两国非熟练劳动力 L 和熟练劳动力 H 的工资变化，即假定 w_N，w_S，h_N，h_S 不变。因为在 LH 区段无分割生产时，LH 区段的边际投入为$(a_{Lm}^{NLH} \cdot w_N + a_{Hm}^{NLH} \cdot h_N) \cdot \varphi(0)$，$\varphi(0)=1$，分割生产时，$LH$ 区段的边际投入为 $a_{Lm}^{NL} \cdot w_N \cdot \varphi(K)$，其中 $K>1$。则

$$\frac{\partial\varphi(K)}{\partial K} = -1 + \frac{[\delta(K)]^2 - \delta'(K)\cdot\delta(K)}{[\delta(K)]^2} = -\frac{\delta'(K)\cdot\int_{k=0}^{K}\delta(k)\cdot\mathrm{d}k}{\delta(K)} \tag{3.46a}$$

因为 $\delta(k)>1$，所以 $\int_{k=0}^{K}\delta(k)\cdot\mathrm{d}k > 0$，$\delta(K) > 0$，而且 $\delta'(K) = \partial\,\delta(K)/\partial K \geqslant 0$，所以有 $\dfrac{\partial\,\varphi(K)}{\partial K} < 0$，说明 LH 区段分割生产时，LH 区段的边际成本

系数 $\varphi(K)$ 是分割程度 K 的减函数，即随着分割 LH 区段的边际投入在减少，所以有 $\varphi(K)<\varphi(0)$，由此可以断定分割生产是节省投入成本的。

显然，N 国企业 m 在本国生产一单位产品 x_m 和通过分割整个 L 区段和 K 部分 L 区段到 S 国进行生产，变化的是第一项和第二项，即节省投入成本 Δc_m。

$$\Delta c_m = a_{Lm}^{NL}(w_N - \delta(L)w_S) + [\varphi(0) - \varphi(K)] \cdot (a_{Lm}^{NLH} \cdot w_N + a_{Hm}^{NLH} \cdot h_N) \tag{3.47}$$

$$\Delta c_m = a_{Lm}^{NL}(w_N - \delta(L)w_S) + \left[a_{Lm}^{NLH}\left(Kw_N - w_S\int_{k=0}^{K}\delta(k)\mathrm{d}k\right) + a_{Hm}^{NLH}\left(Kh_N - h_S\int_{k=0}^{K}\delta(k)\mathrm{d}k\right)\right] \tag{3.47a}$$

由于 $w_N>w_S$，$\varphi(K)<\varphi(0)$，根据式(3.47)，$\Delta c_m>0$，说明通过分割生产节省的成本是正的。

结合式(3.37)可知 N 国企业 m 通过国际分割 L 区段生产产品 x_m，价格将会下降 Δp_m：

$$\Delta p_m = \frac{\sigma}{\sigma-1} \cdot \Delta c_m = \frac{\sigma}{\sigma-1} \cdot \left\{a_{Lm}^{NL}(w_N - \delta(L)w_S) + \left[a_{Lm}^{NLH}\left(Kw_N - w_S\int_{k=0}^{K}\delta(k)\mathrm{d}k\right) + a_{Hm}^{NLH}\left(Kh_N - h_S\int_{k=0}^{K}\delta(k)\mathrm{d}k\right)\right\}\right. \tag{3.48}$$

N 国企业 m 通过国际分割整个 L 区段和 K 部分 LH 区段生产一单位的产品 x_m 时，结合式(3.38)和式(3.39)可以得到 N 国和 S 国的附加值 v_m^N 和 v_m^S。

$$v_m^N = \frac{\sigma}{\sigma-1} \cdot [(1-K)(a_{Lm}^{NLH} \cdot w_N + a_{Hm}^{NLH} \cdot h_N) + a_{Hm}^{NH} \cdot h_N] \tag{3.49}$$

$$v_m^S = \frac{\sigma}{\sigma-1} \cdot \left[a_{Lm}^{NL} \cdot \delta(L)w_S + \lambda(a_{Lm}^{NLH}w_S + a_{Hm}^{NLH}h_S)\int_{k=0}^{K}\delta(k)\mathrm{d}k\right] \tag{3.50}$$

假设 N 国的所有企业 $m(m=1, 2, \cdots, M)$ 都把其所生产产品的 x_m 的 L 区段和 K 部分的 LH 区段分割到 S 国进行，$1-K$ 部分 LH 区段和 H 区段在本国进行。x_1，x_2，…，x_M 分别表示各企业的产出，L_N 和 H_N 分别表示 N 国的非熟练劳动力 L 和熟练劳动力 H 的供给量，则非熟练劳动力市场和熟练劳动力市场出清的条件是

$$L_N = (1-K)\sum_{m=1}^{M} x_m a_{Lm}^{NLH} - \sum_{m=1}^{M} x_m a_{Lm}^{NL}$$

$$\sum_{m=1}^{M} x_m a_{Lm}^{NLH} = K \cdot \sum_{m=1}^{M} x_m a_{Lm}^{NLH} + \sum_{m=1}^{M} x_m a_{Lm}^{NL} + L_N \tag{3.51}$$

即分割以后，N 国的非熟练劳动力 L 的供给量相当于增加了 ΔL_N，熟练劳动力 H 的供给量相当于增加了 ΔH_N，则

$$\Delta L_N = K \cdot \sum_{m=1}^{M} x_m a_{Lm}^{NLH} + \sum_{m=1}^{M} x_m a_{Lm}^{NL} \tag{3.51a}$$

$$H_N = (1-K)\sum_{m=1}^{M} x_m a_{Lm}^{NLH} + \sum_{m=1}^{M} x_m a_{Hm}^{NH}$$

即

$$\sum_{m=1}^{M} x_m a_{Lm}^{NLH} + \sum_{m=1}^{M} x_m a_{Hm}^{NH} = K \cdot \sum_{m=1}^{M} x_m a_{Lm}^{NLH} + H_N \tag{3.52}$$

$$\Delta H_N = K \cdot \sum_{m=1}^{M} x_m a_{Lm}^{NLH} \tag{3.52a}$$

因为 N 和 S 两国在 L 区段上技术无差异，在 LH 区段存在着技术差距 λ，即 $a_{Lm}^{SL}=a_{Lm}^{NL}$，$a_{Lm}^{SLH}=\lambda \cdot a_{Lm}^{NLH}$，所以 S 国非熟练劳动力 L 的需求量增加了 ΔL_S，熟练劳动力 H 的需求量增加了 ΔH_S，分别为

$$\Delta L_S = \lambda \cdot K \cdot \sum_{m=1}^{M} x_m a_{Lm}^{NLH} + \sum_{m=1}^{M} x_m a_{Lm}^{NL} \tag{3.53}$$

$$\Delta H_S = \lambda \cdot K \cdot \sum_{m=1}^{M} x_m a_{Lm}^{NLH} \tag{3.54}$$

因为 $\lambda>1$，显然 $\Delta L_S>\Delta L_N$，$\Delta H_S>\Delta H_N$。

当 N 国的所有企业都把其 L 区段和 K 部分的 LH 区段分割到 S 国进行时，N 国和 S 国的附加值 V^N 和 V^S 为

$$V^N = \frac{\sigma}{\sigma-1} \cdot \sum_{m=1}^{M} [(1-K)(a_{Lmk}^{NLH} \cdot w_N + a_{Hmk}^{NLH} \cdot h_N) + a_{Hm}^{NH} \cdot h_N] \cdot x_m \tag{3.55}$$

$$V^S = \frac{\sigma}{\sigma-1} \cdot \sum_{m=1}^{M} [a_{Lm}^{NL} \cdot \delta(L) w_S + \lambda (a_{Lm}^{NLH} w_S + a_{Hm}^{NLH} h_S)\int_{k=0}^{K} \delta(k)\mathrm{d}k] \cdot x_m \tag{3.56}$$

2. 影响 L 区段和 K 部分的 LH 区段分割的因素

在讨论 N 国企业把 K 部分的 LH 区段都分割到 S 国进行时，已假定 N 国企业把其 L 区段分割到 S 国，因此也暗含了这样的条件：$w_N \geqslant \delta(L) w_S$，即在 L 区段的分割中，两国的非熟练劳动力的工资差距引起的 L 区段的成本节省足以弥补分割引起的服务联系成本。

由于 N、S 两国之间生产率差异(即技术水平差异)和基于要素禀赋的要素价格差异促使了 N 国企业向 S 国分割一部分生产区段，利用 S 国的低成本要素并与 N 国的技术相结合，可以降低其生产成本。由于在 L 区段 N、S 两国生产率无差异，所以，N、S 两国的非熟练劳动力 L 的工资差距，即 $w_N>w_S$ 是促使 L 区段分割的重要因素，$w_N \geqslant \delta(L) \cdot w_S$ 导致了整个 L 区段的分割。而在 LH 区段 N、S 两国生产率是存在着差距的，因此决定边际分割点 K 的因素不仅有 N、S 两国的要素价格差异，还有生产率差异。分割生产时 N、S 两国非熟练劳动力 L 的工资差距对降低生产成本的作用，可以按如下证明。对式(3.47a)两边

分别关于 w_N，w_S，h_N，h_S 求偏导，可得

$$\frac{\partial \Delta c_m}{\partial w_N}=a_{Lm}^{NL}+a_{Lm}^{NLH}\cdot K \quad \frac{\partial \Delta c_m}{\partial w_S}=-\left[a_{Lm}^{NL}\delta(L)+a_{Lm}^{NLH}\int_{k=0}^{K}\delta(k)\cdot \mathrm{d}k\right]$$

$$\frac{\partial \Delta c_m}{\partial h_N}=a_{Hm}^{NLH}\cdot K \quad \frac{\partial \Delta c_m}{\partial h_S}=-a_{Hm}^{NLH}\int_{k=0}^{K}\delta(k)\cdot \mathrm{d}k \tag{3.57}$$

因为 $a_{Lm}^{NL}>0$，$a_{Lm}^{NLH}>0$，$a_{Hm}^{NLH}>0$，$K>0$，$\delta(L)>1$，$\int_{k=0}^{K}\delta(k)\cdot \mathrm{d}k>0$，$w_N$，$w_S$，$h_N$，$h_S$ 均为正，所以 $\frac{\partial \Delta c_m}{\partial w_N}>0$，$\frac{\partial \Delta c_m}{\partial w_S}<0$，$\frac{\partial \Delta c_m}{\partial h_N}>0$，$\frac{\partial \Delta c_m}{\partial h_S}<0$，$\frac{\partial \Delta c_m}{\partial w_N}>0$，说明当其他变量(包括 w_S)给定时，w_N 越高，分割节省的生产成本 Δc_m 越大，$\frac{\partial \Delta c_m}{\partial w_S}<0$ 说明当其他变量(包括 w_N)给定时，w_S 越高，分割节省的生产成本 Δc_m 越小，$\frac{\partial \Delta c_m}{\partial h_N}>0$，说明当其他变量(包括 h_S)给定时，h_N 越高，分割节省的生产成本 Δc_m 越大，$\frac{\partial \Delta c_m}{\partial h_S}<0$ 说明当其他变量(包括 h_N)给定时，h_S 越高，分割节省的生产成本 Δc_m 越小。也就是说，分割节省的生产成本 Δc_m 与 N 和 S 两国劳动力的工资差距正相关，工资差距越大，由分割带给企业的成本节省越多，越能增加企业利润，从而激励企业进行国际分割生产。

另外，由于 LH 区段在 N 国进行需要 a_{Lmk}^{NLH} 单位非熟练劳动力 L 的投入和 a_{Hmk}^{NLH} 单位熟练劳动力 H 的投入，但由于 N、S 两国生产率差距为 λ，所以 LH 区段在 S 国进行需要 $\lambda\cdot a_{Lmk}^{NLH}$ 单位非熟练劳动力 L 的投入和 $\lambda\cdot a_{Hmk}^{NLH}$ 单位熟练劳动力 H 的投入，因此，分割生产节省的成本还与 λ 有关。

根据式(3.45)和式(3.47)可得

$$\Delta c_m=a_{Lm}^{NL}(w_N-\delta(L)w_S)+K(a_{Lm}^{NLH}w_N+a_{Hm}^{NLH}h_N) \\ -\lambda\int_{k=0}^{K}\delta(k)\mathrm{d}k\cdot(a_{Lm}^{NLH}\cdot w_S+a_{Hm}^{NLH}\cdot h_S) \tag{3.57a}$$

对式(3.57a)关于 λ 求偏导，可得

$$\frac{\partial \Delta c_m}{\partial \lambda}=-\int_{k=0}^{K}\delta(k)\mathrm{d}k\cdot(a_{Lm}^{NLH}\cdot w_S+a_{Hm}^{NLH}\cdot h_S) \tag{3.57b}$$

因为 $a_{Lm}^{NLH}>0$，$a_{Hm}^{NLH}>0$，$\int_{k=0}^{K}\delta(k)\cdot \mathrm{d}k>0$，$w_S$，$h_S$ 均为正，所以 $\frac{\partial \Delta c_m}{\partial \lambda}<0$，说明当其他变量给定时，分割节省的生产成本 Δc_m 与生产率差距 λ 反向变化，因此，N、S 两国生产率差距 λ 越大，分割生产节省的成本就越小。

服务联系成本 $\delta(K)$ 是随分割程度 K 的不同而变化的，通常分割程度越高，$\delta(K)$ 越大。影响 LH 区段分割的服务联系成本的外部因素与 L 区段的一样，技术创新，特别是通信和金融服务部门的技术进步，促使了服务联系成本的下降，贸易自由化和市场开放也加速了服务联系成本的下降。

基于以上的证明和分析，我们可以得到以下命题。

命题 3 LH 区段分割程度 K 由分割生产节省的成本和服务联系成本决定。分割生产节省的成本由 N 和 S 两国的非熟练劳动力 L、熟练劳动力 H 的工资 w_N，w_S，h_N，h_S 和生产率差距 λ 共同决定。分割节省的成本与 w_N 和 h_N 同向变化，与 w_S，h_S，λ 反向变化。服务联系成本与分割程度同向变化。

推论 2 如果 w_N 和 h_N 下降或者 w_S 和 h_S 上升，或者两种同时发生，即 N 和 S 两国的非熟练劳动力和熟练劳动力的工资差距缩小，那么分割节省的成本会减少，从而使分割收益减小。此时，N 国若向 S 国转移技术或者扩散技术使 λ 减小，则分割节省的成本将增加，分割也变得更加有利可图。

3. 要素价格变化条件下 L 区段和 LH 区段分割的效应

前面的分析假定了 N 国企业通过国际分割整个区段的 L 区段和部分的 LH 区段在 S 国生产时，并未引起 N、S 两国非熟练劳动力 L 和熟练劳动力 H 的工资变化，即假定 w_N，w_S，h_N，h_S 不变。事实上，随着分割程度的加深，两国要素市场将会发生变化，要素价格也将会变化，从而也会引起分割效应的变化，下面就对此进行分析。

1)要素价格效应和技术转移效应

当 N 国企业把其 L 区段和 K 部分的 LH 区段都分割到 S 国进行时，对于 N 国产生了要素供给增大的效应，N 国的非熟练劳动力 L 的供给量相当于增加了 ΔL_N，如式(3.51a)所示，熟练劳动力 H 的供给量相当于增加了 ΔH_N，如式(3.52a)所示。显然，N 国分割前就业于 L 区段和 K 部分的 LH 区段非熟练劳动力和熟练劳动力，分割后由 S 国的非熟练劳动力和熟练劳动力所取代，这将会引起 N 国非熟练劳动力和熟练劳动力就业的下降，同时会对 N 国非熟练劳动力工资 w_N 和熟练劳动力的工资 h_N 造成向下的压力，w_N 和 h_N 有下降的趋势。对于 S 国来说，作为 L 区段和 K 部分的 LH 区段分割的承接国，N 国企业将会在 S 国或者建立子公司进行这部分活动或者把这部分外包给 S 国的企业，这都会为 S 国创造新的就业机会，对 S 国的非熟练劳动力 L 和熟练劳动力 H 的需求增加，非熟练劳动力工资 w_S 和熟练劳动力的工资 h_S 因此有上升的趋势。于是有 $\widetilde{w}_N<w_N$，$\widetilde{h}_N<h_N$，$\widetilde{w}_S>w_S$，$\widetilde{h}_S>h_S$，其中 $\widetilde{w}_N$，$\widetilde{h}_N$，$\widetilde{w}_S$，$\widetilde{h}_S$ 分别表示分割后 N、S 两国非熟练劳动力和熟练劳动力的工资。根据式(3.57)，有 $\frac{\partial\, \Delta c_m}{\partial\, w_N}>0$，$\frac{\partial\, \Delta c_m}{\partial\, h_N}>0$，$\frac{\partial\, \Delta c_m}{\partial\, w_S}<0$，$\frac{\partial\, \Delta c_m}{\partial\, h_S}<0$，因此 w_N 和 h_N 的下降会使 Δc_m 减小，w_S 和 h_S 的上升也会使 Δc_m 减小，即 $\Delta\tilde{c}_m<\Delta c_m$，$\Delta\tilde{c}_m$ 表示分割后 N、S 两国非熟练劳动力和熟练劳动力的工资变化后的单位成本节省量。显然，随着分割 N、S

两国工资差距的缩小，将会对国际分割生产产生消极的影响，因为通过利用两国之间工资差距降低生产成本是促使国际分割生产的重要原因，两国工资差距的缩小使分割收益减少，从而使分割减少。

当两国工资差距缩小，从而使分割的收益（成本的节省）不能弥补分割的成本（服务联系成本）时，将会促使 N 国向 S 国转移技术 λ。S 国使用 N 国的技术 λ 进行 LH 区段的生产时，完成单位 LH 区段的生产 N、S 两国所需要的非熟练劳动力和熟练劳动力投入量是相等的，即 $a'^{SLH}_{Lm}=a^{NLH}_{Lm}$，$a'^{SLH}_{Hm}=a^{NLH}_{Hm}$，其中，$a'^{SLH}_{Lm}$，$a'^{SLH}_{Hm}$ 表示 S 国使用 N 国的技术 λ 后进行 LH 区段所需要的非熟练劳动力和熟练劳动力的边际投入量。此时 LH 区段中 k 阶段的生产在 N 国需要 $a^{NLH}_{Lm}\cdot$ dk 单位的 L 投入和 $a^{NLH}_{Hm}\cdot$ dk 单位的 H 投入，在 S 国使用 N 国的技术和要素进行生产，则需要 $a'^{SLH}_{Lm}\mathrm{d}k=a^{NLH}_{Lm}\delta(k)\mathrm{d}k$ 单位的 L 投入和 $a'^{SLH}_{Hm}\mathrm{d}k=a^{NLH}_{Hm}\delta(k)\mathrm{d}k$ 单位的 H 投入。于是，S 国使用 N 国的技术 λ 前完成一单位的 LH 区段需要的成本 c_{LH} 为

$$c_{LH}=\lambda(a^{NLH}_{Lm}\widetilde{w}_S+a^{NLH}_{Hm}\widetilde{h}_S)\int_{k=0}^{K}\delta(k)\cdot\mathrm{d}k+(1-K)(a^{NLH}_{Lm}\widetilde{w}_N+a^{NLH}_{Hm}\widetilde{h}_N)+a^{NH}_{Hm}\widetilde{h}_N \tag{3.58}$$

S 国使用 N 国的技术 λ 后完成一单位的 LH 区段需要的成本 c^{λ}_{LH} 为

$$c^{\lambda}_{LH}=(a^{NLH}_{Lm}\widetilde{w}_S+a^{NLH}_{Hm}\widetilde{h}_S)\int_{k=0}^{K}\delta(k)\cdot\mathrm{d}k+(1-K)(a^{NLH}_{Lm}\widetilde{w}_N+a^{NLH}_{Hm}\widetilde{h}_N)+a^{NH}_{Hm}\widetilde{h}_N \tag{3.58a}$$

即 $$\Delta c_{LH}=c_{LH}-c^{\lambda}_{LH}=(\lambda-1)(a^{NLH}_{Lmk}\cdot\widetilde{w}_S+a^{NLH}_{Hmk}\cdot\widetilde{h}_S)\int_{k=0}^{K}\delta(k)\cdot\mathrm{d}k \tag{3.58b}$$

因为有 $\lambda>1$，$\int_{k=0}^{K}\delta(k)\cdot\mathrm{d}k>0$，所以，$\Delta c_{LH}$ 为正，即 N 国向 S 国转移技术 λ，使 S 国完成一单位 LH 区段所需要的成本下降，从而增加了分割的收益。

另外，N 和 S 两国的工资差距随着分割可能不是缩小很多，主要有两方面的原因：一是由于 N 国是技术先进国，N 国在进行 LH 区段的生产时使用了较先进的技术，从而，当把 LH 区段的一部分分割到 S 国时，N 国减少的就业机会少于在 S 国创造的就业机会。通过比较式(3.51a)和式(3.53)可得 $\Delta L_S>\Delta L_N$，比较式(3.52a)和式(3.54)可得 $\Delta H_S>\Delta H_N$，即通过分割生产，N 国增加的非熟练劳动力 L 的供给量 ΔL_N 和熟练劳动力的供给量 ΔH_N 分别小于 S 国增加的非熟练劳动力 L 的需求量 ΔL_S 和熟练劳动力的需求量 ΔH_S。所以分割产生的 N 国的非熟练劳动力和熟练劳动力的供给增大效应可能没有这么大，因此，N 国的非熟练劳动力和熟练劳动力的工资下降的趋势也没有那么明显。二是 S 国是熟练劳动力 L 丰裕国，可能 S 国有许多 L 处于闲置状态，因此，当 N 国 L 区段和部分的 LH 区段分割到 S 国时，创造的新就业机会可能吸收了这些闲置的

劳动力，所以，可能 S 国的非熟练劳动力和熟练劳动力的工资的上升趋势也没有这么明显。基于以上两方面的原因，N 和 S 两国的工资差距随着分割可能变化不大，但即便如此，我们仍从式(3.58b)可知，N 国向 S 国转移 LH 区段的技术 λ 是可以增加分割收益的。

2)相对价格效应

随着分割生产产生了要素价格效应和技术转移效应。接下来本书要分析分割生产的相对价格效应。随着技术转移，在 LH 区段 N 和 S 两国将使用同样的技术。LH 区段的分割点 K 的边际分割条件将变为

$$a_{Lm}^{NLH}\cdot\widetilde{w}_N+a_{Hm}^{NLH}\cdot\tilde{h}_N=\delta(K)(a_{Lm}^{NLH}\cdot\widetilde{w}_S+a_{Hm}^{NLH}\cdot\tilde{h}_S)\tag{3.59}$$

则 N 国企业 m 增加一单位产品 x_m 增加的成本，即边际成本为

$$\tilde{c}_m=a_{Lm}^{NL}\cdot\delta(L)\widetilde{w}_S+\Phi(K)(a_{Lm}^{NLH}\cdot\widetilde{w}_N+a_{Hm}^{NLH}\cdot\tilde{h}_N)+a_{Hm}^{NH}\cdot\tilde{h}_N\tag{3.60}$$

其中，$\Phi(K)=1-K+\dfrac{\int_{k=0}^{K}\delta(k)\mathrm{d}k}{\delta(K)}$。

即分割后节省投入成本 $\Delta\tilde{c}_m$ 为

$$\Delta\tilde{c}_m=a_{Lm}^{NL}\cdot(w_N-\delta(L)\widetilde{w}_S)+(a_{Lm}^{NLH}\cdot\Delta\widetilde{w}_N+a_{Hm}^{NLH}\cdot\Delta\tilde{h}_N)$$
$$+\left(K-\frac{\int_{k=0}^{K}\delta(k)\mathrm{d}k}{\delta(K)}\right)(a_{Lm}^{NLH}\cdot\widetilde{w}_N+a_{Hm}^{NLH}\cdot\tilde{h}_N)+a_{Hm}^{NH}\cdot\Delta\tilde{h}_N\tag{3.61}$$

其中，$\Delta\widetilde{w}_N=w_N-\widetilde{w}_N$，$\Delta\tilde{h}_N=h_N-\tilde{h}_N$，由于 $\widetilde{w}_N<w_N$，$\tilde{h}_N<h_N$，所以，$\Delta\widetilde{w}_N>0$，$\Delta\tilde{h}_N>0$，同时，因为 $w_N>\widetilde{w}_N$，而 $\widetilde{w}_N\geqslant\delta(L)\cdot\widetilde{w}_S$，所以 $w_N-\delta(L)\widetilde{w}_S\geqslant w_N-\widetilde{w}_N>0$，因为 $\Phi(K)<\Phi(0)$，显然，$K-\dfrac{\int_{k=0}^{K}\delta(k)\mathrm{d}k}{\delta(K)}>0$。所以，式(3.61)中的 $\Delta\tilde{c}_m>0$，说明当 N 国企业 m 把其生产的整个 L 区段和 K 部分 LH 区段分割到 S 国进行，即使引起了两国要素价格的变化，但是通过 N 国向 S 国的技术转移，分割节省了 N 国企业的生产成本 $\Delta\tilde{c}_m$。

结合式(3.23)可知 N 国企业 m 通过国际分割 L 区段和部分 LH 区段生产产品 x_m，价格将会下降 $\Delta\tilde{p}_m$：

$$\Delta\tilde{p}_m=\frac{\sigma}{\sigma-1}\cdot\Delta\tilde{c}_m=\frac{\sigma}{\sigma-1}\cdot[a_{Lm}^{NL}\cdot(w_N-\delta(L)\widetilde{w}_S)+(a_{Lm}^{NLH}\cdot\Delta\widetilde{w}_N+a_{Hm}^{NLH}\cdot\Delta\tilde{h}_N)$$
$$+\left(K-\frac{\int_{k=0}^{K}\delta(k)\mathrm{d}k}{\delta(K)}\right)(a_{Lm}^{NLH}\cdot\widetilde{w}_N+a_{Hm}^{NLH}\cdot\tilde{h}_N)+a_{Hm}^{NH}\cdot\Delta\tilde{h}_N]\tag{3.62}$$

当 N 国企业把生产产品 x_m 的 L 区段的分割到 S 国进行时，国际分割生产导致了成本节省，x_m 的价格下降了。

命题 4　当 N 国企业把整个区段的 L 区段和部分的 LH 区段分割到 S 国进行时，引起了两国要素价格的变化，N 国非熟练劳动力和熟练劳动力的工资有下降趋势，S 国非熟练劳动力和熟练劳动力的工资有上升趋势，因此，N、S 两国的工资差距有缩小趋势，由此引起了分割收益（节省生产成本）的减小。但是通过 N 国向 S 国 LH 区段的技术转移，分割节省了 N 国企业的生产成本，并引起 N 国企业最终产品 x_m 相对价格的下降。

3）产出效应

考虑分割时 N 国向 S 国的 LH 区段的技术转移效应，即 N 国把 LH 区段的技术 λ 向 S 国转移，N 国的技术与 S 国 LH 区段分割部分相结合，由于我们假设技术进步是希克斯中性的，所以，N 国和 S 国的非熟练劳动力和熟练劳动力的有效供给将增加。N 国的所有企业 m（$m=1$，2，…，M）都把其所生产产品 x_m 的 L 区段和 K 部分的 LH 区段分割到 S 国进行，$1-K$ 部分的 LH 区段和 H 区段在本国进行，且各企业产出分别为 x_1，x_2，…，x_M 时，世界的非熟练劳动力有效供给变化量 ΔL_W 和熟练劳动力的有效供给变化量 ΔH_W 为

$$\Delta L_W = K \cdot (\lambda - 1) \cdot \sum_{m=1}^{M} x_m a_{Lm}^{NLH} \tag{3.63}$$

$$\Delta H_W = K \cdot (\lambda - 1) \cdot \sum_{m=1}^{M} x_m a_{Lm}^{NLH} \tag{3.64}$$

由于 $\lambda-1>0$，所以 ΔL_W 和 ΔH_W 均为正，说明非熟练劳动力 L 和熟练劳动力 H 的世界供给量是增加的。这必然会引起使用这两种要素的产品 x_1，x_2，…，x_M 产出增加。同时，根据前文的分析，N 国企业 m 通过向 S 国分割 L 区段和部分 LH 区段生产产品 x_m，使产品价格下降，这也会促使 N 国企业利用增加的资源扩大产出，因此 x_m 有增加的趋势，$\tilde{x}_m$ 表示 N 国把 LH 区段的技术 λ 向 S 国转移后 N 国企业 m 的产量，显然 $\tilde{x}_m > x_m$。

4）分割产品的两国含量

当 N 国把整个 L 区段和部分 LH 区段分割到 S 国时，分割生产的最终产品的 N 和 S 国两国含量和要素贡献，表现在 N 国企业通过分割进行生产中 N 国和 S 国的附加值上。在考虑了分割后要素价格的变化和技术转移效应引起的产出效应后，式(3.55)和式(3.56)就变为

$$\widetilde{V}^N = \frac{\sigma}{\sigma-1} \cdot \sum_{m=1}^{M} [(1-K)(a_{Lm}^{NLH} \cdot \widetilde{w}_N + a_{Hm}^{NLH} \cdot \tilde{h}_N) + a_{Hm}^{NH} \cdot \tilde{h}_N] \cdot \tilde{x}_m \tag{3.65}$$

$$\widetilde{V}^S = \frac{\sigma}{\sigma-1} \cdot \sum_{m=1}^{M} [a_{Lm}^{NL}\delta(L)\widetilde{w}_S + (a_{Lm}^{NLH}\widetilde{w}_S + a_{Hm}^{NLH}\tilde{h}_S)\int_{k=0}^{K}\delta(k)\mathrm{d}k] \cdot \tilde{x}_m \tag{3.66}$$

显然，N 国的附加值 $\widetilde{V}^N$ 与分割程度 K 负相关，与 $\widetilde{x}_m$ 正相关，与 $\widetilde{w}_N$ 和 $\widetilde{h}_N$ 正相关，因为随着分割程度加大，$\widetilde{w}_N$ 和 $\widetilde{h}_N$ 下降的趋势越加明显，会引起 $\widetilde{V}^N$ 下降，同时随着分割 $\widetilde{x}_m$ 有增加的趋势，因此，随着分割 $\widetilde{V}^N$ 的变化要看这两个相反方向影响的对比。S 国的附加值 $\widetilde{V}^S$ 与分割程度 K 正相关，与 $\widetilde{x}_m$，$\widetilde{w}_N$ 和 $\widetilde{h}_N$ 正相关，随着分割程度 K 加大，$\widetilde{x}_m$，$\widetilde{w}_N$ 和 $\widetilde{h}_N$ 都有增加趋势，因此，S 国的附加值 $\widetilde{V}^S$ 将会随分割程度的增加而增加。因此，与未分割生产时相比，$\widetilde{V}^N$ 是不确定的，而 $\widetilde{V}^S$ 是增加的。

与未考虑要素价格的变化和技术转移效应引起的附加值相比，式(3.65)和式(3.66)分别减去式(3.55)和式(3.56)，则可得 ΔV^N 和 ΔV^S 如下：

$$\Delta V^N = \frac{\sigma}{\sigma-1} \cdot \sum_{m=1}^{M} \{[(1-K)(a_{Lm}^{NLH} \cdot \Delta w_N + a_{Hm}^{NLH} \cdot \Delta h_N) + a_{Hm}^{NH} \cdot \Delta h_N] \cdot x_m + [(1-K)(a_{Lm}^{NLH} \cdot \widetilde{w}_N + a_{Hm}^{NLH} \cdot \widetilde{h}_N) + a_{Hm}^{NH} \cdot \widetilde{h}_N] \cdot \Delta x_m\} \tag{3.67}$$

$$\Delta V^S = \frac{\sigma}{\sigma-1} \cdot \sum_{m=1}^{M} \left\{ \left[a_{Lm}^{NL}\delta(L)\Delta w_S + a_{Lm}^{NLH}(\widetilde{w}_S - \lambda w_S) + a_{Hm}^{NLH}(\widetilde{h_S} - \lambda h_S)\int_{k=0}^{K}\delta(k)\mathrm{d}k \right] \cdot x_m + [a_{Lm}^{NL}\delta(L)\widetilde{w}_S + (a_{Lm}^{NLH}\widetilde{w}_S + a_{Hm}^{NLH}\widetilde{h}_S)\int_{k=0}^{K}\delta(k)\mathrm{d}k] \cdot \Delta\widetilde{x}_m \right\} \tag{3.68}$$

由于 $\Delta w_N = \widetilde{w}_N - w_N < 0$，$\Delta h_N = \widetilde{h}_N - h_N < 0$，$\Delta x_m = \widetilde{x}_m - x_m > 0$，所以，式(3.67)中的第一项是负的，而第二项是正的，所以 ΔV^N 不确定，ΔV^N 由分割引起的 N 国的要素价格的变化量和 N 国向 S 国转移技术后的产出变动共同决定。虽然 $\widetilde{w}_S > w_S$，$\widetilde{h}_S > h_S$，但是 $\lambda > 1$，因此 $\widetilde{w}_S - \lambda w_S$ 和 $\widetilde{h}_S - \lambda h_S$ 的正负不确定，即式(3.68)的第一项是正负不确定，第二项为正，所以 ΔV^S 不确定，ΔV^S 由分割引起的 S 国的要素价格的变化量和 N 国向 S 国转移的技术和产出变动共同决定。由此，可以得到如下命题。

命题 5 当 N 国企业把整个区段的 L 区段和部分的 LH 区段分割到 S 国进行时，分割生产的最终产品包含 N、S 两国的含量(附加值)和 N、S 两国要素的贡献。N、S 两国的含量的变化由两国要素价格的变化、转移技术水平和技术转移的产出扩大效应共同决定。

5)贸易效应

当 N 国所有企业把其生产的整个 L 区段和部分 LH 区段分割到 S 国时，结合式(3.29)和式(3.30)，以及考虑分割的要素价格效应、产品价格效应和产出效应，则分割生产产品(差异性产品)的出口和同质产品的出口可表示为

$$E\widetilde{X}_N = \sum_{m=1}^{M} (\widetilde{p}_m \cdot \tau(m))^{-\sigma} \cdot (\widetilde{G}_S)^{\sigma-1} \cdot \mu\widetilde{Y}_S \tag{3.69}$$

其中，$\widetilde{G}_S = \left[\sum_{m=1}^{M} (\widetilde{p}_m \cdot \tau(m)^{1-\sigma}\right]^{(1/1-\sigma)}$，$\widetilde{Y}_S = (L_S \cdot \widetilde{w}_S + H_S \cdot \widetilde{h}_S)$。

$$E\widetilde{X}_S = (1-\mu)\tau(0) \cdot \widetilde{Y}_N \tag{3.70}$$

其中，$\widetilde{Y}_N = L_N \cdot \widetilde{w}_N + H_N \cdot \tilde{h}_N$。

通过式(3.69)和式(3.70)与式(3.29)和式(3.30)式相比较，可以分析分割前后分割生产产品(差异性产品)的贸易量和同质产品的贸易量有何变化。因为$0<\sigma<1$，所以$E\widetilde{X}_N$与$\tilde{p}_m$，$\widetilde{G}_S$反向变化，而随着分割$\tilde{p}_m$有下降趋势，当所有的$\tilde{p}_m(1\leqslant m\leqslant M)$都随分割下降时，$\widetilde{G}_S$也会下降，因此，$p_m<\tilde{p}_m$，$G_S<\widetilde{G}_S$；又因为$E\widetilde{X}_N$与$\widetilde{Y}_S$同向变化，且有$\widetilde{w}_S>w_S$，$\tilde{h}_S>h_S$，所以$\widetilde{Y}_S$增加，即$\widetilde{Y}_S>Y_S$，因此，$E\widetilde{X}_N>EX_N$，说明随着分割，分割生产产品(差异性产品)的出口将增加，大于未分割时的出口。因为$E\widetilde{X}_S$与$\widetilde{Y}_N$同向变化，而$\widetilde{w}_N<w_N$，$\tilde{h}_N<h_N$，因此$E\widetilde{X}_S<EX_S$，同质产品的出口比差异性产品分割生产前的出口减少。由此，可以得到以下命题。

命题6　当N国企业把整个区段的L区段和部分的LH区段分割到S国进行时，分割生产的最终产品(差异性产品)的贸易量增加，同质产品(未分割生产)的贸易量减少。

当N国企业把生产的一部分分割到S国进行时，命题6并不是说N国的出口增加而S国的出口减少。因为在分割生产过程中，除了最终产品的贸易，还包括中间品的贸易。由于N国企业$m(1\leqslant m\leqslant M)$产品$x_m$的生产过程可以分为$L$区段、$LH$区段和$H$区段三个区段的一系列连续的生产阶段，每个阶段都对最终产品x_m的增值有贡献。参照Deardorff(2001b)的方法，假设产品x_m的生产阶段包括i个的连续阶段，i是取值范围为[0，1]的一个连续变量，i从0到1增长时，生产从上游到下游方向进行，直到$i=1$时，x_m的生产完成。而在$i<1$时，所有产品都是中间品，即所有的生产阶段都进行了以后才能生产出消费者需求的最终产品x_m。每个生产阶段生产的中间品为Z_{mi}，同时Z_{mi}也是下一阶段生产Z_{mi+1}的中间投入品，最后一个阶段生产出产品Z_{mi}，即$Z_{m1}=x_m$。因此，当包含这些生产阶段的L区段、LH区段或其区段的一部分分割到不同的国家进行生产时就产生了中间品贸易，随着分割程度的加深，中间品贸易将大量增加，从而引起参与分割国家的贸易总量的大幅增加。

3.3　H区段与产品复杂度

前文假设的每个企业生产的差异性产品包括水平差异化产品和垂直差异化产品两种，水平差异化是指同一质量水平的产品因功能不同而造成的差异，垂直差异化是指同一种产品因质量不同而造成的差异。产品的差异化包括水平差异化和垂直差异化，都来源于产品的创新，第一类产品创新是指创新的产品与原有产品有着水平关系，但功能等方面有所增加；第二类产品创新是指创新的产品与原有产品有着垂直关系，与原有产品功能相近，但质量有所提高①。当差异性产品的生产过程可分为一系列连续的阶段，并把这些连续的阶段分类为三个区段时，产品的创新由 H 区段完成。

3.3.1 消费者行为

前文中生产差异性产品的产业的 M 个行业（M 个企业）所生产的 M 种最终产品是 $X=(x_1, x_2, \cdots, x_M)$，假设每个行业生产的每一种产品均有无数个垂直差异的品种或质量类型，即每种产品 $x_m(1\leqslant m\leqslant M)$ 具有 $t(1\leqslant t\leqslant T)$ 种质量类型，用 $q_m(t)$ 表示 m 行业第 t 类型的质量，这 T 种质量类型分别处于同一产品的不同质量阶梯（quality ladder），当 t 从 1 向 T 增长时，每增长一个单位，产品质量就提高了一个阶梯，新阶梯质量的产品能提供的服务是上一阶梯质量产品服务的 θ 陪，其中 $\theta>1$。显然有 $q_m(t+1)=\theta q_m(t)$。假设 $q_m(1)=\theta$，表示质量最低的产品能带来 θ 单位的服务，则有 $q_m(t)=\theta^t$②。

于是 N、S 两国的代表性消费者的效用函数，即式(3.1)变化为如下形式：

$$U=x_0^{1-\mu}X^\mu, X=\left\{\sum_{m=1}^{M}\left[\sum_{t=1}^{T}\theta^t x_m(t)\right]^{(\sigma-1)/\sigma}\right\}^{\sigma/(\sigma-1)} \tag{3.71}$$

此时，消费者面临的效用最大化问题可以分三步解决，第一步是行业内的最优化问题：

$$\max u_m=\max_{x_m(t)}\sum_{t=1}^{T}\theta^t x_m(t) \tag{3.72}$$

$$\text{s. t.} \sum_{t=1}^{T}p_m(t)\cdot x_m(t)=\sum_{t=1}^{T}e_m(t)$$

$$p_m(t)\cdot x_m(t)=e_m(t),\text{其中 } E=\sum_{m=1}^{M}\sum_{t=1}^{T}e_m(t) \tag{3.73}$$

其中，$p_m(t)$ 是 m 行业生产质量水平为 t 的产品的价格；e_m 是代表性个体消费者对 m 行业的支出；$e_m(t)$ 是消费者对 m 行业质量水平为 t 的产品 $x_m(t)$ 的支出。假设消费者的支出在行业间和产品间都是平均支出，则 $e_m(t)=\dfrac{E}{M\cdot T}$。

最优化的一阶条件为

$$\theta^t=\lambda p_m(t) \tag{3.74}$$

$$p_m(t)\cdot x_m(t)=\frac{E}{M\cdot T} \tag{3.75}$$

其中，λ 为拉格朗日乘子。由式(3.74)可以得到任意两种质量水平的价格关系：

---

① 参见格罗斯罗和赫尔普曼(2002)。

② 参考了格罗斯罗和赫尔普曼(2002)对垂直差异产品质量的假设。他们考虑了跨期消费，所以效用函数的形式与本书不同，但是本书参考了其质量水平对效用起调整作用的处理方法。

$$\frac{p_m(g)}{\theta^g} = \frac{p_m(t)}{\theta^t}\text{，其中，}\forall t,g \in [1,T] \tag{3.75a}$$

定义$\frac{p_m(t)}{\theta^t}$为质量调整价格，令 $g=1$，$\frac{p_m(1)}{\theta}$表示处于质量阶梯最低水平的产品$x_m(1)$的质量调整价格，则 $p_m(t)=\theta^t\frac{p_m(1)}{\theta}$表明质量水平每提高一个阶梯，消费者愿意多支付 θ 的价格。将其代入式(3.75)可得

$$x_m(t) = \frac{E}{M \cdot T} \cdot \theta^t \cdot \frac{p_m(1)}{\theta} \tag{3.76}$$

第二步解决生产差异性产品的产业的行业间最优化问题：

$$\max u_X = \max_{x_m}\left[\sum_{m=1}^{M}(q_m \cdot x_m)^{(\sigma-1)/\sigma}\right]^{\sigma/(\sigma-1)} \tag{3.77}$$

$$\text{s. t.} \sum_{m=1}^{M} p_m x_m = E$$

最优化的一阶条件为

$$\left[\sum_{m=1}^{M}(q_m \cdot x_m)^{(\sigma-1)/\sigma}\right]^{1/(\sigma-1)} \cdot q_m \cdot x_m^{1/\sigma} = \lambda \sum_{m=1}^{M} p_m \tag{3.78}$$

$$\sum_{m=1}^{M} p_m x_m = E \tag{3.79}$$

由式(3.6)和式(3.6a)可得

$$\frac{p_m}{p_k} = \frac{q_m}{q_k}\left(\frac{x_m}{x_k}\right)^{-1/\sigma}$$

即

$$x_m = \left(\frac{p_k}{p_m} \cdot \frac{q_m}{q_k}\right)^{\sigma} x_k \tag{3.80}$$

将式(3.80)代入式(3.79)可得

$$x_m = \frac{q_m^{\sigma} \cdot (p_m)^{-\sigma}}{\sum_{k=1}^{M} q_k^{\sigma} \cdot p_k^{1-\sigma}} E$$

即

$$x_m = q_m^{\sigma} \cdot (p_m)^{-\sigma} \cdot \frac{E}{G'} \tag{3.81}$$

其中，$G' = \sum_{k=1}^{M} q_k^{\sigma} \cdot p_k^{1-\sigma}$，$p_m = \sum_{t=1}^{T} \frac{p_m(t)}{\theta^t}$，$q_m = \frac{1}{T}\sum_{t=1}^{T} q_m(t)$。

即 p_m 是经过质量调整后的行业 m 的所有存在质量差异的产品的行业价格水平，q_m 是行业 m 的平均质量水平，此表达式中包含 m 行业的产品均匀地分布于质量阶梯的假设。

第三步是生产同质产品的产业与生产异质产品的产业之间的最优化问题，求

解过程与(3.11)~式(3.18)相同，可得消费者对同质品 x_0 和差异性产品 X 的需求为

$$x_0 = (1-\mu) \cdot \frac{y}{p_0}, \quad X = \mu \cdot \frac{y}{G'} \tag{3.82}$$

把式(3.82)代入式(3.81)，则消费者对第 m 行业的产品的需求函数最终可表示为

$$x_m = q_m^{\sigma} \cdot (p_m)^{-\sigma} \cdot \frac{\mu \cdot y}{G'}, \text{其中}, 1 \leqslant m \leqslant M \tag{3.83}$$

由此可以得到如下命题。

命题 7.1 消费者对 m 行业质量水平为 t 的产品的需求 $x_m(t)$ 与其质量水平 θ^t 同向变动，与其质量水平最低的产品的质量调整价格 $p_m(1)/\theta$ 同向变化，与支出同向变化。消费者对 m 行业的所有存在质量差异产品的需求 x_m 与行业质量水平 q_m 同向变化，与行业价格水平 p_m 反向变化，与产业价格指数 G' 反向变动。

3.3.2 生产者行为

由于 N 国企业可以进行生产所有差异性产品的所有区段，S 方的企业只可以进行生产差异性产品的 L 区段和 LH 区段，所以，生产产品的 H 区段即产品创新只在 N 方进行。同时，S 国企业可以对 N 国的创新(H 区段)进行模仿，模仿与创新一样需要有科学家、技术人员和管理者等具有一定人力资本水平的熟练劳动力 H 的投入。

为了分析方便，假设当 S 国企业可以对 N 国的创新(H 区段)进行模仿成功以后，生产所有产品 x_m 和所有质量水平的 $q_m(t)$ 的生产技术与 N 方完全相同。于是非熟练劳动力 L 和熟练劳动力 H 成了生产产品的两种基本要素。可以通过单位的适当调整，使每单位产品的产出需要一单位 L 和一单位 H 的投入，这样，每种产品的边际成本 c_m 等于工资率 w_i+h_i(其中，$i=N$，S)。

当 S 国模仿成功以后，m 行业内就出现了 S 国和 N 国两个厂商之间的 Bertrand 竞争，各厂商将以产品价格作为竞争手段。当然，如果模仿成本很高，使 S 方模仿没有利润，或者专利权法可以完全保护创新产品，只由创新厂商生产和出售，就不会出现 S 方和 N 方两个厂商同时生产同一种产品的现象。因此，现在分析的情况是以上两个情况之外的现象。N 方的厂商是该行业内的“领先者”，S 方的厂商是该行业内的“追随者”，当追随者模仿成功时，追随者的边际成本为 w_S+h_S，领先者的边际成本为 w_N+h_N，因为 $w_S+h_S<w_N+h_N$，所以，在 Bertrand 竞争中，追随者 S 方的厂商在已有产品的生产中具有价格优势，因此，领先者 N 方的厂商只有通过创新，在质量阶梯上处于更高的质量水平的产品才能留在 m 行业，更低质量水平的产品将会转移到 S 方厂商生产。质量阶梯上下一个质量更高的产品才能留在 m 行业。

一个 N 方的 $m(1\leqslant m\leqslant M)$ 行业的厂商面临的最大化问题是

$$\max_{p_m^N} \pi_N = \max[p_m^N - (w_N + h_N)][x_m \cdot (L_N + H_N + L_S + H_S)] \tag{3.84}$$

利润最大化的条件是

$$p_m^N = \frac{\sigma}{\sigma - 1}(w_N + h_N) \tag{3.85}$$

$$\pi_N = (\sigma)^{-\sigma}\left(\frac{w_N + h_N}{\sigma - 1}\right)^{1-\sigma} \cdot q_m^{\sigma} \cdot \frac{\mu \cdot Y}{G'} \tag{3.86}$$

其中，$Y = y \cdot (L_N + H_N + L_S + H_S)$。

用相似的方法可以求出 S 方的 $m(1\leqslant m\leqslant M)$ 行业的厂商面临的最大化问题：

$$\max_{p_m^S} \pi_S = \max[p_m^S - (w_S + h_S)][x_m \cdot (L_N + H_N + L_S + H_S)] \tag{3.87}$$

利润最大化的条件是

$$p_m^S = \frac{\sigma}{\sigma - 1}(w_S + h_S) \tag{3.88}$$

$$\pi_S = (\sigma)^{-\sigma}\left(\frac{w_S + h_S}{\sigma - 1}\right)^{1-\sigma} \cdot q_m^{\sigma} \cdot \frac{\mu \cdot Y}{G'} \tag{3.89}$$

其中，p_m^N 和 p_m^S 分别表示 N 方和 S 方的 m 行业的价格水平。根据式(3.86)和式(3.88)有

$$\frac{\partial \pi_N}{\partial q_m} = (\sigma)^{1-\sigma}\left(\frac{w_N + h_N}{\sigma - 1}\right)^{1-\sigma} \cdot q_m^{\sigma-1} \cdot \frac{\mu \cdot Y}{G'} > 0$$

$$\frac{\partial \pi_N}{\partial Y} = (\sigma)^{-\sigma}\left(\frac{w_N + h_N}{\sigma - 1}\right)^{1-\sigma} \cdot q_m^{\sigma} \cdot \frac{\mu}{G'} > 0$$

$$\frac{\partial \pi_N}{\partial (w_N + h_N)} = \left(\frac{\sigma}{\sigma - 1}\right)^{-\sigma}(w_N + h_N)^{-\sigma} \cdot q_m^{\sigma} \cdot \frac{\mu Y}{G'} > 0$$

$$\frac{\partial \pi_S}{\partial q_m} = (\sigma)^{1-\sigma}\left(\frac{w_S + h_S}{\sigma - 1}\right)^{1-\sigma} \cdot q_m^{\sigma-1} \cdot \frac{\mu \cdot Y}{G'} > 0$$

$$\frac{\partial \pi_N}{\partial Y} = (\sigma)^{-\sigma}\left(\frac{w_S + h_S}{\sigma - 1}\right)^{1-\sigma} \cdot q_m^{\sigma} \cdot \frac{\mu}{G'} > 0$$

$$\frac{\partial \pi_S}{\partial (w_S + h_S)} = \left(\frac{\sigma}{\sigma - 1}\right)^{-\sigma}(w_S + h_S)^{-\sigma} \cdot q_m^{\sigma} \cdot \frac{\mu Y}{G'} > 0$$

由此可以得到如下命题。

命题 7.2　无论是 N 方还是 S 方厂商，其利润是行业产品质量 q_m 和世界收入 Y 的增函数，与厂商边际成本 $w_N + h_N$ 或 $w_S + h_S$ 同向变化。

3.3.3　*H* 区段转移与产品复杂度

在产品生产的 H 区段只使用熟练劳动力 H 唯一的要素，N 方企业能够进行 H 区段生产，即对产品进行创新(提升产品质量)。而 S 方企业能够模仿 N 方企

业 H 区段所创新的技术，但不能开发出下一个质量阶梯的产品(或新一代产品)。N 方企业成功研发出一个质量阶梯的产品的结果具有不确定性，即 N 方企业开发出下一代产品的概率是γ，成功概率 γ 与其资源投入的多少正相关，与现有产品的质量水平 q_m 负相关，如果现有产品的质量水平越高，要研发出质量更高的下一代的难度就越大。假设 N 国 m 行业的企业在 H 区段投入 a_{Hm}^{NH} 单位的熟练劳动力进行创新性研发，则企业成功开发出质量水平更高产品的概率 γ 可表示为

$$\gamma = F_N\left(\frac{a_{Hm}^{NH}}{q_m}\right) \tag{3.90}$$

即 γ 是关于 a_{Hm}^{NH} 和 q_m 的函数，与 a_{Hm}^{NH} 同向变化，与 q_m 反向变化①。

同样地，S 国企业模仿 N 国企业 H 区段所创新的技术，也需要熟练劳动力 H 的投入，假定 S 方 m 行业企业投入 a_{Hm}^{SH} 单位的熟练劳动力进行模仿，结果也是不确定的，成功的概率为 ε，ε 与其投入模仿的资源的多少正相关，与现有产品的质量水平 q_m 负相关，如果现有产品的质量水平越高越难模仿。则 S 方企业成功模仿 N 方当前最高质量水平的产品的概率 ε 可表达为

$$\varepsilon = F_S\left(\frac{a_{Hm}^{SH}}{q_m}\right) \tag{3.91}$$

即 ε 是关于 a_{Hm}^{SH} 和 q_m 的函数，与 a_{Hm}^{SH} 同向变化，与 q_m 反向变化。

S 方企业对 N 方 m 行业企业产品 $x_m(t)(1 \leqslant t \leqslant T)$ 的 H 区段的模仿成功，使 $x_m(t)$ 的所有市场落入 S 方的模仿企业手中，因为 S 方的模仿者在 $x_x(t)$ 的 L 区段和 LH 区段的边际成本 $w_S + h_S$ 大于 N 方企业在 $x_m(t)$ 的 L 区段和 LH 区段的边际成本 $w_N + h_N$。N 方企业只有创新出比 $x_m(t)$ 更高质量阶梯的产品，才能夺回被 S 方企业占去的市场。

每个行业 $m(1 \leqslant m \leqslant M)$ 生产产品 $x_m(t)$ 的质量类型数是固定的。假设通过 N 国企业在 H 区段的创新和 S 国企业对 H 区段的模仿，N 国企业生产 $x_m(t)$ 的 n^N 种质量类型，S 方企业生产 $x_m(t)$ 的 n^S 种质量类型，则 S 方企业模仿成功的产品类型数为 $n^N\varepsilon$，N 方企业对被 S 方占有的 n^S 种产品进行创新，成功创新的产品类型数为 $n^S\gamma$。在均衡状态下，N 方和 S 方生产的产品质量类型数是固定的，即各国丧失和新增的产品质量类型数是相等的，满足如下等式②：

$$n^N\varepsilon = n^S\gamma \tag{3.92}$$

其中，$n^N = \dfrac{n^S\gamma}{\varepsilon}$，$n^S = \dfrac{n^N\varepsilon}{\gamma}$。

由此，可以得到如下命题。

命题 8 N 国企业生产 $x_m(t)$ 的质量类型数 n^N 与 N 国企业开发出下一质量

① 格罗斯罗和赫尔普曼(2002)对创新和模仿的观点的与本书不同，他们把创新和模仿看成是一种风险投资，故成功创新和模仿的影响因素与本书所考虑的不同。

② 参考了格罗斯罗和赫尔普曼(2002)创新和模仿均衡状态的分析方法，但他们的研究中包括三类企业，本书只考虑南北两种企业。

阶梯产品的成功的概率 γ 正相关，与被 S 方模仿占有的产品类型数 n^S 正相关，与 S 国企业模仿 N 方产品的成功率 ε 反向变化；S 国企业生产 $x_m(t)$ 的质量类型数 n^S，与其模仿 N 方产品的成功率 ε 同向变化，与 N 国企业生产产品的质量类型数 n^N 同向变化，与 N 国企业创新更高质量产品的成功概率 γ 反向变化。

N 方和 S 方通过 H 区段的创新和模仿，双方始终存在产品质量不断提升的长期均衡，在这种动态均衡下，每种产品交替地在 N 方和 S 方进行生产，当 N 方的某些产品被 S 方模仿而占有市场时，N 方国家厂商将进一步研发创新出质量更高的产品夺回市场，而 S 方厂商将对 N 方国家新开发出来的产品积极模仿以争夺市场。于是由命题 7.1、命题 7.2 和命题 8 可以得到如下推论。

推论 3　由于消费者的需求与产品质量同向变化，厂商利润与产品质量也同向变化，因此，厂商都倾向于生产最高质量类型的产品，使得 N 方不断通过 H 区段的创新占有市场，而 S 方通过不断模仿 H 区段，与自己在 L 区段和 LH 区段的要素成本优势相结合，抢占当前最高质量水平的市场。在不断的创新和模仿中 N 方和 S 方产品质量不断提高，出口复杂度也不断提升。

3.4　小　　结

本章基于 Dixit 和 Stiglitz(1977)的 DS 模型，对 DS 模型中的差异性产品的生产过程按照 Dixit 和 Grossman(1982)的方法分成连续的生产阶段，参考 Grossman 和 Rossi-Hansberg(2008)的方法对这些连续的生产阶段按照生产率差异与要素密集度分类，综合 Jones 和 Kierzkowski(2001a)、Rodríguez-Clare(2007)基于李嘉图模型框架与 Kohler(2003)、Baldwin 和 Roberd-Nicoud(2007)基于 H-O 模型框架对国际分割生产的分析方法，构建了一个南一北国际分割生产的模型。本书把产品的生产阶段分为三个类型的区段，包括了 N 方、S 方都能进行且生产率无差异的区段(L 区段)，N 方、S 方都能进行但存在生产率差异的区段(LH 区段)和只有 N 方能进行的区段(H 区段)，既体现了要素密集度的差异，也体现了生产率差异和技术创新差异。本章通过构建一个南一北国际分割生产的模型，分析了当 N 方向 S 方分割 L 区段和 LH 区段时产生的效应，以及这些效应对 N 方、S 方贸易模式、贸易总量和分割生产的最终产品的 N 方、S 方含量的影响，分析了 N 方的 H 区段的创新和 S 方对 H 区段的模仿对分割生产产品复杂度(质量)的影响。

第一，北方国家向南方国家分割 L 区段和 LH 区段的程度由分割生产节省的成本和服务联系成本决定。分割北方国家和南方国家生产率无差异的 L 区段时，分割生产节省的成本由 L 区段所必需的要素——北方和南方两国非熟练劳动力 L 的工资差距决定。分割北方和南方存在生产率差异的 LH 区段时，分割生产节省的成本由 LH 区段所必须投入的两种要素——非熟练劳动力 L 和熟练

劳动力 H 在北方和南方国家的工资和生产率差距共同决定。服务联系成本与分割程度正相关且相互影响，服务联系成本下降使分割程度加深，而分割程度加深使服务联系成本增加。同时，通信和金融服务部门的技术进步、运输成本的下降和贸易壁垒的削减是服务联系成本下降的外部因素。

第二，随着北方国家向南方国家分割 L 区段和 LH 区段，引起了两国要素价格的变化，北方国家的非熟练劳动力和熟练劳动力的工资有下降趋势，南方国家非熟练劳动力和熟练劳动力的工资有上升趋势，因此，北方和南方国家间的工资差距有缩小趋势，由此引起了分割收益(节省生产成本)的减小，但是北方国家若向南方国家转移 LH 区段的技术或者扩散技术使生产率差距缩小，则分割节省的成本将增加，即分割收益增加。

第三，随着北方国家向南方国家分割 L 区段和 LH 区段，会产生要素价格效应、技术转移效应、相对价格下降效应和产出扩大效应等，这些效应共同作用必将引起分割生产的最终产品的贸易增加。同时，随着这些生产阶段分割到不同的国家进行生产，产生了中间品贸易，随着分割程度的加深，中间品贸易将大量增加，从而引起参与分割国家的贸易总量(包括中间品贸易)的大幅增加。

第四，当北方国家把产品生产的 L 区段和 LH 区段分割到南方国家进行时，分割生产的最终产品同时包含北方和南方两国的含量(附加值)与两国的要素的贡献，在此情况下，一国的出口中不仅包含本国的比较优势，也包含参与这一最终产品生产的其他国家的比较优势。而各国所处的产品生产阶段不同，则在此最终产品中的含量也不同，因而收益也不同。分割生产中两国的含量和收益由两国要素禀赋决定的要素成本、转移技术及其水平和分割生产引起的产出扩大效应共同决定。

第五，由于消费者的需求与产品质量同向变化，厂商利润与产品质量也同向变化，所以，厂商都倾向于生产最高质量类型的产品。当只有北方有能力进行 H 区段，对产品进行提升产品质量的创新时，南方通过对 H 区段的模仿，每种产品交替地在北方和南方进行生产，当北方的某些产品被南方模仿而占有市场时，北方国家厂商将进一步研发创新出质量更高的产品夺回市场，而南方厂商将对北方国家新开发出来的产品积极模仿以争夺市场，双方始终存在产品质量不断提升的动态均衡。在不断的创新和模仿中北方和南方产品质量不断提高，双方的出口复杂度也不断提升。

为了说明本章的结论与后面章节研究内容的联系，在此特别指出以下内容。

一是随着北方国家把产品生产的某些区段分割到南方国家进行，分割生产的最终产品同时包含北方和南方两国的含量(附加值)和两国要素的贡献，在此情况下，一国的出口中不仅包含本国的比较优势，也包含参与这一最终产品生产的其他国家的比较优势。这一结论将在第 5 章中进一步详细推导，并结合中国制造业的情况，比较分析考虑国际分割生产和不考虑国际分割生产条件下，中国制造业出口比较优势和出口结构的变化。

二是随着北方国家向南方国家分割生产，由于分割生产引起产品价格下降和产出扩大，从而引起分割生产的最终产品的贸易增加，同时，随着国际分割生产，中间品贸易将大量增加，将会促进参与分割国家的贸易总量的大幅增加。这一结论将在第 7 章中结合中国参与国际分割生产与中国制造业出口深化的现实进行验证。

三是随着北方国家向南方国家分割生产，由于两国的要素价格的变化，北方和南方国家间的工资差距有缩小趋势，由此分割生产的收益(分割引起的生产成本的节省)减小，北方将会向南方转移技术或者扩散技术使生产率差距缩小，以增加分割生产的收益。另外，由于南方对北方创新区段的模仿，南方占有北方某些质量水平产品的市场，于是，北方创新出质量更高的产品类型以抢夺市场，在不断的创新和模仿中北方和南方产品质量不断提高，双方的出口复杂度也不断提升，通过模仿不同质量类型的产品，南方的出口广度也将会提升。这一结论将在第 6 章和第 7 章中进行验证：在第 6 章中具体分析国际分割生产(FDI 和加工贸易)通过技术转移和技术溢出效应对出口复杂度的影响，并结合中国参与国际分割生产与制造业出口复杂度的实际情况进行验证；在第 7 章中结合中国参与国际分割生产与中国制造业出口广化进行验证。

第 4 章　中国制造业国际分割生产程度度量

在国际分割生产的相关经验研究中，度量国际分割生产程度的方法可以分为三种：一是基于投入－产出的度量方法；二是基于零部件贸易数据的度量方法；三是基于加工贸易数据的度量方法。上述三种方法度量的视角不同，第一种和第三种能够体现我国制造业参与国际分割生产的行业特征，而第二种方法则能够体现我国制造业参与国际分割生产的地域特征。因而，本章将综合运用上述三种方法构建度量制造业行业层面的国际分割生产程度的指标，并结合我国制造业的相关数据，对我国制造业国际分割生产程度进行更为全面的度量，并对度量的结果和不同方法的优缺点做出总结。

4.1　基于投入－产出方法的中国国际分割生产程度度量

目前被用于度量国际分割生产程度的投入－产出方法，最初是由美国经济学家里昂惕夫提出的，他使用该方法对美国 1947 年的投入－产出情况进行了分析，并测算了美国进出口的资本劳动比率，提出了著名的“里昂惕夫之谜”。此后，投入－产出方法在国际贸易中应用越来越广泛，成为度量国际分割生产的一个常用方法（Feenstra and Hanson，1996；Campa and Goldberg，1997；Strauss-Kahn，2003；Hijzen，2005；Hummels et al.，2001）。

4.1.1　投入－产出方法度量国际分割生产程度的指标

基于投入产出表的度量方法主要有两种：第一种方法强调国内生产的国外含量，即考虑了直接进口的投入品占总产出或总投入的比重，这种方法最初使用于 Feenstra 和 Hanson(1996)的研究中，此后发展出许多不同的形式；第二种度量方法强调出口的国外含量，这种方法由 Hummels 等(1998，2001)提出，他们用垂直专业化指标来度量国际分割生产程度。

1. 度量国际分割生产的指标：FH 方法

假设一国经济中 n 个行业(部门)，每个行业都同时使用进口的中间品和国内生产的中间品来生产最终产品。根据 Feenstra 和 Hanson(1996)的方法，可以构建代表每个行业中间投入品中的国外含量的指标 FH_k：

$$\mathrm{FH}_k = \frac{\sum_j M_{jk}^I}{\sum_j D_{jk}^I + M_{jk}^I} = \frac{M_k^I}{D_k^I + M_k^I} \tag{4.1}$$

其中，$D_k^I = \sum_j D_{jk}^I, M_k^I = \sum_j M_{jk}^I$。

国家水平的分割程度指标为

$$\mathrm{FH} = \frac{\sum_k \sum_j M_{jk}^I}{\sum_k \sum_j D_{jk}^I + M_{jk}^I} = \frac{M^I}{D^I + M^I} \tag{4.2}$$

$$D^I + M^I = \sum_k \sum_j D_{jk}^I + M_{jk}^I, M^I = \sum_k \sum_j M_{jk}^I$$

其中，M_{jk}^I是行业k($k=1$，2，…，n)从国外的行业j($j=1$，2，…，N)进口的中间投入品；M_k^I是行业k进口的中间投入品；D_{jk}^I是行业k从国内的行业j购买的中间投入品；D_k^I是行业k国内生产的中间投入品；D^I+M^I是国内生产的中间品总投入；D^I、M^I分别是国内生产的和国外进口的中间品中投入；FH_k和FH强调国内生产的国外含量。

与FH_k相似的度量分割程度的另一个指标是根据Egger和Egger(2003)构建的每个行业进口的中间投入品占行业总产出的比重IIGO_k：

$$\mathrm{IIGO}_k = \frac{\sum_j M_{jk}^I}{Y_k} = \frac{M_k^I}{Y_k},\text{其中 } M_k^I = \sum_j M_{jk}^I \tag{4.3}$$

国家水平的相应指标为

$$\mathrm{IIGO} = \frac{\sum_k \sum_j M_{jk}^I}{\sum_k Y_k} = \frac{M^I}{Y},\text{其中 } M^I = \sum_k \sum_j M_{jk}^I, Y = \sum_k Y_k \tag{4.4}$$

其中，M_{jk}^I是行业k($k=1$，2，…，n)从国外的行业j($j=1$，2，…，N)进口的中间投入品；M_k^I是行业k进口的中间投入品；Y_k是行业k的总产出；M^I是一国从国外进口的中间品总投入；Y是一国的总产出；IIGO_k和IIGO强调国外的中间投入品对国内产出的贡献。因为行业的总产出GDP应该比行业的总没入(总成本)大，所以IIGO_k(IIGO)应该小于FH_k(FH)。

2. 度量国际分割生产的指标：VS指标

假设一国经济中n个行业(部门)，每个行业都同时使用进口的中间品和国内生产的中间品来生产最终产品。可以根据Hummels等(1998，2001)的方法得到每个行业的垂直专业化指数VS_k：

$$\mathrm{VS}_k = \frac{\sum_j M_{jk}^I}{Y_k} \cdot X_k = \frac{M_k^I}{Y_k} \cdot X_k \tag{4.5}$$

其中，$M_k^I = \sum_j M_{jk}^I$。

度量国家水平的垂直专业化指标为

$$\mathrm{VS} = \frac{\sum_k \sum_j M_{jk}^I}{\sum_k Y_k} \cdot \sum_k X_k = \frac{M^I}{Y} \cdot X \tag{4.6}$$

其中，$M^I = \sum_k \sum_j M_{jk}^I, Y = \sum_k Y_k, X = \sum_k X_k$。

一国出口的垂直专业化比率(VSS)可以表示为

$$\mathrm{VSS} = \frac{\mathrm{VS}}{X} = \frac{\sum_k \mathrm{VS}_k}{\sum_k X_k} = \sum_k \left(\frac{\mathrm{VS}_k}{X_k} \cdot \frac{X_k}{X}\right) \tag{4.7}$$

行业的垂直专业化比率(VSS_k)可以表示为

$$\mathrm{VSS}_k = \frac{\mathrm{VS}_k}{X_k} \tag{4.8}$$

其中，M_{jk}^I是行业k(k =1，2，…，n)从国外的行业j(j =1，2，…，n)进口的中间投入品；M_k^I 是行业k 进口的中间投入品；Y_k 是行业 k 的总产出；X_k 是行业k 的总出口；M^I 是一国从国外进口的中间品中投入；Y 是一国的总产出；X 是一国的总出口；VS_k、VS、VSS 和 VSS_k 强调一国k 行业和一国出口中的进中间投入品的含量。

3. 进口中间投入品的确定

以上所有度量国际分割生产的指标 FH_k、FH、IIGO_k、IIGO、IITM_k、IITM、VS_k 和 VS 的计算公式都包含进口中间品的投入 M_{jk}^I(行业k 从国外的行业j 进口的中间投入品)、M_k^I(行业k 进口的中间投入品)和M^I(一国从国外进口的中间投入品)，因此，要得到这些指标必须先确定进口的中间投入品的量。

令 $a_{jk} = \dfrac{M_{jk}^I}{Y_k}$，即生产行业$k$ 一单位的产品，需要从国外的行业j 进口a_{jk}单位的中间投入品。

于是 FH 可以写成：

$$\mathrm{FH} = \frac{\sum_k \sum_j M_{jk}^I / \sum_k Y_k}{\sum_k \sum_j (D_{jk}^I + M_{jk}^I) / \sum_k Y_k} = \frac{uA^M u^V}{u(A^M + A^D)u^V} \tag{4.9}$$

其中，$\boldsymbol{u}$=(1，1，…，1)$_{n\times 1}$，$\boldsymbol{u}^V$ 是$\boldsymbol{u}$ 的转置；$\boldsymbol{A}^M = \begin{bmatrix} a_{11} & \cdots & a_{1n} \\ \vdots & & \vdots \\ a_{n1} & \cdots & a_{nn} \end{bmatrix}_{n\times n}$ 是对进

口中间产品的依存系数矩阵，又称进口系数矩阵；$\boldsymbol{A}^D=\begin{bmatrix} b_{11} & \cdots & b_{1n} \\ \vdots & & \vdots \\ b_{n1} & \cdots & b_{nn} \end{bmatrix}_{n\times n}$ 是国内消耗系数矩阵，令 $\boldsymbol{A}=\boldsymbol{A}^M+\boldsymbol{A}^D$，$\boldsymbol{A}$ 是投入产出表中的直接消耗系数矩阵。

IIGO 可以写成：

$$\text{IIGO}=\boldsymbol{u}\boldsymbol{A}^M\boldsymbol{u}^V \tag{4.10}$$

VSS 可以写成：

$$\text{VSS}=\frac{1}{X}\boldsymbol{u}\boldsymbol{A}^M\boldsymbol{X}^V \tag{4.11}$$

其中，$\boldsymbol{X}^V=\begin{bmatrix} X_1 \\ \vdots \\ X_n \end{bmatrix}_{1\times n}$ 为与 n 个行业的出口组成的出口向量。运用完全系数矩阵，则可得

$$\text{VSS}=\frac{1}{X}\boldsymbol{u}\boldsymbol{A}^M(1-\boldsymbol{A}^D)^{-1}\boldsymbol{X}^V \tag{4.12}$$

其中，$(1-\boldsymbol{A}^D)^{-1}$是里昂惕夫逆矩阵，它反映了进口中间产品作为初始投入在国内各部门循环使用的效果。

虽然总体水平的一国进口中间投入品 M^I 可以通过 BEC 分类中的中间货物的数据来度量，但是代表行业水平的进口中间品的 M_{jk}^I 和 M_k^I 是没有直接的统计数据的。在已有的相关文献中(平新乔等，2006；盛斌和马涛，2008)确定进口的中间品常用方法是假定：第一，国民经济所有部门使用的 j 行业的中间产品中，进口投入品的比例在各行业间相同；第二，对于某行业的产品，假定只有中间产品和最终产品，且假设中间产品中进口与国内生产的比例等于最终产品中进口和国内生产的比例。

用 C_k^M 和 C_k^D 表示 k 行业的最终产品中进口的和国内生产的数量；用 I_k^M 和 I_k^D 表示 k 行业的中间产品中进口和国内生产的数量。由第二个阶段可得

$$\frac{C_k^M}{C_k^D}=\frac{I_k^M}{I_k^D} \tag{4.13}$$

故有

$$\frac{C_k^M}{C_k^D}=\frac{I_k^M}{I_k^D}=\frac{C_k^M+I_k^M}{C_k^D+I_k^D} \tag{4.14}$$

令 λ_k 表示 k 行业使用的中间产品中，进口的中间产品所占的比例，则可推得

$$\lambda_k=\frac{I_k^M}{I_k^D+I_k^M}=\frac{C_k^M+I_k^M}{I_k^D+I_k^M+C_k^D+C_k^M} \tag{4.15}$$

由此可知，λ_k(即行业 k 进口的中间产品占总中间产品的比例)等于行业 k 的总进口/(总产出＋进口－出口)。通过计算 n 个行业的 λ_k，可得向量 $\boldsymbol{\lambda}=(\lambda_1$，

λ_2，…，$\lambda_n)_{n\times1}$，$\boldsymbol{\lambda}$ 与投入产出表中的直接消耗系数矩阵 $\boldsymbol{A}$ 相乘可以得到行业水平的进口系数向量 $\boldsymbol{A}^M$ 。基于以上巧妙的假设，可以将进口投入从总投入中分离出来，代入以上的相应公式，则可以把度量国际分割生产程度的各个指标都计算出来。

4.1.2 行业选取和数据来源说明

1. 行业选取

按照《国民经济行业分类》(GB/T4754—2002)的分类方法(见附录 B)，选取制造业行业，剔除了 1997 年和 2002 年的工艺美术品制造业和废品废料回收加工业，1997 年的其他制造业和 2002 年的其他工业，2007 年的工艺品及其他制造业、废弃资源和废旧材料回收加工业，2012 年其他制造产品、废弃资源和废旧材料回收加工品。并对一些行业进行了归并和统一了名称，如把农副食品加工业和食品制造业归并为食品加工和制造业，把 2002 年和 2007 年的木材加工及木、竹、藤、棕、草制品业和家具制造业归并为木材加工及家具制造业，把 1997 年的锯材加工及人造板制造业和家具、木制品及竹藤棕草制品制造业归并为木材加工及家具制造业，共得到 26 个制造业行业。为了下文分析的方便，对 26 个制造业行业编了代码(见附录 C)。

2. 数据来源及处理

根据以上度量分割程度的指标，对测算这些指标的相关变量的数据来源和处理方法进行说明。

1)投入产出数据

自 1987 年我国编制了第一张全国投入产出表。此后，每逢 2、7 年份编制投入产出基本表，逢 0、5 年份编制投入产出延长表。到 2006 年为止，我国已编制了 6 张基本表，4 张延长表。1987 年表包括 118 个部门、1990 年表包括 33 个部门、1992 年表包括 119 个部门、1995 年表包括 33 个部门、1997 年表包括 124 个部门、2000 年表包括 40 个部门、2002 年表包括 123 个部门、2005 年表包括 17 个部门、2007 年表包括 135 个部门、2012 年表包括 139 个部门。由于 4 张延长表中包含的制造业行业分类比较粗略，所以选择使用可以获得的 1997 年、2002 年、2007 年、2012 年的投入产出基本表，并参照《国民经济行业分类》的中、小类行业分类方法把投入产出基本表中的相关部分归类到之前所选择的 26 个制造业各行业中(见附录 D)。根据投入产出表中的基本流量表最后一列可以求出 26 个制造业各行业的最终产出，可以通过各部门的中间投入量求出制造业各行业的中间投入量，再根据直接消耗系数的计算方法，计算制造业各行业之间中间品投入系数，即制造业各行业的直接消耗系数矩阵 $\boldsymbol{A}$。

2)进出口数据

以上度量指标中，计算关键数据——进口中间品比重时，除了需要各行业的产出数据，还需要进口、出口和进出口数据。我国制造业的进出口数据可以从联合国 COMTRADE 数据库中获得，但是 COMTRADE 数据库中的数据分类是按照以下三种方法分类的：或者按照 SITC（standard international trade classification)分类、或者按照 HS 编码(harmonization code system code)、或者按照 BEC(broad economic categories)分类，没有按照国民经济行业分类的数据，因此本书参考盛斌(2002)的方法，把国际贸易标准分类(SITC Rev. 3)的 205 种属于制造业的三位码的相关产品贸易数据集结到书中所选取的 26 个制造业行业中(见附录 E)，就可得到这些行业的贸易数据。

4.1.3　基于投入－产出方法的我国制造业国际分割生产程度

把相关数据代入以上指标度量我国制造业的国际分割生产程度时，首先要计算我国制造业各行业的中间投入的直接消耗系数矩阵 $\boldsymbol{A}$ 和各行业使用的中间产品中进口的中间产品所占的比例 λ_k。

直接消耗系数也称为投入系数，是指某一个部门在生产经营过程中单位总产出直接消耗各部门的货物或服务的价值量。具体地，直接消耗系数记为 A_{jk}(j，$k=1$，2，…，n)，它是指在生产经营过程中第 k 产业(或产品部门)的单位总产出所直接消耗的第 j 产业(或产品部门)货物或服务的价值量，将各产业(或产品部门)的直接消耗系数用矩阵的形式表现出来，就是直接消耗系数表或直接消耗系数矩阵，通常用字母 $\boldsymbol{A}$ 表示。

直接消耗系数的计算方法为：用第 k 产业(或产品部门)部门的总投入 TI_k 去除该产业(或产品部门)生产经营中所直接消耗的第 j 产业(或产品部门)的货物或服务的价值量 TI_{jk}，用公式表示为①

$$A_{jk}=\frac{\mathrm{TI}_{jk}}{\mathrm{TI}_k},(j,k=1,2,\cdots,n) \tag{4.16}$$

$$A_k=\frac{\sum_{i=1}^{n}\mathrm{TI}_{jk}}{\mathrm{TI}_k},(j,k=1,2,\cdots,n) \tag{4.17}$$

式(4.17)中，A_k 表示产业(或产品部门)的单位总产出所直接消耗的所有产品部门货物或服务的价值量的总和。

根据式(4.17)，使用 1997 年、2002 年、2007 年和 2012 年我国投入产出表

① 因为投入产出表中有如下基本平衡关系：各部门总产出＝该部门总投入，所有部门的总产出＝所有部门的总投入，所以 $A_{jk}=\mathrm{TI}_{jk}/\mathrm{TI}_k=\mathrm{TI}_{jk}/Y_k$，其中 Y_k 为该行业(部门)的产出，同理，a_{jk} 也可以表示为 $a_{jk}=M^I_{jk}/Y_k=M^I_{jk}/\mathrm{TI}_k$。

中的各部门中的数据，将 1997 年我国投入产出表中 124 个部门、2002 年中 123 个部门、2007 年中 135 个部门、2012 年中 139 个部门，按附录 D 中的方法，把投入产出基本表中的相关部分归类到书中所选择的 26 个制造业各行业中，这样就可以得到我国制造业行业对应的各年度中间品投入、总投入和总产出数据。从联合国 COMTRADE 数据库中获取所选取的 26 个制造业行业的国际贸易标准分类(SITC Rev. 3)的 205 种 SITC 三位码的制造业相关产品贸易数据，并按附录 E 中的方法分别集结到 26 个制造业行业，就可得到我国制造业行业对应的各年度的进出口贸易数据，进而可以算得我国制造业各行业的直接消耗系数单位矩阵 A_j，从而得到我国制造业的直接消耗系数矩阵 A(表 4.1)。

表 4.1 我国制造业中间投入、总产出和直接消耗系数

行业	1997 年			2002 年		
	制造业中间品投入/亿元	总产出/亿元	A_j	制造业中间品投入/亿元	产出/亿元	A_j
C1	1 671.7	9 799.3	0.171	2 243.5	10 650.1	0.211
C2	765.7	2 504.3	0.306	650.6	2 115.5	0.308
C3	363.2	1 489.0	0.244	250.2	1 715.3	0.146
C4	4 594.0	9 277.7	0.495	4 377.1	9 005.6	0.486
C5	2 130.0	3 867.5	0.551	2 273.1	4 096.7	0.555
C6	1 256.5	2 221.4	0.566	1 377.7	2 533.2	0.544
C7	1 082.0	2 241.2	0.483	1 727.2	3 948.9	0.437
C8	1 010.3	2 437.5	0.414	1 446.6	3 452.4	0.419
C9	492.7	980.3	0.503	970.3	2 213.7	0.438
C10	565.9	1 001.2	0.565	746.3	1 384.2	0.539
C11	382.8	3 098.2	0.124	608.4	6 084.6	0.100
C12	3 618.8	8 045.4	0.450	4 855.1	10 547.2	0.460
C13	683.4	1 720.1	0.397	1 023.2	2 805.8	0.365
C14	813.8	1 241.4	0.656	682.3	1 211.8	0.563
C15	618.1	1 306.2	0.473	559.5	1 585.3	0.353
C16	1 876.5	2 899.1	0.647	3 337.3	5 422.5	0.615
C17	3 409.3	8 807.4	0.387	1 877.9	5 804.5	0.324
C18	2 481.4	5 406.7	0.459	4 832.2	11 306.4	0.427
C19	956.9	2 368.3	0.404	1 713.0	4 061.3	0.422
C20	2 791.8	4 983.3	0.560	3 360.2	5 997.6	0.560
C21	2 447.7	4 869.7	0.503	4 362.7	8 014.8	0.544
C22	1 956.4	3 357.0	0.583	2 775.7	4 982.5	0.557
C23	3 413.7	5 313.8	0.642	5 864.3	9 646.7	0.608
C24	3 601.8	5 560.0	0.648	4 227.2	7 121.6	0.594
C25	3 214.0	4 896.4	0.656	8 713.7	12 977.4	0.671
C26	804.9	1 549.6	0.519	1 023.2	1 689.3	0.606

续表

行业	2007 年			2012 年		
	制造业中间品投入/亿元	总产出/亿元	A_j	制造业中间品投入/亿元	产出/亿元	A_j
C1	8 305.7	32 290.0	0.257	18 080.9	68 044.6	0.266
C2	2 075.0	5 610.7	0.370	5 031.2	12 865.0	0.391
C3	775.4	3 889.6	0.199	1 076.8	7 050.1	0.153
C4	14 224.4	25 197.4	0.565	19 430.8	36 580.5	0.531
C5	7 016.6	10 867.6	0.646	14 742.6	22 999.1	0.641
C6	4 393.0	7 205.0	0.610	3 604.8	6 702.5	0.538
C7	5 674.7	10 993.9	0.516	10 091.7	18 748.9	0.538
C8	4 124.8	8 351.8	0.494	5 948.3	12 417.5	0.479
C9	2 184.4	3 672.4	0.595	3 310.5	5 788.7	0.572
C10	1 936.5	2 908.8	0.666	6 791.1	11 146.8	0.609
C11	2 438.9	21 074.6	0.116	4 975.0	40 013.2	0.124
C12	18 606.2	33 933.2	0.548	40 180.2	70 235.9	0.572
C13	2 708.9	7 097.4	0.382	5 750.1	15 863.5	0.362
C14	2 686.5	4 309.2	0.623	4 738.2	6 637.3	0.714
C15	2 608.1	4 471.8	0.583	4 419.6	7 638.3	0.579
C16	8 697.1	12 186.5	0.714	14 087.7	20 649.6	0.682
C17	9 209.0	22 804.4	0.404	20 278.9	46 604.6	0.435
C18	19 435.4	40 642.5	0.478	31 357.7	70 114.4	0.447
C19	9 334.8	20 453.5	0.456	20 044.8	39 998.9	0.501
C20	11 326.1	17 705.5	0.640	20 017.6	32 226.5	0.621
C21	16 339.8	25 891.7	0.631	27 059.5	42 216.3	0.641
C22	8 532.3	13 594.8	0.628	19 744.6	31 192.6	0.633
C23	23 178.0	32 978.4	0.703	42 480.0	64 656.5	0.657
C24	19 307.1	27 155.0	0.711	35 220.4	50 004.7	0.704
C25	29 842.3	41 190.3	0.724	44 774.6	64 801.2	0.691
C26	3 328.0	4 879.7	0.682	4 844.2	7 985.4	0.607

注：行业代码和行业分类见附录 C

资料来源：作者根据 1997 年、2002 年、2007 年和 2012 年我国投入产出表和联合国 COMTRADE 数据库数据计算而得

根据式(4.15)，使用根据 1997 年、2002 年、2007 年和 2012 年我国投入产出表中整理而得的我国制造业各行业对应的年度产出数据，以及联合国 COMTRADE 数据库中获取的数据计算而得的我国制造业行业对应的各年度的进

出口贸易数据，可以计算得到我国 26 个制造业各行业使用的中间产品中进口的中间产品所占的比例λ_k，λ_k(即行业 k 进口的中间产品占总中间产品的比例)等于行业 k 的总进口/(总产出+进口−出口)(表 4.2)。

表 4.2 我国制造业进、出口、产出和进口中间品占中间品投入的比例

行业＼中间品投入比例＼年份	1997				2002			
	进口/亿元	出口/亿元	产出/亿元	λ_k	进口/亿元	出口/亿元	产出/亿元	λ_k
C1	395.1	730.9	9 799.3	0.042	490.6	811.3	10 650.1	0.047
C2	5.6	60.5	2 504.3	0.002	16.5	53.7	2 115.5	0.008
C3	14.1	38.3	1 489	0.01	20	28.5	1 715.3	0.012
C4	1 017.2	1 146.8	9 277.7	0.111	1 202.4	2 719.9	9 005.6	0.161
C5	92.6	2 636.4	3 867.5	0.07	83	1 685	4 096.7	0.033
C6	216.1	1 025.5	2 221.4	0.153	345	1 090.2	2 533.2	0.193
C7	91.7	302.1	2 241.2	0.045	191	666.4	3 948.9	0.055
C8	344.2	81.3	2 437.5	0.127	475	130.1	3 452.4	0.125
C9	68.7	28.5	980.3	0.067	40.2	65.3	2 213.7	0.018
C10	52.8	767	1 001.2	0.184	51.8	791.6	1 384.2	0.08
C11	321.2	191	3 098.2	0.1	520.8	263	6 084.6	0.082
C12	1 493.4	687	8 045.4	0.169	3 139.9	1 018.8	10 547.2	0.248
C13	27.4	127.4	1 720.1	0.017	124.7	180.8	2 805.8	0.045
C14	135.9	8.7	1 241.4	0.099	7.2	2.3	1 211.8	0.006
C15	26.6	67.5	1 306.2	0.021	65.8	385.6	1 585.3	0.052
C16	182.9	325.7	2 899.1	0.066	250.5	588.9	5 422.5	0.049
C17	110.1	331.8	8 807.4	0.013	197.9	417.7	5 804.5	0.035
C18	552.3	370	5 406.7	0.099	1 121.9	165.1	11 306.4	0.091
C19	263.9	212.1	2 368.3	0.109	604.3	296.1	4 061.3	0.138
C20	164.7	420.4	4 983.3	0.035	540.7	1 065.8	5 997.6	0.099
C21	1 073.3	467	4 869.7	0.196	1 494	972.1	8 014.8	0.175
C22	910.7	231.6	3 357	0.226	1 641	335.2	4 982.5	0.261
C23	458.3	409.4	5 313.8	0.085	1 003.5	653.5	9 646.7	0.1
C24	1 148.2	1 115.3	5 560	0.205	1 664.8	2 032.9	7 121.6	0.247
C25	588.7	1 298.6	4 896.4	0.141	5 567.1	4 967.7	12 977.4	0.41
C26	538.3	624	1 549.6	0.368	1 611.3	1 483.5	1 689.3	0.887

续表

行业＼中间品投入比例＼年份	2007				2012			
	进口/亿元	出口/亿元	产出/亿元	λ_k	进口/亿元	出口/亿元	产出/亿元	λ_k
C1	1 445.5	1 666	32 290	0.045	2 951.7	2 483.2	68 044.6	0.043
C2	122.8	227.3	5 610.7	0.022	356.5	268.9	12 865	0.028
C3	13.2	18.7	3 889.6	0.003	72.8	49.9	7 050.1	0.01
C4	818.3	8 215.9	25 197.4	0.046	939.7	5 175.6	36 580.5	0.029
C5	131.9	3 742.1	10 867.6	0.018	726.3	9 054.4	22 999.1	0.05
C6	476.9	1 930.6	7 205	0.083	388.3	1 706.5	6 702.5	0.072
C7	270.5	2 424.5	10 993.9	0.031	506.9	3 616.8	18 748.9	0.032
C8	622.9	314.6	8 351.8	0.072	902.8	591	12 417.5	0.071
C9	73.6	197.1	3 672.4	0.021	69.4	142.9	5 788.7	0.012
C10	132.1	1 752.7	2 908.8	0.103	499.6	4 857.3	11 146.8	0.074
C11	1 450.1	767.8	21 074.6	0.067	2 881.7	1 174.4	40 013.2	0.059
C12	7 548.7	3 490.9	33 933.2	0.199	9 492.9	5 020.3	70 235.9	0.127
C13	401.5	671.7	7 097.4	0.059	1 028.1	1 171.2	15 863.5	0.065
C14	205.2	254.9	4 309.2	0.048	228.4	378.5	6 637.3	0.035
C15	280.9	1 403.9	4 471.8	0.084	543.8	1 234.9	7 638.3	0.078
C16	668.8	1 416.5	12 186.5	0.058	1 013.6	2 080.7	20 649.6	0.052
C17	377.3	1 483.7	22 804.4	0.017	702.6	2 673.4	46 604.6	0.016
C18	1 668	3 685	40 642.5	0.043	1 285.3	3 065.1	70 114.4	0.019
C19	2 652.5	1 470.5	20 453.5	0.123	7 667.6	1 392.2	39 998.9	0.166
C20	584.7	3 558.5	17 705.5	0.04	812.1	4 288.2	32 226.5	0.028
C21	3 555.1	3 415.9	25 891.7	0.137	5 112.1	7 057.3	42 216.3	0.127
C22	3 488.2	2 320.9	13 594.8	0.236	3 818.7	3 590.3	31 192.6	0.122
C23	3 003.2	3 282.2	32 978.4	0.092	6 020.3	5 843.1	64 656.5	0.093
C24	3 435.2	6 825.7	27 155	0.145	3 988.1	10 726.2	50 004.7	0.092
C25	16 298.7	21 377.5	41 190.3	0.451	24 010	30 089.2	64 801.2	0.409
C26	3 929.8	3 237.4	4 879.7	0.705	2 938.5	2 259.8	7 985.4	0.339

注：行业代码和行业分类见附录 C

资料来源：作者根据 1997 年、2002 年、2007 年和 2012 年我国投入产出表和联合国 COMTRADE 数据库数据计算而得

将向量 $\boldsymbol{\lambda}=(\lambda_1, \lambda_2, \cdots, \lambda_n)_{n\times1}$ 与投入产出表中的直接消耗系数矩阵 $\boldsymbol{A}$ 相乘可以得到行业水平的中间品进口系数向量 $\boldsymbol{A}^M=(a_1, a_2, \cdots, a_n)_{n\times1}$。使用表 4.2 中所列出的我国 26 个制造业各行业使用的中间产品中进口的中间产品所占的比例 λ_k 和表 4.1 列出的我国 26 个制造业各行业直接消耗系数 A_j，可计算

得到的我国 26 个制造业行业的 a_k(表 4.3)，a_k 即生产行业 k 一单位的产品，需要从国外对应的 26 个制造业行业进口 a_k 单位的中间投入品。

表 4.3　我国制造业进口中间品投入占总投入的比例

年份/行业	1997 年	2002 年	2007 年	2012 年	年份/行业	1997 年	2002 年	2007 年	2012 年
C1	0.0071	0.0100	0.0116	0.0114	C14	0.0651	0.0033	0.0300	0.0251
C2	0.0007	0.0024	0.0082	0.0108	C15	0.0099	0.0184	0.0489	0.0453
C3	0.0023	0.0017	0.0007	0.0016	C16	0.0429	0.0303	0.0417	0.0353
C4	0.0551	0.0780	0.0260	0.0154	C17	0.0050	0.0115	0.0070	0.0068
C5	0.0385	0.0185	0.0117	0.0317	C18	0.0454	0.0391	0.0207	0.0084
C6	0.0866	0.1049	0.0506	0.0388	C19	0.0441	0.0583	0.0560	0.0830
C7	0.0218	0.0241	0.0158	0.0174	C20	0.0195	0.0554	0.0254	0.0175
C8	0.0528	0.0524	0.0355	0.0340	C21	0.0985	0.0953	0.0862	0.0814
C9	0.0338	0.0081	0.0123	0.0069	C22	0.1315	0.1454	0.1483	0.0769
C10	0.1040	0.0434	0.0683	0.0448	C23	0.0549	0.0610	0.0645	0.0610
C11	0.0123	0.0082	0.0077	0.0086	C24	0.1330	0.1463	0.1028	0.0649
C12	0.0759	0.1141	0.1089	0.0727	C25	0.0923	0.2753	0.3270	0.2825
C13	0.0067	0.0165	0.0224	0.0237	C26	0.1910	0.5371	0.4810	0.2057

注：行业代码和行业分类见附录 C

资料来源：作者根据 1997 年、2002 年、2007 年和 2012 年我国投入产出表和联合国 COMTRADE 数据库数据计算而得

各行业的中间品进口系数 a_k 乘以各行业的产出量就可以得到各行业进口的中间品数量。根据表 4.3 所算出的我国 26 个制造业各行业的中间品进口系数 a_k 的数据和表 4.2 中所列的我国 26 个制造业各行业的产出数据，可以算得我国 26 个制造业各行业进口的中间品总量(表 4.4)。如表 4.4 所示，我国整体制造业的进口中间品总量在 1997～2012 年有了很大的增长，从 1997 年的 5311.4 亿元增长到了 2002 年的 11 686.6 亿元，2007 年增长到了 34 735.8 亿元，而 2007 年则增长到了 48 610.7 亿元。2002～2007 年增长尤其快速，1997～2002 年，我国整体制造业的进口中间品总量增长了 120%，2002～2007 年增长了 197%，2007～2012 年增长了 40%。其中，许多行业进口中间品的量都呈增长趋势，2002～2007 年的增长速度也是非常突出，如化学纤维制造业(C14)的增速高达 3109%、饮料制造业(C2)的增速为 796%、橡胶制品业(C15)的增速为 651%、有色金属冶炼及压延加工业(C19)的增速为 385%、交通运输设备制造业(C23)的增速为 262%、食品加工和制造业(C1)的增速为 251%、医药制造业(C13)的增速为 243%、文教体育用品制造业(C10)的增速为 231%、石油加工及炼焦业(C11)的增速为 225%、塑料制品业(C16)的增速为 209%、化学原料及化学制品制造业(C12)的增速为 207%，另外，普通机械制造业(C21)、专用设备制造业(C22)、电气机械

及器材制造业(C24)、仪器仪表及文化办公用机械(C26)、印刷业记录媒介的复制(C9)、非金属矿物制品业(C17)等行业的增速也超过了 141%。2007~2012 年，26 个制造业行业中仍然有 21 个行业保持着增长，且增速在 16%以上。

表 4.4　1997 年、2002 年、2007 年和 2012 年我国制造业进口中间品总量

（单位：亿元）

行业＼年份	1997	2002	2007	2012	行业＼年份	1997	2002	2007	2012
C1	69.8	106.5	374.4	779.0	C14	80.8	4.0	129.4	166.3
C2	1.7	5.2	46.3	138.5	C15	13.0	29.1	218.7	345.9
C3	3.5	2.9	2.6	11.1	C16	124.5	164.4	508.5	729.2
C4	510.8	702.9	653.9	564.5	C17	43.7	66.5	160.1	319.2
C5	149.0	75.6	127.5	729.8	C18	245.2	442.1	839.3	589.8
C6	192.3	265.8	364.3	260.0	C19	104.3	236.9	1 144.4	3 321.4
C7	48.9	95.0	173.6	327.1	C20	97.2	332.0	449.5	565.5
C8	128.8	181.0	296.7	421.9	C21	479.8	763.5	2 231.6	3 435.0
C9	33.2	17.8	45.3	40.2	C22	441.4	724.3	2 016.1	2 399.6
C10	104.1	60.0	198.5	499.7	C23	291.7	588.7	2 128.7	3 944.6
C11	38.1	50.0	162.6	343.6	C24	739.4	1 042.0	2 790.9	3 246.5
C12	610.5	1 203.4	3 697.0	5 105.5	C25	452.0	3 573.0	13 469.2	18 307.3
C13	11.6	46.4	159.3	376.0	C26	295.9	907.4	2 347.1	1 642.9

注：行业代码和行业分类见附录 C

资料来源：作者根据 1997 年、2002 年、2007 年和 2012 年我国投入产出表和联合国 COMTRADE 数据库数据计算而得

表 4.5 显示了用 FH_k、$IIGO_k$ 和 VSS_k 不同指标度量的 1997 年、2002 年、2007 年和 2012 年我国制造业的国际分割生产程度和国际分割生产程度的年平均变化。从度量指标 FH_k 的四个年份的平均值看，即从进口的中间投入品占总中间投入品的比重看，国际分割程度较高的六个行业为仪器仪表及文化办公用机械(C26)，通信设备、计算机及其他电子设备制造业(C25)，专用设备制造业(C22)，化学原料及化学制品制造业(C12)，电气机械及器材制造业(C24)，普通机械制造业(C21)。国际分割程度较低的三个行业为非金属矿物制品业(C17)、饮料制造业(C2)和烟草加工业(C3)。

表 4.5　1997 年、2002 年、2007 年和 2012 年我国制造业的国际分割生产程度和平均变化率

行业＼年份＼分割程度	FH_k				ΔFH_k/%			
	1997	2002	2007	2012	2002	2007	2012	平均
C1	0.042	0.047	0.045	0.043	13.7	−5.1	−4.4	1.4
C2	0.002	0.008	0.022	0.028	249.4	180.9	23.4	151.2

续表

行业 \ 分割程度 年份	FH_k 1997	2002	2007	2012	ΔFH_k/% 2002	2007	2012	平均
C3	0.010	0.012	0.003	0.010	22.0	−71.0	202.3	51.1
C4	0.111	0.161	0.046	0.029	44.4	−71.4	−36.8	−21.2
C5	0.070	0.033	0.018	0.050	−52.5	−45.4	172.4	24.9
C6	0.153	0.193	0.083	0.072	26.1	−57.0	−13.0	−14.7
C7	0.045	0.055	0.031	0.032	21.8	−44.4	5.9	−5.5
C8	0.127	0.125	0.072	0.071	−1.9	−42.5	−1.4	−15.3
C9	0.067	0.018	0.021	0.012	−72.7	12.8	−41.5	−33.8
C10	0.184	0.080	0.103	0.074	−56.3	27.4	−28.2	−19.0
C11	0.100	0.082	0.067	0.069	−17.5	−18.8	3.6	−10.9
C12	0.169	0.248	0.199	0.127	46.9	−19.8	−36.1	−3.0
C13	0.017	0.045	0.059	0.065	168.0	29.7	11.2	69.6
C14	0.099	0.006	0.048	0.035	−94.0	715.0	−26.9	198.0
C15	0.021	0.052	0.084	0.078	147.7	61.2	−6.7	67.4
C16	0.066	0.049	0.058	0.052	−25.7	18.7	−11.5	−6.2
C17	0.013	0.035	0.017	0.016	176.4	−50.9	−9.5	38.7
C18	0.099	0.091	0.043	0.019	−7.4	−52.8	−56.4	−38.9
C19	0.109	0.138	0.123	0.166	26.8	−11.4	35.2	16.9
C20	0.035	0.099	0.040	0.028	183.7	−59.8	−28.8	31.7
C21	0.196	0.175	0.137	0.127	−10.7	−22.0	−7.1	−13.2
C22	0.226	0.261	0.236	0.122	15.7	−9.5	−48.6	−14.1
C23	0.085	0.100	0.092	0.093	17.5	−8.5	1.1	3.4
C24	0.205	0.247	0.145	0.092	20.1	−41.4	−36.2	−19.2
C25	0.141	0.410	0.451	0.409	191.6	10.1	−9.4	64.1
C26	0.368	0.887	0.705	0.339	141.2	−20.5	−51.9	22.9
行业 \ 分割程度 年份	$IIGO_k=VSS_k$ 1997	2002	2007	2012	$\Delta IIGO_k$ 和 ΔVSS_k/% 2002	2007	2012	平均
C1	0.0071	0.0100	0.0116	0.0114	40.5	15.9	−1.3	18.4
C2	0.0007	0.0024	0.0082	0.0108	251.5	237.7	30.5	173.2
C3	0.0023	0.0017	0.0007	0.0016	−27.0	−60.4	131.6	14.8
C4	0.0551	0.0780	0.0260	0.0154	41.8	−66.7	−40.5	−21.8
C5	0.0385	0.0185	0.0117	0.0317	−52.1	−36.4	170.5	27.3
C6	0.0866	0.1049	0.0506	0.0388	21.2	−51.8	−23.3	−18.0

续表

行业＼分割程度＼年份	$IIGO_k=VSS_k$				$\Delta IIGO_k$ 和 ΔVSS_k/%			
	1997	2002	2007	2012	2002	2007	2012	平均
C7	0.0218	0.0241	0.0158	0.0174	10.3	−34.3	10.5	−4.5
C8	0.0528	0.0524	0.0355	0.0340	−0.8	−32.2	−4.4	−12.5
C9	0.0338	0.0081	0.0123	0.0069	−76.2	53.1	−43.7	−22.3
C10	0.1040	0.0434	0.0683	0.0448	−58.3	57.3	−34.3	−11.8
C11	0.0123	0.0082	0.0077	0.0086	−33.2	−6.1	11.3	−9.3
C12	0.0759	0.1141	0.1089	0.0727	50.4	−4.5	−33.3	4.2
C13	0.0067	0.0165	0.0224	0.0237	146.0	35.7	5.6	62.4
C14	0.0651	0.0033	0.0300	0.0251	−94.9	802.3	−16.3	230.4
C15	0.0099	0.0184	0.0489	0.0453	84.7	166.4	−7.4	81.2
C16	0.0429	0.0303	0.0417	0.0353	−29.4	37.6	−15.4	−2.4
C17	0.0050	0.0115	0.0070	0.0068	131.0	−38.8	−2.5	29.9
C18	0.0454	0.0391	0.0207	0.0084	−13.8	−47.2	−59.3	−40.1
C19	0.0441	0.0583	0.0560	0.0830	32.4	−4.1	48.4	25.6
C20	0.0195	0.0554	0.0254	0.0175	183.7	−54.1	−30.9	32.9
C21	0.0985	0.0953	0.0862	0.0814	−3.3	−9.5	−5.6	−6.1
C22	0.1315	0.1454	0.1483	0.0769	10.6	2.0	−48.1	−11.9
C23	0.0549	0.0610	0.0645	0.0610	11.2	5.8	−5.5	3.8
C24	0.1330	0.1463	0.1028	0.0649	10.0	−29.8	−36.8	−18.9
C25	0.0923	0.2753	0.3270	0.2825	198.3	18.8	−13.6	67.8
C26	0.1910	0.5371	0.4810	0.2057	181.3	−10.5	−57.2	37.9

注：行业代码和行业分类见附录 C

资料来源：作者根据 1997 年、2002 年、2007 年和 2012 年我国投入产出表和联合国 COMTRADE 数据库数据计算而得

从 $IIGO_k$ 和 VSS_k 三个年份的平均值看，用此指标度量出来的国际分割程度较高的前六个行业与用指标 FH_k 度量的结果一致，虽然各行业的国际分割程度高低排序有所变化，但是国际分割程度最高的前六个行业仍然为仪器仪表及文化办公用机械(C26)，通信设备、计算机及其他电子设备制造业(C25)，专用设备制造业(C22)，化学原料及化学制品制造业(C12)，电气机械及器材制造业(C24)，普通机械制造业(C21)。同样地，用此指标度量出来的国际分割程度较小的三个行业与用指标 FH_k 度量的结果一致，分别为非金属矿物制品业(C17)、饮料制造业(C2)和烟草加工业(C3)这三个行业。

如表 4.5 所示，从国际分割程度的年平均变化率看，FH_k、$IIGO_k$ 和 VSS_k 三种指标关于哪些行业的国际分割程度在提高，哪些行业在下降的显示结果基本

一致，有些行业的分割程度在提高，如化学纤维制造业(C14)，饮料制造业(C2)，医药制造业(C13)，橡胶制品业(C15)，通信设备、计算机及其他电子设备制造业(C25)，烟草加工业(C3)，非金属矿物制品业(C17)，金属制品业(C20)，纺织服装、鞋、帽制造业(C5)，仪器仪表及文化办公用机械(C26)，有色金属冶炼及压延加工业(C19)，交通运输设备制造业(C23)和食品加工和制造业(C1)。而分割程度下降的行业有木材加工及家具制造业(C7)、塑料制品业(C16)、石油加工及炼焦业(C11)、普通机械制造业(C21)、专用设备制造业(C22)、皮革毛皮羽绒及其制品业(C6)、造纸及纸制品业(C8)、文教体育用品制造业(C10)、电气机械及器材制造业(C24)、纺织业(C4)、木材加工及家具制造业(C9)、黑色金属冶炼及压延加工业(C18)。而根据两类指标显示的结果有个行业的变化方向是相反的，即化学原料及化学制品制造业(C12)。

4.2 基于零部件贸易的中国国际分割生产程度度量

前面基于投入-产出表度量我国制造业国际分割生产程度的方法，在已有的文献中比较常用，但是，它的度量指标中非常关键的变量即中间品进口量的数据由于无法直接获得，所以对中间品进口量进行了假设，即行业进口的中间产品占总中间产品的比例等于行业 k 的总进口/(总产出+进口-出口)，这与各行业中间品实际发生的进口量存在一定的偏差，所以，基于投入-产出方法度量国际分割生产可能在反映我国制造业真实的国际分割生产程度中有一定的局限性。因此，本节将用比较容易获得的零部件贸易数据度量国际分割生产程度。

4.2.1 零部件贸易度量国际分割生产程度的方法

基于零部件贸易数据度量国际分割生产程度的方法，最初是由 Yeats(1998)使用的，此后，这种方法应用得越来越广泛，有些用于度量某些国家或区域的国际分割生产程度(Kaminski and Ng，2001；Gaulier et al.，2005)。还有一些学者则用此方法度量某个产业的国际分割程度(Lall et al.，2004)。用零部件贸易度量国际分割生产的优点是：数据的可获得性和可以观察到与主要贸易国之间的分割生产程度。

这种方法的关键是零部件的确定与识别①。本书参考 Athukorala(2003)的方法，按照 SITC Rev. 3 的分类，用包括在 SITC7 和 SITC8 部门里属于零部件的 225 种五位码分类的产品作为零部件贸易的指标，其中 168 种五位码分类的产品

① 有些文献里把 BEC Rev. 3 中分类代码为 42 的资本货物(运输设备除外)零配件和分类代码为 53 的运输设备零配件作为度量零部件贸易的指标，如 Gaulier 等(2006)。

属于 SITC7 部门，57 种属于 SITC8 部门(见附录 F)。

我们可以构建基于零部件贸易度量制造业国际分割生产的指标如下：

$$\mathrm{FP}_{ij}^{T}=\frac{\mathrm{PC}_{ij}}{T_{ij}},\mathrm{FP}_{ij}^{X}=\frac{\mathrm{PCX}_{ij}}{\mathrm{TX}_{ij}},\mathrm{FP}_{ij}^{M}=\frac{\mathrm{PCM}_{ij}}{\mathrm{TM}_{ij}} \tag{4.18}$$

FP_{ij}^{T}、FP_{ij}^{X}和 FP_{ij}^{M}分别表示从贸易进出口总量、出口和进口的角度度量制造业国际分割生产程度的指标。

其中，i 表示贸易国，j 表示贸易伙伴国，PC_{ij}表示 i 国与 j 国的零部件产品的进出口贸易总额；T_{ij}表示 i 国与 j 国的制造业的进出口贸易总额；PCX_{ij}表示 i 国对 j 国出口的零部件产品贸易总额；TX_{ij}表示 i 国对 j 国出口的制造业贸易总额；PCM_{ij}表示 i 国从 j 国进口的零部件产品贸易总额；TM_{ij}表示 i 国从 j 国进口的制造业贸易总额。

4.2.2 数据选取和来源说明

式(4.18)的指标中所选用的零部件包括附录 E 中所示的 SITC Rev. 3 产品分类的五位码水平的 225 种产品，制造业包括 SITC Rev. 3 按一位码水平分类中的 SITC5 到 SITC8 部门的所有产品。零部件和制造业进口、出口和进出口的数据分别是附录 G 中代表零部件的 225 种产品和 SITC5 到 SITC8 部门所有产品相应进口、出口和进出口数据的加总。

在亚洲、非洲、欧洲、拉丁美洲、北美洲和大洋洲等各洲中，分别选取中国出口最多的代表性国家或地区，其中包括亚洲的 10 个国家或地区，非洲的 3 个国家，欧洲的 8 个国家，拉丁美洲的 2 个国家，北美洲的 2 个国家和大洋洲的 2 个国家共 27 个国家或地区。这 27 个国家或地区的选取是根据 2001～2015 年各年中国对亚洲、非洲、欧洲、拉丁美洲、北美洲和大洋洲等各个国家和地区的出口数据，选取在连续 15 年间中国对各洲国家或地区的出口中出口值最大的代表性国家和地区。亚洲选取了 10 个中国的最大出口国家和地区，中国香港、日本、韩国、新加坡、印度、中国台湾、阿拉伯联合酋长国(简称阿联酋)、马来西亚、印度尼西亚、泰国；非洲选取了 3 个中国的最大出口国，南非、埃及、尼日利亚；欧洲选取了 8 个中国的最大出口国，德国、荷兰、英国、意大利、俄罗斯、法国、西班牙、比利时；拉丁美洲选取了 2 个中国的最大出口国，墨西哥、巴西；北美洲选取了 2 个中国的最大出口国，加拿大、美国；大洋洲选取了 2 个中国的最大出口国，澳大利亚、新西兰(见附录 H)。

以中国与这些各洲代表性国家或地区的零部件与制造业进口、出口和进出口作为研究对象，分析中国制造业对亚洲、非洲、欧洲、拉丁美洲、北美洲和大洋洲等各洲的国际分割生产程度。代表零部件的 225 种产品和代表制造业的 SITC5 到 SITC8 部门所有产品的进口和出口贸易数据都从联合国 COMTRADE 数据库中获得。

4.2.3 基于零部件贸易的我国制造业国际分割生产程度

使用中国对亚洲、非洲、欧洲、拉丁美洲、北美洲和大洋洲的代表性国家或地区及世界的零部件与制造业进口、出口和进出口贸易数据，根据式(4.18)，计算了从进口、出口和进出口的角度度量的我国制造业对各洲和世界的国际分割生产程度(表4.6～表4.8)。

表4.6 中国从世界和各洲进口的零部件占制造业进口的份额 (单位:%)

年份	世界	亚洲	欧洲	北美洲	拉丁美洲	非洲	大洋洲
1997	39.8	38.8	48.9	49.5	28.1	2.9	15.8
1998	41.9	39.3	53.1	51.3	30.3	7.4	17.0
1999	42.7	41.0	49.5	49.6	31.7	1.5	17.7
2000	44.4	43.5	44.9	53.0	57.2	3.6	13.1
2001	46.0	44.9	47.8	55.3	63.3	3.7	15.2
2002	46.9	47.5	45.4	53.0	58.8	1.9	13.6
2003	47.6	48.8	46.5	48.3	41.7	4.1	12.3
2004	48.4	48.5	47.7	51.1	42.9	4.2	14.9
2005	48.5	49.1	45.0	50.1	44.7	2.0	15.8
2006	51.0	50.5	47.4	54.9	50.3	2.1	14.2
2007	49.8	49.4	47.1	50.9	48.1	1.2	17.2
2008	49.0	48.4	46.3	49.0	49.1	2.2	18.5
2009	48.5	48.5	44.5	50.2	36.2	1.3	12.2
2010	48.9	50.4	43.6	48.9	41.4	2.5	16.2
2011	47.8	49.4	43.1	45.1	42.2	1.3	16.4
2012	48.2	48.9	41.3	45.6	42.5	2.3	16.3
2013	50.6	50.1	42.5	52.3	38.2	2.7	13.3
2014	49.5	49.1	43.1	51.1	39.0	2.0	10.5
2015	53.0	53.5	42.9	52.6	46.6	0.8	10.2
平均值	47.5	47.3	45.8	50.6	43.8	2.6	14.8

资料来源：作者根据联合国COMTRADE数据库数据计算而得

表4.7 中国从世界和各洲出口的零部件占制造业出口的份额 (单位:%)

年份	世界	亚洲	欧洲	北美洲	拉丁美洲	非洲	大洋洲
1997	27.7	24.1	29.0	36.3	26.0	23.7	21.4
1998	29.3	26.7	27.9	35.3	35.3	24.3	23.0
1999	31.9	30.2	30.8	37.1	35.6	26.5	22.0

续表

年份	世界	亚洲	欧洲	北美洲	拉丁美洲	非洲	大洋洲
2000	34.1	33.6	33.6	37.9	31.1	27.4	23.4
2001	35.8	35.3	34.2	39.7	35.3	31.8	23.7
2002	36.7	37.9	33.5	38.9	32.7	33.8	24.8
2003	36.0	37.0	33.2	37.6	34.1	36.5	25.0
2004	36.7	37.9	35.5	37.5	35.2	35.6	25.8
2005	36.8	38.8	34.3	36.3	41.1	36.9	25.6
2006	36.9	40.0	33.1	36.5	40.8	35.9	27.9
2007	36.3	39.8	31.5	36.0	40.0	35.8	28.6
2008	36.9	40.7	32.7	35.2	41.3	39.8	28.9
2009	38.5	43.9	34.0	35.1	42.6	37.7	30.5
2010	38.2	43.3	35.8	35.4	39.9	36.3	30.2
2011	37.6	41.6	35.6	36.3	38.7	34.5	30.5
2012	38.7	42.5	35.9	38.3	38.7	33.7	31.6
2013	40.1	46.1	35.6	38.8	40.0	34.3	30.4
2014	39.2	43.8	35.5	40.1	38.9	33.2	30.5
2015	41.2	48.6	37.0	40.6	38.2	32.6	32.3
平均值	36.2	38.5	33.6	37.3	37.1	33.2	27.2

资料来源：根据联合国 COMTRADE 数据库数据计算而得

表 4.8　中国从世界和各洲进出口的零部件占制造业进出口的份额　（单位：%）

年份	世界	亚洲	欧洲	北美洲	拉丁美洲	非洲	大洋洲
1997	32.7	30.1	38.2	40.2	26.4	23.3	20.0
1998	34.5	32.2	38.7	39.8	34.7	24.2	21.6
1999	36.7	35.1	39.1	40.8	34.9	26.4	21.0
2000	38.6	38.1	38.4	42.1	37.5	23.7	20.9
2001	40.4	39.6	40.6	44.4	43.5	27.3	21.5
2002	41.3	42.3	38.9	42.5	40.8	28.4	22.0
2003	41.3	42.7	38.8	40.0	37.2	29.9	21.9
2004	41.9	42.9	40.3	40.5	37.5	28.6	23.5
2005	41.7	43.4	37.9	39.0	42.0	29.9	23.7
2006	42.5	44.5	37.7	40.0	42.6	30.6	25.4
2007	41.5	43.8	36.0	38.9	41.4	30.5	26.7
2008	41.3	43.8	36.7	37.9	42.4	34.5	27.7
2009	42.3	45.8	37.5	38.2	41.3	31.6	27.5

续表

年份	世界	亚洲	欧洲	北美洲	拉丁美洲	非洲	大洋洲
2010	42.3	46.4	38.4	38.2	40.1	30.8	28.4
2011	41.5	44.8	38.1	38.1	39.2	29.1	28.7
2012	42.1	44.9	37.8	39.7	39.2	29.0	29.9
2013	43.9	47.5	38.0	41.8	39.8	28.8	28.5
2014	42.9	45.7	38.3	42.5	38.9	27.3	28.2
2015	45.2	50.3	39.0	43.1	39.5	26.9	30.1
平均值	40.8	42.3	38.3	40.4	38.9	28.5	25.1

资料来源：根据联合国 COMTRADE 数据库数据计算而得

表 4.6 显示了中国从世界和各洲进口的零部件占制造业进口的份额，从中国从世界进口的角度看，我国制造业国际分割生产程度从 1997 年的 39.8%增长到了 2006 年的 51%，此后有所下降，2011 年降到了 47.8%，2012 年又开始上升，2013 年达到了 50.6%，2015 年上升到了 53%，平均国际分割生产为 47.5%，即我国制造业的进口将近有一半是由国际分割生产引起的。中国从亚洲进口的国际分割生产程度也表现了与中国从世界进口度量结果一致的变化趋势，只是前者各年的数值都略低于后者，我国制造业与亚洲的国际分割生产程度从 1997 年的 38.8%增长到了 2006 年的 50.5%，此后呈波动中上升的趋势，2010 年达到了 50.4%，2013 年达到了 50.1%，2015 则高达 53.5%，中国与亚洲的进口的平均分割程度为 47.3%和中国与世界的平均分割程度 47.5%非常接近。中国与欧洲、北美、拉丁美洲、非洲和大洋洲进口的分割生产程度 1997～2015 年都呈波动变化状态，中国与欧洲的进口的平均分割程度为 45.8%，低于中国与世界分割生产的平均值。同期，与北美洲的进口的平均分割程度为 50.6%，高于中国与世界分割生产的平均值。与拉丁美洲的进口的平均分割程度为 43.8%，低于中国与世界分割生产的平均值，与大洋洲和非洲的平均分割生产程度分别为 14.8%和 2.6%，显然，从进口的角度看，中国与北美洲分割生产程度最高，与非洲分割生产程度最低。

表 4.7 报告了中国从世界和各洲出口的零部件占制造业出口的份额。从出口的角度看，中国与世界和各洲的国际分割生产程度总体上都呈上升趋势，如中国与世界的分割程度 1997～2006 呈上升趋势，此后在波动中有所下降，而后又在波动中上升。从出口视角观察我国制造业国际分割生产程度，从 1997 年的 27.7%增长到了 2006 年的 36.9%，波动中上升到 2013 年的 40.1%，2015 年的 41.2%，期间，平均国际分割生产为 36.2%。我国与亚洲的分割程度变化趋势和我国与世界的分割生产程度变化相似，1997～2006 呈上升趋势，此后在波动中有所下降，而后又在波动中上升；从 1997 年的 24.1%增长到了 2006 年的 40%，

波动中上升到 2009 年的 43.9%，2013 年的 46.1%，2015 年的 48.6%，期间，平均国际分割生产为 38.5%，高于中国与世界分割生产的平均值。

中国与欧洲、北美洲、拉丁美洲、非洲和大洋洲的分割生产程度呈波动增加趋势，其中，中国与北美洲、拉丁美洲的平均分割生产程度为 37.3%、37.1%，高于中国与世界的平均分割生产程度，中国与欧洲、非洲和大洋洲的平均分割生产程度为 33.6%、33.2%、27.2%，低于中国与世界的平均分割生产程度。显然，从出口的角度看，中国与各洲的分割生产程度差距不是很大，但是从分割生产程度最高的洲来看，开始的年份里与北美洲的分割生产程度是最高的，2003 年以后与亚洲的分割生产程度不断提高，最终超过北美洲成为我国分割程度最高的洲，与大洋洲的分割生产程度最低。与表 4.6 中进口角度度量的分割生产程度相比，中国出口的分割生产程度偏低，这也说明了中国以进口零部件形式参与国际分割生产较突出。

表 4.8 给出的是 1997～2015 年中国从世界和各洲进出口的零部件占制造业进出口的份额。从进出口总额的角度看，在观察期内中国与世界、亚洲、拉丁美洲、非洲和大洋洲的国际分割生产程度都呈上升趋势。与世界的分割程度从 1997 年的 32.7%持续上升到 2006 年的 42.5%，波动中 2013 年上升到 43.9%，2015 年为 45.2%，平均分割生产程度为 40.8%。而从变化趋势看，中国与亚洲的分割生产程度增长最显著，从 1997 年的 30.1%增长到 2006 年的 44.5%，而后两年有少许下降，但 2009 年又达到了 45.8%，2013 年上升到了 47.5%，2015 年达到最高值 50.3%，平均分割生产程度为 42.3%，高于与世界的平均分割生产水平，这也表明中国越来越融入亚洲国际分割生产体系中了。而中国与欧洲、北美洲的国际分割生产程度波动起伏中上升，中国与北美洲的分割生产程度在 1997 年就处于 40.2%这样比各洲都高的水平，到 2007 年都在 40%的范围内波动，到 2008 年下降较多为 37.9%，而后又逐步上升，于 2013 年上升至 41.8%，2015 年达到最高值 43.1%，平均分割生产的程度达到了 40.4%，接近世界水平。中国与欧洲、拉丁美洲的平均分割生产程度为 38.3%、38.9%，略低于中国与世界分割生产的平均值；而中国与非洲、大洋洲的分割生产程度整体上都在增长，但是平均水平分别为 28.5%、25.1%，远低于中国与世界分割生产程度的平均值。

以上内容分别从进口、出口和进出口的角度度量了我国制造业的国际分割生产程度。从进出口的角度看，中国与亚洲、北美洲的分割生产程度最高，其次是与拉丁美洲、欧洲的分割程度，中国与这四者的分割生产程度差距不是很大，但是中国与非洲、大洋洲的分割生产程度则较低，与前面四者存在较大的差距。从进口的角度看，中国与北美洲、亚洲的分割程度最高，中国与欧洲、拉丁美洲的分割生产程度次之，这四者的差距不是特别大，但是中国与非洲、大洋洲的分割生产程度则远远低于前面四者，差距特别大。从出口的角度看，也是中国与亚洲的分割生产程度最高，其次是中国与拉丁美洲、北美洲的分割生产程度，然后是中国与欧洲、非洲的分割生产程度，最后是大洋洲的分割生产程度，六者之间的差距不是很大。从中也可以看出，中国制造业参与国际分割生产程度的特点：总体上是通过大量进口中间品进口，加工或装配后再出口。当然，与各洲分割生产的特点也不同，中国与亚洲、欧洲、北美洲和拉丁美洲的分割生产的方式比起出口零部件更多依赖于进口零部件的方式，而中国与非洲、大洋洲的分割生产的方式比起进口零部件更多依赖于出口零部件的方式。

4.3 基于加工贸易的中国国际分割生产程度度量

4.1 节用投入−产出方法度量了中国制造业的国际分割生产程度，4.2 节基于零部件贸易数据度量了我国制造业的国际分割生产程度，下文将基于加工贸易数据度量我国制造业的国际分割生产程度。

4.3.1 基于加工贸易数据的国际分割生产程度度量方法

加工贸易是利用国外零部件和其他资源在本国进行加工、制造、装配，然后将产品销往国外而发生的贸易。加工贸易是国际分割生产的基本形态之一，也是我国参与国际分割生产的主要方式。基于加工贸易数据度量国际分割生产程度的方法也应用于许多文献中（Yeats，1998；Görg，2000；Baldone et al.，2001，2007；Helg and Tajoli，2005）。

参照 Balassa 显性比较优势指数和 Baldone 等（2007）[①]的方法，可以构造度量我国制造业各行业国际分割生产倾向的指标如下：

$$\mathrm{RFP}_{ij}^{T}=\frac{\mathrm{PT}_{jt}/T_{jt}}{\mathrm{PT}_{t}/T_{t}},\mathrm{RFP}_{ij}^{X}=\frac{\mathrm{PTX}_{jt}/\mathrm{TX}_{jt}}{\mathrm{PTX}_{t}/\mathrm{TX}_{t}},\mathrm{RFP}_{ij}^{M}=\frac{\mathrm{PTM}_{jt}/\mathrm{TM}_{jt}}{\mathrm{PTM}_{t}/\mathrm{TM}_{t}} \tag{4.19}$$

其中，RFP_{ij}^{T}、RFP_{ij}^{X}和 FP_{ij}^{M}分别表示从贸易进出口总量、出口和进口的角度度量制造业国际分割生产倾向的指标；i 表示贸易国，j 表示行业，PT_{jt}和 PT_{t} 分别表示第 t 年 j 行业的加工贸易进出口总额和我国制造业的加工贸易进出口总额，T_{jt}和 T_{t} 分别表示第 t 年 j 行业的进出口总额和我国制造业的进出口总额；PTM_{jt}、PTX_{jt}、PTM_{t} 和 PTX_{t} 分别表示第 t 年 j 行业的加工贸易进口、出口额和我国制造业的加工贸易进口、出口额；MT_{jt}、XT_{jt}、MT_{t} 和 XT_{t} 分别表示第 t 年 j 行业的进口、出口额和我国制造业的进口、出口额。

---

① Baldone 等（2007）用欧盟成员国和整个欧盟的国家层面的最终产品贸易和总贸易构造类似于 Balassa 显性比较优势指数的指标，度量各欧盟成员国的国际分割生产倾向，而本书则基于此构造了行业层面的度量国际分割生产倾向的指标。

4.3.2　数据选取和来源说明

式(4.19)的指标中涉及的数据，即我国加工贸易进出口和制造业进出口数据可以从国研网数据库中获得，但是国研网数据库中有关贸易的数据是按照 HS 编码分类的数据，没有按照国民经济行业分类的数据，因此本书参考盛斌(2002)的方法，把 HS 编码四位码的相关商品贸易数据集结到书中所选取的 26 个制造业行业中，这样就可得到这些行业的加工贸易和贸易数据，加工贸易包括来料加工装配贸易、进料加工贸易、出料加工贸易和外商投资企业作为投资进口的设备、物品，国研网中可获得的我国 HS 编码四位码数据的时间跨度为 2001～2008 年①。

4.3.3　基于加工贸易的我国制造业国际分割生产程度

使用中国 26 个制造业行业出口、进口和进出口贸易数据及加工贸易出口、进口和进出口总额数据，根据式(4.19)，计算了从出口、进口和进出口的角度度量的我国制造业的国际分割生产程度(表 4.9～表 4.11)。

表 4.9　基于加工贸易出口度量的我国制造业国际分割生产倾向

年份＼行业	C1	C2	C3	C4	C5	C6	C7	C8	C9	C10	C11	C12	C13
2001	0.52	0.18	0.01	0.58	0.91	0.97	0.82	0.93	1.54	1.26	0.31	0.40	0.37
2002	0.54	0.15	0.09	0.51	0.81	0.87	0.78	0.91	1.45	1.25	0.34	0.40	0.34
2003	0.52	0.17	0.12	0.47	0.73	0.79	0.76	1.00	1.53	1.22	0.32	0.40	0.35
2004	0.54	0.13	0.05	0.43	0.63	0.69	0.65	1.01	1.35	1.09	0.40	0.38	0.34
2005	0.59	0.14	0.03	0.43	0.60	0.68	0.67	1.07	1.39	1.21	0.60	0.43	0.37
2006	0.59	0.12	0.05	0.39	0.56	0.76	0.64	1.09	1.35	1.24	0.73	0.45	0.45
2007	0.56	0.13	0.03	0.35	0.56	0.64	0.53	1.09	1.21	1.18	0.70	0.44	0.45
2008	0.52	0.13	0.02	0.64	0.51	0.60	0.50	1.09	0.96	1.05	0.46	0.45	0.38

年份＼行业	C14	C15	C16	C17	C18	C19	C20	C21	C22	C23	C24	C25	C26
2001	0.74	1.48	1.22	0.81	0.46	0.72	0.64	0.67	0.75	1.10	1.23	1.62	1.43
2002	0.57	1.45	1.14	0.40	0.44	0.90	0.95	0.65	0.71	1.08	1.31	1.60	1.37
2003	0.41	1.49	1.10	0.39	0.38	0.98	0.58	0.64	0.67	1.12	1.22	1.65	1.41
2004	0.38	1.39	0.95	0.35	0.23	0.88	1.01	0.86	0.63	1.96	1.12	1.53	1.31
2005	0.38	1.51	0.96	0.34	0.35	0.85	0.41	0.70	0.65	0.99	1.20	1.65	1.52
2006	0.39	1.53	0.94	0.35	0.14	0.67	0.38	0.87	0.67	0.98	1.21	1.67	1.51

① 由于国研网中提供我国 HS 编码四位码的加工贸易和贸易数据，可获得的是 2001～2008 年时间跨度的数据，囿于数据的可获得性，所以本节基于加工贸易数据度量我国制造业国际分割生产程度就只使用了 2001～2008 年的样本。

续表

行业/年份	C14	C15	C16	C17	C18	C19	C20	C21	C22	C23	C24	C25	C26
2007	0.45	1.53	0.97	0.31	0.14	0.39	0.35	0.84	1.00	1.93	1.15	1.61	1.49
2008	0.52	1.61	0.94	0.29	0.11	0.42	0.31	0.91	0.90	1.98	1.12	1.60	1.62

注：行业代码和行业分类见附录C
资料来源：作者根据国研网数据库数据计算而得

表4.10 基于加工贸易进口度量的我国制造业国际分割生产倾向

行业/年份	C1	C2	C3	C4	C5	C6	C7	C8	C9	C10	C11	C12	C13
2001	0.60	0.04	0.43	1.98	1.86	1.96	1.01	0.80	0.60	1.67	0.05	0.82	0.01
2002	0.47	0.04	0.11	1.86	1.67	1.82	1.06	0.78	0.64	1.50	0.05	0.78	0.06
2003	0.43	0.03	0.33	1.94	1.65	1.86	1.07	0.77	0.73	1.58	0.06	0.76	0.03
2004	0.38	0.03	0.25	1.77	1.41	1.69	0.97	0.68	0.61	1.26	0.06	0.65	0.03
2005	0.47	0.04	0.23	1.71	1.17	1.61	0.92	0.65	0.56	1.29	0.04	0.64	0.03
2006	0.46	0.03	0.14	1.72	1.09	1.62	0.84	0.63	0.49	1.34	0.04	0.67	0.05
2007	0.36	0.01	0.24	1.79	0.96	1.62	0.76	0.62	0.63	1.56	0.06	0.73	0.05
2008	0.25	0.01	0.54	2.71	0.75	1.52	0.62	0.56	0.60	1.31	0.04	0.73	0.03

行业/年份	C14	C15	C16	C17	C18	C19	C20	C21	C22	C23	C24	C25	C26
2001	1.76	0.94	1.54	2.39	0.16	0.99	1.07	0.96	0.95	0.08	1.38	1.11	1.09
2002	1.55	0.80	1.21	1.10	0.73	0.97	1.13	0.77	0.89	0.08	1.34	1.22	1.19
2003	1.30	0.61	1.19	1.09	0.57	0.91	0.90	0.84	0.85	0.06	1.33	1.30	1.38
2004	1.42	0.58	1.06	1.10	0.66	0.86	2.07	0.84	0.88	0.13	1.25	1.33	1.36
2005	1.37	0.66	1.05	1.20	0.66	0.82	0.78	0.79	0.80	0.07	1.27	1.33	1.43
2006	1.44	0.54	1.01	1.24	0.88	0.93	0.76	0.75	0.79	0.05	1.25	1.32	1.39
2007	1.53	0.56	1.00	1.28	0.92	0.84	0.80	0.74	0.80	0.13	1.30	1.27	1.47
2008	1.52	0.51	0.90	1.25	0.90	0.93	0.74	0.73	0.83	0.13	1.28	1.31	1.59

注：行业代码和行业分类见附录C
资料来源：作者根据国研网数据库数据计算而得

表4.11 基于加工贸易进出口度量的我国制造业国际分割生产倾向

行业/年份	C1	C2	C3	C4	C5	C6	C7	C8	C9	C10	C11	C12	C13
2001	0.56	0.17	0.06	0.90	1.01	1.14	0.89	0.77	1.18	1.37	0.18	0.65	0.17
2002	0.53	0.14	0.09	0.79	0.88	1.02	0.86	0.77	1.20	1.32	0.19	0.64	0.18
2003	0.49	0.16	0.15	0.74	0.80	0.95	0.85	0.78	1.32	1.31	0.18	0.63	0.17
2004	0.48	0.12	0.09	0.66	0.70	0.84	0.73	0.71	1.19	1.17	0.22	0.54	0.17
2005	0.55	0.12	0.07	0.62	0.63	0.78	0.71	0.74	1.19	1.24	0.30	0.56	0.18
2006	0.54	0.09	0.07	0.55	0.58	0.87	0.67	0.76	1.13	1.26	0.30	0.59	0.21
2007	0.48	0.09	0.06	0.50	0.59	0.76	0.57	0.75	1.10	1.25	0.33	0.60	0.20
2008	0.40	0.08	0.13	0.84	0.53	0.70	0.52	0.70	0.88	1.09	0.21	0.61	0.16

续表

年份＼行业	C14	C15	C16	C17	C18	C19	C20	C21	C22	C23	C24	C25	C26
2001	1.27	1.37	1.34	1.24	0.21	0.86	0.75	0.82	0.85	0.62	1.30	1.37	1.23
2002	1.08	1.29	1.18	0.58	0.65	0.92	1.02	0.71	0.82	0.58	1.33	1.42	1.24
2003	0.83	1.22	1.14	0.57	0.51	0.90	0.67	0.74	0.77	0.59	1.27	1.50	1.35
2004	0.81	1.17	1.00	0.53	0.48	0.84	1.26	0.83	0.78	1.15	1.18	1.46	1.30
2005	0.77	1.31	0.99	0.52	0.53	0.82	0.49	0.74	0.74	0.63	1.23	1.52	1.44
2006	0.76	1.26	0.96	0.52	0.45	0.83	0.46	0.81	0.73	0.58	1.23	1.53	1.42
2007	0.78	1.31	0.98	0.49	0.40	0.69	0.43	0.78	0.91	1.28	1.21	1.48	1.43
2008	0.79	1.33	0.93	0.45	0.35	0.76	0.39	0.83	0.87	1.35	1.18	1.49	1.57

注：行业代码和行业分类见附录 C
资料来源：作者根据国研网数据库数据计算而得

表 4.9 显示了从加工贸易的出口度量的我国制造业各行业 2001～2008 年的国际分割生产倾向，从平均水平看，其中分割倾向最高的是 C25(通信设备、计算机及其他电子设备制造业)，此外，分割生产倾向高于 1 的有 C8(造纸及纸制品业)、C9(印刷业记录媒介的复制)、C10(文教体育用品制造业)、C15(橡胶制品业)、C16(塑料制品业)、C23(交通运输设备制造业)、C24(电气机械及器材制造业)和 C26(仪器仪表及文化办公用机械)。分割生产倾向较低的有 C2(饮料制造业)、C3(烟草加工业)、C17(非金属矿物制品业)、C18(黑色金属冶炼及压延加工业)、C12(化学原料及化学制品制造业)和 C13(医药制造业)。

表 4.10 显示了从加工贸易的进口度量的我国制造业各行业 2001～2008 年的国际分割生产倾向，其中分割倾向最高的是 C6(皮革毛皮羽绒及其制品业)，分割生产倾向高于 1 的还有 C4(纺织业)、C5(纺织服装、鞋、帽制造业)、C10(文教体育用品制造业)、C14(化学纤维制造业)、C16(塑料制品业)、C17(非金属矿物制品业)、C24(电气机械及器材制造业)、C25(通信设备、计算机及其他电子设备制造业)和 C26(仪器仪表及文化办公用机械)。分割生产倾向较低的有 C2(饮料制造业)、C3(烟草加工业)、C11(石油加工及炼焦业)、C13(医药制造业)和 C23(交通运输设备制造业)。

表 4.11 显示了从加工贸易的进出口总额度量的我国制造业各行业 2001～2008 年的国际分割生产倾向，其中分割倾向最高的是 C25(通信设备、计算机及其他电子设备制造业)，此外，分割生产倾向高于 1 的还有 C9(印刷业记录媒介的复制)、C10(文教体育用品制造业)、C15(橡胶制品业)、C16(塑料制品业)、C24(电气机械及器材制造业)和 C26(仪器仪表及文化办公用机械)。分割生产倾向较低的有 C2(饮料制造业)、C3(烟草加工业)、C11(石油加工及炼焦业)和 C13(医药制造业)。

显然，从加工贸易进出口总额度量的国际分割生产表现了我国制造业参与国际分割生产的一个总体情况，而从出口和进口度量我国制造业各行业的国际分割生产倾向时，所显示的分割生产倾向较强的行业是不同的，这也说明有些行业主要是通过加工贸易的出口参与国家分割生产，如C8、C9、C15、C23，而有些行业主要是通过进口参与国家分割生产，如C6、C4、C5、C14、C17、。另外一些行业进口和出口方式的参与都比较突出，如C10、C16、C24、C25和C26。

4.4 小　　结

本章根据国际分割生产相关经验研究文献中，通常使用的三类不同的度量国际分割生产程度的方法构建了三类度量我国制造业分行业水平国际分割生产程度的指标一是基于投入一产出方法的度量指标；二是基于零部件贸易数据的度量指标；三是基于加工贸易数据的度量指标。并用这三种指标对我国制造业国际分割生产程度进行度量。第一种和第三种能够体现我国制造业参与国际分割生产的行业特征，而第二种方法能够体现我国制造业参与国际分割生产的地域特征。研究结果如下。

一是基于投入一产出方法的度量结果表明，我国制造业国际分割程度较高的6个行业为仪器仪表及文化办公用机械(C26)，通信设备、计算机及其他电子设备制造业(C25)，专用设备制造业(C22)，化学原料及化学制品制造业(C12)，电气机械及器材制造业(C24)和普通机械制造业(C21)。国际分割程度较低的3个行业为非金属矿物制品业(C17)、饮料制造业(C2)和烟草加工业(C3)。

二是基于零部件贸易数据的度量结果表明，1997～2015年中国制造业国际分割生产程度在不断提高。从进出口的角度看，中国与亚洲、北美洲的分割生产程度最高，其次是与拉丁美洲、欧洲的分割程度，中国与这四者的分割生产程度差距不是很大，但是中国与非洲、大洋洲的分割生产程度则较低，与前面四者存在较大的差距。从进口的角度看，中国与北美洲、亚洲的分割程度最高，中国与欧洲、拉丁美洲的分割生产程度次之，这四者的差距不是特别大，但是中国与非洲、大洋洲的分割生产程度则远远低于前面四者，差距特别大。从出口的角度看，也是中国与亚洲的分割生产程度最高，其次是中国与北美洲、拉丁美洲的分割生产程度，然后是中国与欧洲、非洲的分割生产程度，最后是大洋洲的分割生产程度，六者之间的差距不是很大。从中也可以看出，中国制造业参与国际分割生产程度的特点：总体上是通过大量进口中间品进口，加工或装配后再出口。当然，与各洲分割生产的特点也不同，中国与亚洲、欧洲、北美洲和拉丁美洲的分割生产的方式比起出口零部件更多依赖于进口零部件的方式，而中国与非洲、大洋洲的分割生产的方式比起进口零部件更多依赖于出口零部件的方式。

三是基于加工贸易数据的度量结果表明，从进出口总体看，中国制造业各行业分割倾向高于1的7个行业为：C25(通信设备、计算机及其他电子设备制造业)、C9(印刷业记录媒介的复制)、C10(文教体育用品制造业)、C15(橡胶制品业)、C16(塑料制品业)、C24(电气机械及器材制造业)和 C26(仪器仪表及文化办公用机械)。分割生产倾向较低的 7 个行业为：C1(食品加工和制造业)、C2(饮料制造业)、C3(烟草加工业)、C11(石油加工及炼焦业)、C12(化学原料及化学制品制造业)、C13(医药制造业)和 C18(黑色金属冶炼及压延加工业)。有些行业主要是通过加工贸易的出口参与国家分割生产，如 C8(造纸及纸制品业)、C9(印刷业记录媒介的复制)、C15(橡胶制品业)、C23(交通运输设备制造业)。而有些行业主要是通过进口参与国家分割生产，如 C6(皮革毛皮羽绒及其制品业)、C4(纺织业)、C5(纺织服装、鞋、帽制造业)、C14(化学纤维制造业)、C17(非金属矿物制品业)。另外一些行业进口和出口方式的参与都比较突出，如 C10(文教体育用品制造业)、C16(塑料制品业)、C24(电气机械及器材制造业)、C25(通信设备、计算机及其他电子设备制造业)和 C26(仪器仪表及文化办公用机械)。

四是第一种和第三种方法度量我国制造业国际分割生产程度所体现的的行业特征存在一些差别，在度量结果中国际分割程度较高和较低的行业中只有 5 个是一致的，分别为 C25、C24、C26、C2、C3。结果存在差异的原因主要有以下两个：一方面，基于投入—产出的度量方法是以进口中间投入品的视角进行的，强调我国制造业的产出或出口中的国外投入贡献，而基于加工贸易数据的度量方法，从加工贸易进出口总体视角进行分析，同时从进口和出口两方面考察我国制造业参与国际分割生产的情况；另一方面，基于投入—产出表的度量方法，在已有的文献中比较常用，但是，它的度量指标中非常关键的变量即中间品进口量的数据由于无法直接获得，所以对中间品进口量进行了假设，即中间产品中进口与国内生产的比例等于最终产品中进口和国内生产的比例，这与各行业中间品进口的实际情况存在一定的偏差，所以，用基于投入—产出的方法度量国际分割生产可能在反映我国制造业真实的国际分割生产程度上有一定的局限性。因此，比较这两种方法，本书认为基于加工贸易数据的度量方法更能在总体上表现我国制造业参与国际分割生产的状况。

五是这三种方法从行业特征、地域特征等方面表现了我国国际分割生产程度，但每种方法都有其优点和不足之处。第一种方法的优点是基于投入—产出表，考虑了各产业(部门)之间的投入产出关系，但是这种方法中的关键数据即中间品的数据无法直接获得，研究中关于中间品的假设与实际情况有一定的偏差。第二种方法用零部件贸易度量国际分割生产的优点是数据可获得和可以观察到贸易的流向，从而可以比较与主要贸易国之间的分割生产程度。但是这种方法存在的难点是，对产品分类的依赖性，即零部件与最终产品的确定。第三种基于加工贸易数据的度量方法的优点是数据的可获得性和可以从加工贸易的进口及出口两个角度比较全面地表现我国制造业参与国际分割生产的状况，不足之处是不能体现产业间的投入产出关系。

第 5 章　国际分割生产与中国制造业出口比较优势

传统国际贸易理论中，最终产品生产的各个阶段都是在同一个国家完成的，各国间贸易的产品都是最终产品，这与现实中的国际分割生产现象是不一致的。Baldone 等(2007)认为传统的国际贸易理论模型预测与经验研究之间存在差异的一个重要原因是：中间投入品和零部件贸易在总产品贸易中占了很大的份额，但是传统贸易理论模型却把它忽略了，也就是说把国际分割生产现象忽略了。而观察当今的世界经济现实，我们可以看到，原来所有生产过程都在同一个国家完成的生产活动，现在已经被分割成几个生产区段，并被配置到不同国家进行国际分割生产。考虑了国际分割生产，那么，传统贸易模型中一国的经济特征与一国专业化生产某种最终产品之间的一一对应关系可能就不再存在，因为每个国家可能根据本国的要素禀赋专业化于分割生产过程中的某些区段，如劳动密集型区段、资本密集新型区段或技术密集型区段，而不再专业化于整个最终产品的生产。因此，由于国际分割生产的存在，一国最终产品的生产过程中使用了进口的中间投入品和零部件，即一国的最终产品中包含其他国家的要素含量和贡献。如果该国是从外国进口了技术含量较高的中间品和零部件，经过加工或组装后出口，则此时该国会表现出在高技术含量行业的出口比较优势增强，出口结构明显升级。显然，国际分割生产影响了该国的出口比较优势和出口结构，但是，现有的文献包括对中国的出口比较优势和出口结构的研究，都没有考虑国际分割生产对其影响①。所以，本章将首先在李嘉图模型的框架下，对比分析考虑国际分割生产和不考虑国际分割生产条件下，一国出口比较优势和出口结构的变化；其次利用我国制造业的出口数据，分析考虑和不考虑国际分割生产时我国制造业的出口比较优势和出口结构有何不同。

5.1　国际分割生产条件下的出口比较优势和出口结构

假设两个国家 A 和 B，用唯一的生产要素劳动力 L，生产两种最终产品 X 和 Y。用 a_k^i(其中，$k=X$ 或 Y，$i=A$ 或 B)表示 i 国生产一单位产品 k 所需要的劳动力的单位数。假如：

---

① 见傅朝阳(2005)、魏浩等(2005)、鲁晓东和李荣林(2007)等的研究。

$$\frac{a_X^A}{a_Y^A} < \frac{a_X^B}{a_Y^B} \tag{5.1}$$

式(5.1)说明 A 国生产产品 X 的劳动成本与生产 Y 的劳动成本的比值比 B 国的相应比值低，即 A 国在生产 X 上具有比较优势，B 国在生产 Y 上具有比较优势。如果市场是完全竞争的，且不考虑贸易壁垒(包括关税和运输成本等)，则 A 国将出口 X 产品，B 国出口 Y 产品，各国根据其比较优势在各行业间配置资源，出口其具有比较优势的产品，并从中获益。由此可见，不考虑或不存在国际分割生产时，A 国在生产 X 上具有比较优势，将出口 X 产品，而 B 国在生产 Y 上具有比较优势，将出口 Y 产品。

假设 Y 产品的生产是不可分割的，即是一个单一阶段的生产过程，假设 X 产品的生产可以分割成 $m(m=1, \cdots, n)$ 个连续的生产阶段，每个生产阶段都对最终产品 X 的价值增值做出贡献。参照 Deardorff(2001b)的方法，假定产品 X 的每个生产阶段生产的部分为 Z_{X_m}，每个生产阶段需要的劳动力单位数为 a_{X_m}。生产每单位产品 X 的过程中每个生产阶段生产的中间品 Z_{X_m}，同时 Z_{X_m} 也是下一阶段生产一单位的 Z_{X_m+1} 的中间投入品。最后一个阶段生产一单位的产品 X，即 $Z_{X_n}=X$，即每单位中间品 Z_{X_m} 的生产，除了需要劳动力 a_{X_m} 的投入以外，还需要一单位前一个阶段中间品 Z_{X_m-1} 的投入(第一阶段是基本原料的投入)。当然，一般来说，不是所有的生产阶段都可以分割到国外去，有些中间品可能是不可贸易的，但是鉴于本书是分析国际分割生产，考虑不可贸易的部分没有意义，而且不可跨国分割的部分可以与邻近的可以跨国分割的阶段合并为一个生产阶段，所以，我们现在考虑的都是可以跨国分割的生产阶段。

对于产品 X 的第 m 个生产阶段的产出 Z_{X_m}，A、B 两国的相对劳动成本(即比较成本)可以定义为

$$A(X_m) = \frac{a_{X_m}^A}{a_{X_m}^B} \tag{5.2}$$

其中 $m=1, \cdots, n$，假设 $A(X_1) \geqslant A(X_m) \geqslant A(X_n)$(或者通过重新排序可满足此式)，$A'(X_m)<0$，也就是说，两国生产 Z_{X_m} 的比较优势可以按照国家 A 单调递增(国家 B 单调递减)的比较优势排序，即

$$\frac{a_{X_1}^A}{a_{X_1}^B} > \frac{a_{X_2}^A}{a_{X_2}^B} > \frac{a_{X_3}^A}{a_{X_3}^B} > \cdots > \frac{a_{X_m}^A}{a_{X_m}^B} > \cdots > \frac{a_{X_n}^A}{a_{X_n}^B} \tag{5.3}$$

给定 A、B 两国的工资水平为 ω_A 和 ω_B，两国各生产阶段的生产成本和各阶段产出(中间品)的价格为

$$P_{X_1}^A = \omega_A a_{X_1}^A, P_{X_1}^B = \omega_B a_{X_1}^B$$
$$P_{X_2}^A = \omega_A a_{X_2}^A, P_{X_2}^B = \omega_B a_{X_2}^B$$
$$\cdots\cdots$$
$$P_{X_m}^A = \omega_A a_{X_m}^A, P_{X_m}^B = \omega_B a_{X_m}^B$$

……

$$P_{X_n}^{A} = \omega_A a_{X_n}^{A}, P_{X_n}^{B} = \omega_B a_{X_n}^{B} \tag{5.4}$$

在自由贸易、不考虑运输成本和市场完全竞争条件下，每个阶段的产品将以最低成本出售。因此，如果有 $\omega_A a_{X_m}^{A} = P_{X_m}^{A} < P_{X_m}^{B} = \omega_B a_{X_m}^{B}$，则国家 B 将以价格 $P_{X_m}^{A}$ 从国家 A 进口 Z_{X_m}，而 B 国内部不再进行此生产阶段的生产，A 国成为此阶段产品的出口者。

定义 $\omega = \frac{\omega_B}{\omega_A}$，对于某一生产阶段的产品 Z_{X_m}，如果有 $P_{X_m}^{A} \leqslant P_{X_m}^{B}$，或者有

$$\omega_A a_{X_m}^{A} \leqslant \omega_B a_{X_m}^{B} \tag{5.5}$$

则有 $A(X_m) = \frac{a_{X_m}^{A}}{a_{X_m}^{B}} \leqslant \omega$，那么 A 国将以比 B 国低的价格生产中间产品 Z_{X_m}，B 国将不会出口中间产品 Z_{X_m}。反之，如果 $A(X_m) = \frac{a_{X_m}^{A}}{a_{X_m}^{B}} \geqslant \omega$，则 B 国将以比 A 国低的价格生产产品 Z_{X_m}，A 国将不会出口产品 Z_{X_m}。结合式(5.3)，如果如下关系成立：

$$A(X_1) = \frac{a_{X_1}^{A}}{a_{X_1}^{B}} \leqslant \omega \tag{5.6}$$

则 A 国将以比 B 国低的价格生产所有生产阶段的产品，B 国将不会出口任何生产阶段的产品，即没有中间品国际贸易的空间。

同样，如果有

$$A(X_n) = \frac{a_{X_n}^{A}}{a_{X_n}^{B}} \geqslant \omega \tag{5.7}$$

则 B 国将以比 A 国低的价格生产所有生产阶段的产品，A 国将不会出口任何生产阶段的产品，也没有中间品国际贸易的空间。

由此可见，国际贸易发生的条件是 ω 必须处于式(5.3)两个极端的比较成本之间，即

$$\frac{a_{X_1}^{A}}{a_{X_1}^{B}} > \omega > \frac{a_{X_n}^{A}}{a_{X_n}^{B}} \tag{5.8}$$

可以用以上类似的方法证明，A 国将生产比较成本低于 ω 的所有生产阶段的中间产品并出口，而那些比较成本高于 ω 的所有生产阶段的中间产品将由 B 国生产并出口。

对于不可分割的产品 Y，若 $a_Y^A / a_Y^B < \omega$，则 A 国将生产 Y 产品并出口；若 $a_Y^A / a_Y^B > \omega$，则 B 国将生产 Y 产品并出口；当 $a_Y^A / a_Y^B = \omega$ 时，一般地，这种产品在两国都生产，并且不再发生国际贸易。

假设两国之间存在贸易壁垒，即存在关税和运输成本，且 A、B 两国分别对所有进口的商品征收 T_A 和 T_B 的关税，贸易成本是冰上成本类型，即需要从国

外进口 $\tau(m)>1$ 单位的第 m 个阶段的产品，以保证国内获得 1 单位的这阶段的产品，$\tau^A(m)$和 $\tau^B(m)$分别表示 A、B 两国 X 产品第 m 个生产阶段的贸易成本。国家 A 从国家 B 进口的第 m 个阶段中间品的价格，国家 B 从国家 A 进口的第 m 个阶段中间品的价格分别为

$$(1+T_A)\tau^A(m)P_{X_m}^B = (1+T_A)\tau^A(m)\omega_B a_{X_m}^B$$
$$(1+T_B)\tau^B(m)P_{X_m}^A = (1+T_B)\tau^B(m)\omega_A a_{X_m}^A \tag{5.9}$$

如果如下关系成立，则第 m 个生产阶段将由 B 国生产，A 国从 B 国进口此生产阶段生产的中间产品：

$$(1+T_A)\tau^A(m)P_{X_m}^B = (1+T_A)\tau^A(m)\omega_B a_{X_m}^B < P_{X_m}^A = \omega_A a_{X_m}^A$$
$$\text{即}(1+T_A)\tau^A(m)\omega < \frac{a_{X_m}^A}{a_{X_m}^B} = A(X_m) \tag{5.10}$$

显然，在相反的不等式成立的情况下，第 m 个生产阶段将由 A 国生产，A 国不再从 B 国进口此生产阶段生产的中间产品。

类似地，如果如下关系成立，则第 m 个生产阶段将由 A 国生产，B 国从 A 国进口此生产阶段生产的中间产品：

$$(1+T_B)\tau^B(m)P_{X_m}^A = (1+T_B)\tau^B(m)\omega_A a_{X_m}^A < P_{X_m}^B = \omega_B a_{X_m}^B$$
$$\text{即 } A(X_m) = \frac{a_{X_m}^A}{a_{X_m}^B} < \frac{\omega}{(1+T_B)\tau^B(m)} \tag{5.11}$$

当相反的不等式成立的情况下，第 m 个生产阶段将由 B 国生产，B 国不再从 A 国进口此生产阶段生产的中间产品。

因为 $\frac{\omega}{(1+T_B)\tau^B(m)} < (1+T_A)\tau^A(m)\omega$，因此，对于比较成本 $A(X_m)$满足下列式子的第 m 个生产阶段，此阶段对应的中间产品将不参与贸易：

$$\frac{\omega}{(1+T_B)\tau^B(m)} < A(X_m) < (1+T_A)\tau^A(m)\omega \tag{5.12}$$

显然，由于关税和贸易成本的出现，会产生一定区间内的非贸易的生产阶段，即介于式(5.12)的区间内，这也意味着有些生产阶段由于受关税和贸易成本的影响，不再进行跨国分割，也不会发生国际贸易。由于我们分析重点是国际分割生产，可以将不可跨国分割的部分与其邻近的可以跨国分割的阶段合并为一个生产阶段。所以，即使考虑关税和贸易成本，我们在前面的分析方法和思路同样适用。

从以上的分析可知，当没有考虑国际分割生产的时候，A 国在生产 X 产品上具有比较优势，B 国在生产 Y 产品上具有比较优势，即 A 国将会出口 X 产品，B 国将会出口 Y 产品。假定 Y 的生产不可分割而 X 的生产可以分割成 m 阶段后，X 的生产被分割到 A、B 两国，A 国和 B 国按照各自的比较优势完成产品 X 的某些生产阶段，通过中间品贸易和国外中间品的投入，最终完成产品 X 的生产。

此时，有可能 X 的最后一个生产阶段 $Z_{X_n}(Z_{X_n}=X)$ 在 B 国进行，从而使得 B 国也能出口 X 产品，即 B 国的出口结构也发生了变化，与此同时，B 国的出口中也可能包含 A 国的投入。即使 X 的最后一个生产阶段在 A 国进行，A 国出口的最终产品 X 也不能够全面和准确地体现 A 国的比较优势，因为 X 的生产过程中既有 B 国的中间品的投入，也有 A 国的价值增值过程，所以，在国际分割生产条件下必须区分一国出口比较优势和出口结构中国内和国外含量，才能真实地反映一国的出口比较优势和出口结构。

5.2 国际分割生产条件下中国制造业出口比较优势

在已有的文献中，通常用 Balassa 显性比较优势(revealed comparative advantage，RCA)指数来反映一个国家或地区某一产业的比较优势。但是度量 RCA 时用的是整体贸易的数据，并没有把最终贸易和加工贸易进行区分(Baldone et al.，2007)。加工贸易是一国参与国际分割生产的主要方式，从前面的分析已知，由于国际分割生产的存在，一国的总体出口不仅包含本国的价值增值，也包含其他国家要素的贡献，如果使用总产品出口数据测算 RCA，即使一国只是对某一产品进行了组装，但是测算出的 RCA 会显示这一国家能够出口这一产品且在这一产品拥有比较优势。因此，必须区分最终贸易和参与国际分割生产的贸易，从而真实地反映一国的比较优势。

5.2.1 比较优势测度指标：RCA

RCA 是美国经济学家 Balassa 提出的测算国际贸易比较优势的一种方法，Balassa 最初是用某类出口产品在一国出口中所占比重与该类产品出口占世界总出口的比重之比作为显性比较优势指数度量一国产品的比较优势，其比较优势的测算公式如下：

$$\mathrm{RCA}_{ij}=\frac{X_{ij}/X_{it}}{X_{wj}/X_{wt}} \tag{5.13}$$

其中，RCA_{ij} 表示 i 国第 j 种商品的显性比较优势指数；X_{ij} 表示 i 国第 j 种产品的出口值，X_{it} 表示 i 国所有产品的出口总值；X_{wj} 表示世界第 j 种产品的出口值；X_{wt} 表示世界所有产品的出口总值。

此后许多学者用 Balassa 的 RCA 指数进行了各种比较优势的研究，并在此基础上对 RCA 指数进行各种扩展和推广。在已有的文献中，根据研究问题的不同，与式(5.13)中的 X 所包括的产品类别和国家范围也不同。根据产品类别 RCA 指数的计算可以分为：一是一国某种产品在世界市场上的比较优势；二是一国某行业的产品(某类产品)在世界市场上的比较优势。由于本书中研究的是中国制造业的比较优势，所以可以将中国某行业 k 的 RCA 指数表示如下：

$$\text{RCA}_k = \frac{\text{中国 } k \text{ 行业的出口值} / \text{中国制造业的出口值}}{\text{世界 } k \text{ 行业的出口值} / \text{世界制造业的出口值}} \tag{5.14}$$

式(5.14)中的世界范围可以分为三类：一是“世界”代表全部贸易国家；二是“世界”代表某一区域的全部国家；三是“世界”代表与中国进行贸易的某个国家或者是某些代表性国家(魏浩等，2005)。本书计算中国制造业的比较优势时，使用的是第一类范围。

按照日本贸易振兴会制定的标准，如果 $\text{RCA}_{ij}>2.5$，则说明 i 国家第 j 种产品具有极强的比较优势，如果 RCA_{ij} 为 0.8～1.25 或 1.25～2.5 和 $\text{RCA}_{ij}<0.8$，则表明 i 国家第 j 种产品具有较强的、中度的和弱的比较优势。当产品 j 是属于某一产业的一类产品时，这些标准对行业也同样适用，即对 RCA_k 也适用。

5.2.2　不考虑国际分割生产时的中国制造业出口比较优势

在现有的许多文献中，计算比较优势时并没有考虑国际分割生产这一现象，即计算比较优势时使用的是总的贸易数据，没有分离加工贸易(国际分割引起的贸易)和一般贸易(又称最终产品贸易)。下文将用式(5.14)分别计算不考虑国际分割生产时和考虑国际分割生产时的中国制造业出口的显性比较优势。不考虑国际分割生产计算时将使用中国和世界制造业各行业的总产品的出口数据；考虑国际分割生产计算时，最佳的选择是同时使用中国和世界制造业各行业的一般贸易的出口数据，但是只有中国有一般贸易的统计数据，而世界贸易没有一般贸易的分类。所以，书中使用中国制造业各行业的一般贸易的出口数据和世界制造业各行业的总产品的出口数据计算考虑国际分割生产时的显性比较优势。由于式(5.14)中的分母是一种参照物，而 RCA_k 是一个相对的比值，所以在不可获得世界的一般贸易的数据的情况下，使用世界的总体贸易数据作为替代，把参照物统一到同一个标准，这是可行的。

用式(5.14)的指标计算不考虑国际分割生产和考虑分割生产时的中国制造业出口比较优势，其中涉及的中国制造业的总体出口数据和一般贸易出口数据均可以从国研网数据库中获得①，世界制造业的出口数据则可以从联合国 COMTRADE 数据库中获得。但是国研网数据库和联合国 COMTRADE 数据库中有关贸易的数据是按照 HS 编码分类的数据，没有按照国民经济行业分类的数据，因此本书参考盛斌(2002)的方法，把 HS 编码四位码的相关产品的出口贸易数据集结到书中所选取的 26 个制造业行业中，这样就可得到这些行业的一般贸易、总体贸易的出口数据和世界出口数据。其中，本书把 COMTRADE 数据库中所有国家按 HS 编码四位码分类的每个产品的出口额进行加总，所得值作为按

① 由于国研网中提供我国 HS 编码四位码的一般贸易数据，可获得的是 2001～2008 年时间跨度的数据，囿于数据的可获得性，所以本章比较不考虑和考虑国际分割生产时的中国制造业出口比较优势时只使用了 2001～2008 年的样本。

此分类的每个产品的世界出口额，然后再把每个产品集结到其所属行业，得出制造业分行业的世界出口额。由于 COMTRADE 数据库中包含绝大部分的贸易大国，所以以这些国家作为世界代表是可行的(杨长志，2009)。所选数据的时间跨度为 2001～2008 年。

根据上述方法获得中国和世界制造业的总的出口数据，并根据式(5.14)计算所得的不考虑国际分割生产时的中国制造业 26 个制造业 RCA，如表 5.1 所示。

表 5.1　不考虑国际分割生产时的中国制造业出口比较优势

行业	2001 年	2002 年	2003 年	2004 年	2005 年	2006 年	2007 年	2008 年
食品加工和制造业	0.74	0.68	0.56	0.52	0.48	0.46	0.42	0.35
饮料制造业	0.48	0.39	0.30	0.29	0.23	0.25	0.17	0.15
烟草加工业	0.27	0.28	0.26	0.21	0.18	0.16	0.13	0.12
纺织业	1.66	1.66	1.53	1.53	1.47	1.56	1.57	1.50
纺织服装、鞋、帽制造业	4.18	3.70	3.33	3.17	2.97	3.10	2.82	2.85
皮革毛皮羽绒及其制品业	4.45	4.30	3.84	3.69	3.41	2.79	2.81	2.80
木材加工及家具制造业	1.23	1.34	1.28	1.36	1.39	1.46	1.46	1.51
造纸及纸制品业	0.23	0.22	0.23	0.22	0.25	0.30	0.31	0.28
印刷业记录媒介的复制	0.40	0.44	0.36	0.39	0.38	0.41	0.45	0.47
文教体育用品制造业	3.91	4.15	3.72	3.57	3.39	3.24	2.95	2.78
石油加工及炼焦业	0.51	0.46	0.50	0.47	0.32	0.23	0.24	0.27
化学原料及化学制品制造业	0.58	0.55	0.50	0.50	0.49	0.48	0.52	0.57
医药制造业	0.13	0.10	0.08	0.07	0.07	0.06	0.06	0.07
化学纤维制造业	1.75	1.76	2.02	1.92	1.92	1.93	1.90	2.03
橡胶制品业	0.73	0.74	0.67	0.75	0.82	0.87	0.91	0.89
塑料制品业	1.31	1.28	1.13	1.12	1.08	1.04	0.92	0.88
非金属矿物制品业	1.40	1.48	1.35	1.39	1.42	1.43	1.34	1.40
黑色金属冶炼及压延加工业	0.45	0.36	0.35	0.68	0.66	0.84	0.95	0.98
有色金属冶炼及压延加工业	0.66	0.64	0.66	0.71	0.58	0.55	0.43	0.40
金属制品业	1.45	0.96	1.36	0.64	1.39	1.44	1.44	1.46
普通机械制造业	0.44	0.57	0.54	0.57	0.57	0.6	0.64	0.66
专用设备制造业	0.29	0.31	0.32	0.36	0.39	0.45	0.64	0.69
交通运输设备制造业	0.27	0.25	0.27	0.28	0.3	0.32	0.36	0.42
电气机械及器材制造业	1.65	1.56	1.57	1.58	1.51	1.52	1.52	1.52
通信设备、计算机及其他电子设备制造业	1.21	1.48	1.75	1.93	1.95	1.95	2.07	2.12
电子设备制造业仪器仪表及文化办公用机械	0.95	0.99	1.02	1.08	1.22	1.19	1.15	1.19

资料来源：作者根据国研网数据库和联合国 COMTRADE 数据库数据计算而得

从表 5.1 中可以看出，不考虑国际分割生产时，2001～2008 年平均情况看，中国制造业具有比较优势的行业，即 RCA 大于 1 的行业一共有 11 个，分别是：纺织业，纺织服装、鞋、帽制造业，皮革毛皮羽绒及其制品业，木材加工及家具制造业，非金属矿物制品业和金属制品业等 6 个劳动密集型行业①；文教体育用品制造业，塑料制品业，化学纤维制造业，电气机械及器材制造业，通信设备、计算机及其他电子设备制造业，电子设备制造业仪器仪表及文化办公用机械等 6 个资本或技术密集型行业。其中，RCA 大于 2.5 的行业有 3 个：纺织服装、鞋、帽制造业，皮革毛皮羽绒及其制品业，文教体育用品制造业，说明中国这些行业在世界市场有极强的比较优势和竞争力。而 RCA 为 1.25～2.5 的行业有 7 个：纺织业，木材加工及家具制造业，化学纤维制造业，非金属矿物制品业，金属制品业，电气机械及器材制造业，通信设备、计算机及其他电子设备制造业，说明这些行业具有较强的比较优势和竞争力。RCA 小于 0.8 的行业有 13 个：食品加工和制造业、饮料制造业、烟草加工业、造纸及纸制品业、印刷业记录媒介的复制、石油加工及炼焦业、化学原料及制品制造业、医药制造业、黑色金属冶炼及压延加工业、有色金属冶炼及压延加工业、普通机械制造业、专用设备制造业和交通运输设备制造业，说明中国这些行业在世界市场上的比较优势和竞争力非常弱，是中国的劣势行业。其余 3 个行业的 RCA 为 0.8～1.25，具有中度的比较优势和竞争力。

5.2.3　国际分割生产条件下的中国制造业出口比较优势

考虑国际分割生产，把由分割生产引起的加工贸易从总体贸易中分离，用一般贸易数据计算我国中国制造业的 RCA。同样选用 2001～2008 中国的一般贸易数据和世界出口数据，可以计算得到国际分割生产条件下，中国制造业出口的 RCA。

根据上述处理数据的方法获得中国制造业各行业的一般贸易出口数据和世界制造业各行业的总的出口数据，并根据式(5.14)计算得到考虑分割时的中国制造业 26 个行业的 RCA，如表 5.2 所示。从表 5.2 中可以看出，考虑国际分割生产时，从 2001～2008 年平均情况看，中国具有比较优势的行业，即 RCA 大于 1 的

---

① 按照产业资源密集程度分类法，根据不同的产业在生产过程中对资源依赖程度的差异，把产业划分为资源密集型、劳动密集型、资本密集型和技术密集型产业；而根据 SITC 一位码的分类标准，共有 10 大类产品，通常将 0～4 类初级产品定义为资源密集型产品，第 6、8 类制成品定义为劳动密集型产品，而第 5、7 类制成品产品定义为资本或技术密集型产品。本书综合这两类方法，把我国 26 个制造业行业分为三类产业。第一类是资源密集型行业：食品加工和制造业、饮料制造业和烟草加工业。第二类是劳动密集型行业：纺织业，纺织服装、鞋、帽制造业，皮革毛皮羽绒及其制品业，木材加工及家具制造业，造纸及纸制品业，印刷业记录媒介的复制，橡胶制品业，非金属矿物制品业，金属制品业。第三类是资本或技术密集型行业：文教体育用品制造业，石油加工及炼焦业，化学原料及制品制造业，医药制造业，化学纤维制造业，塑料制品业，黑色金属冶炼及压延加工业，有色金属冶炼及压延加工业，普通机械制造业，专用设备制造业，交通运输设备制造业，电气机械及器材制造业，通信设备、计算机及其他电子设备制造业，电子设备制造业仪器仪表及文化办公用机械。

行业一共有9个，分别是：纺织业，纺织服装、鞋、帽制造业，皮革毛皮羽绒及其制品业，木材加工及家具制造业，非金属矿物制品业和金属制品业6个劳动密集型行业，文教体育用品制造业、化学纤维制造业和电气机械及器材制造业3个资本或技术密集型行业。其中，RCA大于2.5的行业有4个：纺织服装，鞋、帽制造业、皮革毛皮羽绒及其制品业，化学纤维制造业和非金属矿物制品业，说明中国这些行业在世界市场有极强的比较优势和竞争力。而RCA为1.25～2.5的行业有3个：木材加工及家具制造业、文教体育用品制造业和金属制品业，说明这些行业在世界市场上具有较强的比较优势和竞争力。RCA小于0.8的行业有14个：食品加工和制造业，饮料制造业，烟草加工业，造纸及纸制品业，印刷业记录媒介的复制，石油加工及炼焦业，化学原料及制品制造业，医药制造业，橡胶制品业，有色金属冶炼及压延加工业，专用设备制造业，交通运输设备制造业，通信设备、计算机及其他电子设备制造业，电子设备制造业仪器仪表及文化办公用机械，说明中国这些行业在世界市场上的比较优势和竞争力非常弱，是中国的劣势行业。其余5个行业的RCA为0.8～1.25，具有中度的比较优势和竞争力。

表5.2　考虑国际分割生产时的中国制造业出口比较优势

行业	2001年	2002年	2003年	2004年	2005年	2006年	2007年	2008年
食品加工和制造业	1.24	1.11	0.93	0.86	0.76	0.72	0.64	0.48
饮料制造业	0.90	0.86	0.64	0.64	0.50	0.53	0.33	0.26
烟草加工业	0.62	0.63	0.58	0.50	0.43	0.36	0.30	0.24
纺织业	2.69	2.80	2.64	2.70	2.56	2.70	2.67	2.22
纺织服装、鞋、帽制造业	4.74	4.68	4.46	4.51	4.45	4.76	4.15	3.71
皮革毛皮羽绒及其制品业	4.29	4.69	4.59	4.79	4.52	3.32	3.54	3.26
木材加工及家具制造业	1.58	1.78	1.75	2.02	2.09	2.21	2.28	2.28
造纸及纸制品业	0.25	0.25	0.23	0.21	0.23	0.26	0.28	0.25
印刷业记录媒介的复制	0.11	0.17	0.12	0.16	0.18	0.23	0.30	0.36
文教体育用品制造业	2.41	2.54	2.51	2.60	2.35	2.20	2.06	1.65
石油加工及炼焦业	0.88	0.78	0.87	0.74	0.36	0.16	0.17	0.55
化学原料及化学制品制造业	1.05	0.99	0.89	0.92	0.88	0.82	0.85	1.16
医药制造业	0.25	0.19	0.15	0.14	0.12	0.10	0.10	0.10
化学纤维制造业	2.42	2.84	3.60	3.61	3.55	3.41	3.11	2.97
橡胶制品业	0.28	0.30	0.27	0.30	0.32	0.35	0.37	0.31
塑料制品业	0.93	1.02	0.98	1.09	1.11	1.08	0.88	0.82
非金属矿物制品业	2.49	2.70	2.48	2.65	2.68	2.59	2.33	2.25
黑色金属冶炼及压延加工业	0.71	0.65	0.64	1.41	1.26	1.76	1.84	1.80

续表

行业	2001 年	2002 年	2003 年	2004 年	2005 年	2006 年	2007 年	2008 年
有色金属冶炼及压延加工业	0.93	0.74	0.68	0.69	0.62	0.68	0.63	0.56
金属制品业	2.19	1.43	2.14	1.03	2.50	2.56	2.49	2.57
普通机械制造业	0.64	0.82	0.81	0.84	0.80	0.83	0.89	0.86
专用设备制造业	0.37	0.39	0.42	0.49	0.55	0.62	0.58	0.64
交通运输设备制造业	0.22	0.21	0.23	0.27	0.30	0.33	0.37	0.39
电气机械及器材制造业	1.08	1.01	1.14	1.17	1.13	1.13	1.17	1.18
通信设备、计算机及其他电子设备制造业	0.18	0.23	0.27	0.32	0.35	0.40	0.46	0.53
电子设备制造业仪器仪表及文化办公用机械	0.40	0.44	0.41	0.40	0.37	0.35	0.38	0.38

资料来源：作者根据国研网数据库和联合国 COMTRADE 数据库数据计算而得

5.2.4　对比分析

对比不考虑和考虑国际分割生产时的中国制造业的出口比较优势，可以发现在两种情况下具有比较优势的行业有变化。首先，考虑国际分割生产后，即分离了中国出口的国外含量以后，中国具有比较优势的制造业行业个数减少了，从不考虑国际分割生产时的 11 个减为 9 个，其中具有比较优势的劳动密集行业的个数保持 6 个不变，具有比较优势的资本或技术密集型行业的个数减少了 2 个。其次，考虑国际分割生产后，在世界市场有极强的比较优势和竞争力的行业增加了 1 个，减少了原来的文教体育用品制造业，增加了化学纤维制造业和非金属矿物制品业。考虑国际分割生产后，在世界市场有较强的比较优势和竞争力力的行业共减少了 4 个，减少了纺织业，化学纤维制造业，非金属矿物制品业，电气机械及器材制造业，通信设备、计算机及其他电子设备制造业 5 个，增加了文教体育用品制造业。考虑国际分割生产后，在世界市场上比较优势和竞争力非常弱、处于劣势的行业增加了 1 个，减少了原来的黑色金属冶炼及压延加工业和普通机械制造业，而增加了橡胶制品业，通信设备、计算机及其他电子设备制造业，电子设备制造业仪器仪表及文化办公用机械。再次，在考虑国际分割生产，消除了国际分割生产的影响后，食品加工和制造业，饮料制造业，烟草加工业，纺织业，纺织服装、鞋、帽制造业，皮革毛皮羽绒及其制品业，木材加工及家具制造业，非金属矿物制品业和金属制品业等部分劳动密集型行业的比较优势增强；化学原料及制品制造业、化学纤维制造业、黑色金属冶炼及压延加工业和有色金属冶炼及压延加工业等行业的比较优势有所增强；而文教体育用品制造业、塑料制品业、电气机械及器材制造业、电子及通信设备制造业和仪器仪表文化办公用机械等资本或技术密集型行业的比较优势减弱。但是，从总体看，考虑了国际分割生产的影响后，也就是说分离了国际分割生产导致的贸易后，则中国制造业的比较优势行业减少了，资源密集型和劳动密集型行业的比较优势变化不大，但资本或技术密集型行业的比较优势总体上明显下降，特别是技术含量较高的电气机械及器材制造业，通信设备、计算机及其他电子设备制造业，电子设备制造业仪器仪表及文化办公用机械等行业的比较优势下降非常明显，通信设备、计算机及其他电子设备制造业和电子设备制造业仪器仪表及文化办公用机械更是从比较优势行业变成了比较劣势行业。所以，可以说，中国参与国际分割生产，使得中国的制造业的比较优势比较高，如果分离了国际分割生产导致的贸易，则中国的制造业，特别是高技术含量的行业的比较优势并不突出。

5.3 国际分割生产条件下的中国制造业出口结构

从学者对我国出口贸易结构的研究看，比较关注的问题是中国是否实现了出口产品结构从初级产品向工业制成品的转变，是否已经从以劳动密集型产品出口为主转向资本技术密集型产品所占份额较高的出口结构。

Lall(2000)按技术构成对 SITC 三位数产品进行了分类，并在此基础上对主要发展中国家制造业出口的技术结构进行了研究。关志雄(2002)则从产品附加值的角度提供全新的方法，通过给每个贸易品赋予一个附加值，将每个产品的附加值作为横轴，将每个产品的出口额作为纵轴，得到该国家出口产品的技术分布图(附加值分布图)表示的该国的出口结构。樊纲等(2006)在关志雄(2002)的方法的基础上，考察了中国的对外贸易结构及变化趋势。杜修立和王维国(2007)提出度量产品技术含量的指标，并在此基础上研究发现中国出口贸易的技术结构是上升的。

但以上的研究并没有考虑中国参与国际分割生产这一因素，在全球化生产的情况下，从中国出口中分离出国际分割生产引起的他国含量，才能更真实地反映我国的出口结构状况。因此，本节将对不考虑和考虑国际分割生产条件下的中国制造业的出口结构进行比较分析，从而对在这两种情况下中国制造业的出口结构是否改善进行分析。

5.3.1 中国制造业出口结构指标

在国际贸易研究文献中，度量出口结构的最直接的方法是看各种要素密集型行业的出口份额是否有变化。还有一种常见的方法是用劳伦斯指数(Lawrence index)衡量一国出口贸易结构的变化。劳伦斯指数值的变化范围为 0~1，指数越接近 1 代表一国的出口贸易结构变动幅度越大，越接近于 0，则说明一国出口贸易结构变化越不明显。劳伦斯指数的计算公式为

$$L_t = \frac{1}{2} \cdot \sum_{j=1}^{n} | s_{j,t} - s_{j,t-1} |$$
$$s_{j,t} = X_{j,t} / \sum_j X_{j,t} \tag{5.15}$$

其中，L_t 为一国 t 年的劳伦斯指数；$X_{j,t}$ 为一国的 j 产品在 t 年的出口；$s_{j,t}$ 为 j 产品在 t 年一国总出口中所占的份额，计算代表我国制造业出口贸易结构的劳伦斯指数时，产品 j 的范围为我国制成品。

相应地，可以构建代表我国制造业行业 k 出口贸易结构变化的劳伦斯指数 L_k 如下：

$$L = \sum_k L_{k,t} = \frac{1}{2} \cdot \sum_k | s_{k,t} - s_{k,t-1} |$$
$$s_{k,t} = X_{k,t} / \sum_k X_{k,t} \tag{5.16}$$

其中，L 为我国制造业的劳伦斯指数；$L_{k,t}$ 为我国 k 行业 t 年的劳伦斯指数；$X_{k,t}$ 为我国 k 行业在 t 年的出口；$s_{k,t}$ 为 k 行业在 t 年我国制造业总出口中所占的份额。

5.3.2　中国制造业出口结构对比分析

首先用度量中国制造业出口结构最直接的方法，即各类要素密集型行业的出口份额的变化，对比分析不考虑国际分割生产时和考虑国际分割生产时的中国制造业出口结构的变化。不考虑国际分割生产时，计算中国制造业各行业的出口份额时使用的是总的贸易数据，没有分离由国际分割引起的加工贸易和一般贸易数据。考虑国际分割生产，把由分割生产引起的加工贸易从总体贸易中分离，用一般贸易数据计算我国中国制造业的出口份额。选用 2001～2008 年中国的一般贸易数据和总体出口数据，可以从国研网数据库中获得 HS 编码分类的四位码水平的数据，HS 编码四位码的相关商品贸易数据集结到书中所选取的 26 个制造业行业中的方法如上节所述。

表 5.3 给出了中国 2001～2008 年不考虑国际分割生产时的中国制造业分行业的出口份额和变化。资源密集型行业的出口占总出口的份额平均为 3%，其中占大部分比重的是食品加工和制造业，且有逐步下降的趋势；劳动密集型行业的出口比重平均为 27%，其中占主要份额的行业是纺织业，纺织服装、鞋、帽制造业和皮革毛皮羽绒及其制品业，这类行业总体上出口份额呈逐年下降的趋势；资本或技术密集型行业的出口比重平均为 70%，其中占主要份额的行业是电气机械及器材制造业和电子设备制造业仪器仪表及文化办公用机械制造业，两者就占了 35%，这类行业所占的比重呈逐年上升趋势。

表 5.3 不考虑国际分割生产时的中国制造业出口行业结构 （单位：%）

行业	2001 年	2002 年	2003 年	2004 年	2005 年	2006 年	2007 年	2008 年
资源密集型行业	4.23	3.87	3.20	2.85	2.53	2.38	2.17	2.03
食品加工和制造业	3.77	3.47	2.89	2.59	2.32	2.17	2.02	1.89
饮料制造业	0.37	0.32	0.25	0.22	0.17	0.18	0.12	0.11
烟草加工业	0.08	0.08	0.07	0.05	0.04	0.03	0.02	0.02
劳动密集型行业	33.39	32.72	29.64	27.57	25.74	24.78	23.74	22.41
纺织业	10.86	11.07	10.35	9.58	8.82	9.11	9.04	8.19
纺织服装、鞋、帽制造业	8.12	7.42	6.51	5.69	5.19	5.06	4.29	4.05
皮革毛皮羽绒及其制品业	8.27	7.69	6.71	6.02	5.46	4.23	4.15	4.00
木材加工及家具制造业	2.78	3.06	2.88	3.04	2.99	3.01	2.93	2.86
造纸及纸制品业	0.52	0.49	0.49	0.45	0.48	0.54	0.55	0.51
印刷业记录媒介的复制	0.20	0.21	0.18	0.18	0.16	0.16	0.17	0.19
橡胶制品业	0.65	0.67	0.62	0.69	0.76	0.81	0.87	0.83
非金属矿物制品业	1.97	2.11	1.90	1.91	1.88	1.87	1.73	1.79
资本或技术密集型行业	62.39	63.41	67.16	69.58	71.73	72.84	74.09	75.56
文教体育用品制造业	4.22	4.52	3.76	3.28	3.11	2.86	2.70	2.76
石油加工及炼焦业	1.46	1.29	1.46	1.61	1.38	1.15	1.18	1.58
化学原料及化学制品制造业	5.31	5.12	4.73	4.77	4.80	4.53	4.84	5.42
医药制造业	0.31	0.28	0.23	0.21	0.19	0.17	0.18	0.21
化学纤维制造业	1.77	1.72	1.87	1.64	1.46	1.35	1.23	1.16
塑料制品业	2.51	2.50	2.21	2.16	2.09	1.99	1.75	1.67
黑色金属冶炼及压延加工业	0.99	0.84	0.90	2.24	2.21	2.84	3.55	4.04
有色金属冶炼及压延加工业	1.27	1.19	1.20	1.48	1.27	1.63	1.29	1.05
金属制品业	4.68	3.11	4.36	2.11	4.81	5.20	5.42	5.77
普通机械制造业	2.81	3.53	3.32	3.53	3.47	3.63	3.89	4.19
专用设备制造业	1.54	1.62	1.72	1.95	2.11	2.41	4.21	4.67
交通运输设备制造业	3.94	3.66	3.91	3.96	4.05	4.27	4.80	5.24
电气机械及器材制造业	10.64	9.74	9.74	9.78	9.28	9.33	9.42	9.51
通信设备、计算机及其他电子设备制造业	17.97	21.44	24.84	27.67	27.89	27.96	26.54	25.26
电子设备制造业仪器仪表及文化办公用机械	2.96	2.85	2.91	3.21	3.60	3.51	3.08	3.04

资料来源：作者根据国研网数据库数据计算而得

表 5.4 给出了中国 2001～2008 年考虑国际分割生产时，即分离国际分割生产的影响后，中国制造业分行业的出口份额及其变化。资源密集型行业的出口比重平均为 5%，其中占大部分比重的是食品加工和制造业，且有逐步下降的趋势；劳动密集型行业的出口比重平均为 39%，其中占主要份额的行业是纺织业，

纺织服装、鞋、帽制造业和皮革毛皮羽绒及其制品业，这类行业总体上出口份额呈逐年下降的趋势；资本或技术密集型行业的出口比重平均为 56%，其中占主要份额的行业是化学原料及化学制品制造业、金属制品业和电气机械及器材制造业，三者占了 23%，这类行业所占的比重呈逐年上升趋势。

表 5.4　考虑国际分割生产时的中国制造业出口行业结构　（单位：%）

行业	2001 年	2002 年	2003 年	2004 年	2005 年	2006 年	2007 年	2008 年
资源密集型行业	7.20	6.49	5.45	4.82	4.16	3.83	3.41	2.79
食品加工和制造业	6.31	5.62	4.77	4.22	3.70	3.38	3.11	2.55
饮料制造业	0.70	0.69	0.53	0.49	0.37	0.39	0.24	0.20
烟草加工业	0.19	0.18	0.15	0.11	0.09	0.07	0.05	0.05
劳动密集型行业	42.78	45.31	42.84	41.77	39.21	37.38	35.5	30.10
纺织业	17.61	18.73	17.85	16.94	15.37	15.77	15.36	12.11
纺织服装、鞋、帽制造业	9.23	9.38	8.72	8.09	7.76	7.75	6.33	5.27
皮革毛皮羽绒及其制品业	7.97	8.39	8.02	7.82	7.23	5.04	5.24	4.65
木材加工及家具制造业	3.59	4.07	3.95	4.53	4.49	4.54	4.59	4.32
造纸及纸制品业	0.56	0.55	0.50	0.41	0.43	0.47	0.49	0.45
印刷业记录媒介的复制	0.06	0.08	0.06	0.07	0.08	0.09	0.12	0.14
橡胶制品业	0.24	0.27	0.25	0.28	0.30	0.33	0.35	0.29
非金属矿物制品业	3.52	3.84	3.49	3.63	3.55	3.40	3.02	2.87
资本或技术密集型行业	50.02	48.20	51.71	53.41	56.63	58.79	61.09	67.11
文教体育用品制造业	2.60	2.76	2.54	2.39	2.15	1.94	1.89	1.64
石油加工及炼焦业	2.51	2.18	2.54	2.51	1.57	0.81	0.86	3.24
化学原料及化学制品制造业	9.71	9.28	8.52	8.81	8.52	7.72	7.97	11.10
医药制造业	0.58	0.53	0.44	0.40	0.36	0.29	0.30	0.33
化学纤维制造业	2.45	2.76	3.32	3.09	2.71	2.39	2.02	1.70
塑料制品业	1.78	2.00	1.92	2.09	2.16	2.07	1.67	1.56
黑色金属冶炼及压延加工业	1.58	1.50	1.65	4.65	4.21	5.94	6.87	7.41
有色金属冶炼及压延加工业	1.80	1.37	1.24	1.45	1.36	2.00	1.87	1.47
金属制品业	7.07	4.64	6.86	3.42	8.62	9.21	9.35	9.34
普通机械制造业	4.07	5.13	4.99	5.15	4.90	4.99	5.41	5.40
专用设备制造业	1.93	2.05	2.26	2.62	2.95	3.30	3.81	4.33
交通运输设备制造业	3.10	3.05	3.33	3.78	4.12	4.40	4.89	4.88
电气机械及器材制造业	6.94	6.34	7.09	7.24	6.92	6.97	7.27	7.36
通信设备、计算机及其他电子设备制造业	2.65	3.35	3.84	4.62	4.99	5.73	5.89	6.37
电子设备制造业仪器仪表及文化办公用机械	1.26	1.27	1.17	1.18	1.08	1.03	1.02	0.98

资料来源：作者根据国研网数据库数据计算而得

由此可见，考虑了国际分割生产的影响后，即分离国际分割生产引起的他国含量后，中国制造业出口中资本或技术密集型行业的出口份额并不是那么高，平均水平下降了14%，特别是技术含量较高的电气机械及器材制造业和通信设备、计算机及其他电子设备制造业从不考虑国际分割生产时的35%下降到了12%；资源、劳动密集型行业的出口份额分别平均上升了2%和12%，因此，不管在不考虑国际分割生产的情况下，还是在考虑国际分割生产的情况下，虽然中国制造业出口结构呈改善趋势，即资源密集型行业和劳动密集型行业的出口份额在逐渐下降，资本或技术密集型行业的出口份额在上升，但是在考虑了国际分割生产后，即分离国际分割生产的影响后，高技术含量的出口比重并不高。

使用2001～2008年中国制造业分行业的总产品出口数据和一般贸易出口数据，根据式(5.16)，计算得出了不考虑国际分割生产和考虑国际分割生产条件下中国26个制造业行业的出口结构变化指数，如表5.5所示。劳伦斯指数的取值范围是0～1，指数越大说明结构变化越明显。从各类行业的劳伦斯指数看，中国制造业的结构变化并不明显。从各行业对比看，资本或技术密集型行业的变化最大，其次是劳动密集型行业，最后是资源密集型行业。对比考虑国际分割生产与不考虑国际分割生产的情况，控制国际分割生产因素后，中国制造业的出口结构变化有所提高。

表5.5　2001～2008年中国制造业的劳伦斯指数

分类	资源密集型行业	劳动密集型行业	资本或技术密集型行业
不考虑国际分割生产	0.0016	0.0097	0.0316
考虑国际分割生产	0.0032	0.0139	0.0380

资料来源：作者根据国研网数据库数据计算而得

5.4　小　　结

本章利用中国和世界制造业分行业的贸易数据，对比分析了不考虑和考虑国际分割生产情况下，即不分离和分离国际分割生产的影响后，中国制造业的比较优势和出口结构变化，得到了以下结论。

第一，对比不考虑国际分割生产时和考虑国际分割生产时的中国制造业的出口比较优势发现，在两种情况下表现出具有比较优势的行业有变化。首先，考虑国际分割生产后，即分离了国际分割生产的影响后，中国具有比较优势的制造业行业个数减少了。其次，分离了国际分割生产的影响后，在世界市场有极强的比较优势和竞争力的行业增加了1个；有较强的比较优势和竞争力的行业共减少了4个；在世界市场上的比较优势和竞争力处于劣势的行业减少了1个。从总体看，由于国际分割生产的影响，虽然资源密集型和劳动密集型行业的比较优势变化不大，但资本或技术密集型行业的比较优势总体上明显上升，特别是技术含量较高的电气机械及器材制造业，通信设备、计算机及其他电子设备制造业，电子设备制造业仪器仪表及文化办公用机械等行业的比较优势下降非常明显，而且通信设备、计算机及其他电子设备制造业和电子设备制造业仪器仪表及文化办公用机械更是从比较劣势行业变成了比较优势行业。可以说，中国参与国际分割生产，进口一些技术含量较高的中间品，因此，中国的制造业，特别是高技术含量的行业的比较优势上升了。

第二，对比不考虑国际分割生产时和考虑国际分割生产时的中国制造业的出口结构发现，由于国际分割生产的影响，中国制造业出口中资本或技术密集型行业的出口份额上升了，平均水平上升了 14%，特别是技术含量较高的电气机械及器材制造业和通信设备、计算机及其他电子设备制造业从分离国际分割生产的影响后的 12%上升到了 35%；资源、劳动密集型行业的出口份额分别平均下降了 2%和 12%。因此，不管在不考虑国际分割生产的情况下，还是在考虑国际分割生产的情况下，虽然中国制造业出口结构呈改善趋势，即资源密集型行业和劳动密集型行业的出口份额在逐渐下降，资本或技术密集型行业的出口份额在上升，但是在分离了国际分割生产的影响后，高技术含量的出口比重并不高。这意味着如果没有国际分割生产，则中国出口结构的改善是有限的。

通过比较分析考虑国际分割生产和不考虑国际分割生产情况下我国制造业各行业的出口比较优势和出口结构的变化，我们可以直观地看到，两种情况下，我国制造业各行业的出口比较优势和出口结构确实存在很大的差异。因此，我们在分析我国制造业出口时必须考虑国际分割生产这一因素，不应该像已有的许多文献一样，把国际分割生产从分析我国制造业出口贸易中忽略掉。有鉴于此，本书将在其后的第 6 章、第 7 章从理论分析和经验检验两方面深入分析国际分割生产对我国制造业出口复杂度、出口的深化和广化的影响。

第 6 章　国际分割生产与中国制造业出口复杂度

自改革开放，尤其是 1992 年以来，我国对外贸易迅速增长，1992 年出口额仅为 4676 亿元，到 2008 年则高达 100 395 亿元。同时，中国也从农业大国转变为世界工厂。学界普遍认为这种转变与中国制造业的出口密切相关。中国制造业出口部门包括世界制造业贸易所涉及的所有部门，从低技术水平的纺织业到高技术水平的电子和计算机产业。中国出口在数量上获得了突飞猛进的增长，中国出口的“质量”，即出口复杂度是否也相应得到了显著的提升，这一问题引起了众多学者的关注。

就出口复杂度的测度而言，目前经验研究主要采用以下两种方法：第一，基于 Lall(2000)的方法，选取 SITC Rev. 3 三位码分类的产品，把所有产品按技术水平分为初级产品、资源型产品、低技术产品、中技术产品、高技术产品五类，通过计算每一类技术水平的产品的出口总额和份额来测度出口复杂度，其缺点在于只能较为粗略地说明一国出口技术含量和复杂度的变化，无法具体到行业层面的分析。第二，Rodrik(2006)和 Hausmann 等(2007)分别运用 SITCRev. 3 四位码和六位码水平的产品出口数据和出口国的人均收入来测度每一个出口产品的复杂度。与第一种方法相比，其能够度量产品层面的出口复杂度，能更详细与客观地说明一国的出口复杂度。

目前运用上述方法对中国的经验研究结论并未达成一致。一种观点认为：中国的出口贸易中，中国已经从低技术附加值出口为主转变到了以中等技术附加值出口为主的出口结构，且中国的高技术产品出口不断增加，所以中国出口贸易的复杂度已经得到了显著提高(樊纲等，2006；姚洋和章林峰，2008；杨汝岱和姚洋；2008)。有些学者的研究表明中国的出口复杂度在过去十几年里有了很大的提高，目前已经远高于其同等经济发展水平国家的水平，认为中国发展了一条不同于其他发展中国家的出口模式，即致力于生产和出口较高技术产品(Rodrik，2006)。另一种观点却认为：虽然中国出口产品中出现了大量的较高技术含量的产品，但中国在这些产品的整个生产链条中只是处于低附加值或低技术含量的生产环节，因此，事实上中国出口贸易的复杂度并不高(张幼文，2005；华民，2006；齐俊妍，2008)。有些甚至认为改革开放之后，在全球化和自由贸易的冲击下，中国出口贸易的复杂度有可能下降，因为中国出口的国内技术含量在迅速下降(姚洋和张晔，2008)。

从中国现状来看，1981～2008 年，我国加工贸易进出口总额占我国进出口总额的比重从 1981 年的 6%上升到了 1998 年的 53%，此后呈下降趋势，但到 2008 年仍为 41%。其中加工贸易出口占出口总额的比重大于加工贸易进出口占进出口总额的比重，特别是在 1996～2007 年，中国出口额的一半以上属于加工贸易出口。由此可见，加工贸易已成为我国参与国际分割生产的主要方式，我国出口的一半以上是由国际分割生产引起的。当产品的生产是通过国际分割生产完成时，就有可能出现如下情形：中国企业通过从发达国家进口高端零件，经过加工或组装后出口高端产品，此时，从中国出口的高端产品来看，其复杂度很高，但是经过中国加工贸易的最终高端产品的出口，同时包含中国和其他国家的贡献，因而，分析中国的出口复杂度，必须考虑国际分割生产的影响，才能得到客观的结论。

综上所述，本章首先综合已有的出口复杂度度量方法，构建行业层面的度量方法，度量我国行业的出口复杂度。接下来，对影响中国制造业出口复杂度的因素进行理论与经验分析。其中，重点考察国际分割生产通过 FDI 和加工贸易对出口复杂度的影响。

6.1　中国制造业出口复杂度分析

中国出口贸易总量的增长，以及中国出口贸易占其 GDP 比重和占世界贸易份额的提高，引起了许多关注，同时也引发了许多的争议，其中包括随着中国出口总量的增长是否引起出口产品复杂度的提高。按照传统贸易理论，一国的物质资本和人力资本、劳动力和自然资源的相对禀赋及制度质量决定着一国专业化的成本和贸易模式。由于中国的熟练劳动力比较充裕，中国应该较多地出口熟练劳动力密集型的产品。但事实上，自改革开放以来，初级产品占中国总出口的比重不断下降，制成品在 20 世纪 90 年代以来就已经成为中国出口的主导产品，同时，中国的高新技术产品所占的比重不断上升。中国利用低成本劳动力的比较优势，通过加工贸易和吸引 FDI 等形式充分地参与了制造业许多资本和技术密集型产品的国际分割生产，使中国出口的许多产品中同时包含国外的产品生产阶段和含量。因此，用传统的资源密集型、劳动密集型、资本密集型和技术密集型的产业分类方法，或诸如 Lall(2000)的产品分类方法，难以详细地描述中国出口贸易中产品的技术特征及中国实际参与国际分割生产的状况。因而，需要采用更为合理的方法来度量出口产品复杂度，从而更好地识别出口产品的复杂度。

6.1.1　出口复杂度的含义和度量指标

1. 出口复杂度的含义

不同的学者由于研究的问题不同而会关注不同的产品特征，在国际贸易的相关研究中通常会涉及以下特征：为了应用或验证 H-O 模型，把产品按要素含量

(劳动、资本或技能密集度)分类，并把国家的贸易模式与其要素禀赋相联系；在国际分割生产的相关研究中，强调产品生产的可分割性和各生产区段对最终产品的价值增值的贡献；在分析技术进步与贸易结构升级的研究中，把产品按技术密集度分类，强调研发和科技活动的作用；在 FDI 的相关研究中强调诸如技术和品牌等专有资产对 FDI 决策的重要性.

出口发展，从产品特征看通常要包含以下结构的变化：生产的产品向着更加资本、技能型劳动力和技术密集的方向变化，即产品的技术含量在不断提高。但是已有的研究大多数停留在分析各种要素密集型行业的出口变化，Lall(2000)只是把行业的技术特征分为五类技术水平的行业，并分别分析了五类行业的技术特征，对产品的技术特征的挖掘是有限的。Lall 等(2006)发现了这个不足之处，故提出了一种新的表示产品技术特征的方法，即复杂度，并定义出口复杂度为：一国的人均收入越高，则出口的产品复杂度越高。这个定义背后蕴涵着这样的原理：富国出口的产品必须具备某些特征，使其弥补高工资带来的高生产成本劣势，从而在国际市场上具有竞争优势。显然，这些特征中，技术是决定出口复杂度的最重要因素。高收入国家的先进技术水平通常是其竞争力的主要源泉。他所说的技术不仅包括以 R & D 为基础的产品创新或生产工序创新，还包括有效利用技术进行生产的能力，以及通过改进技术实现规模经济、有效组织供给或选择有效的供给链的能力。因此，出口复杂度是出口产品技术特征的一个反映。

2. 出口复杂度的度量指标

按照 Hausmann 等(2007)的研究，一国每一种出口产品都可以按照产品所对应的生产率水平排序。但是由于产品的生产率水平的数据很难获得，所以，可以对出口某一产品的国家的人均 GDP 进行加权平均，权数能够反映一国在出口这一产品上的显性比较优势。首先，构造一国的每一种出口产品相对应的收入或生产率水平的指标 PRODY；其次，构造一国的行业水平的出口复杂度度量指标；最后，构造一国一篮子出口产品相对应的收入或生产率水平指标 EXPY。采用 Rodrik(2006)的方法，对任意一种产品 i 的复杂度的度量方法可以构造如下：

$$\mathrm{PRODY}_i = \sum_j \frac{\dfrac{x_{ij}}{X_j}}{\sum_j \left(\dfrac{x_{ij}}{X_j}\right)} \cdot y_j \tag{6.1}$$

PRODY_i 表示产品 i 的复杂度；x_{ij} 表示 j 国 i 产品的出口额；X_j 表示 j 国所有产品的出口总额；y_j 表示国家 j 的人均收入水平。PRODY_i 是人均收入的加权平均值，权重的分子 x_{ij}/X_j 是产品 i 在 j 国总出口中的比重，反映产品 i 在 j 国出口结构中的重要性；权重的分母 $\sum_j \dfrac{x_{ij}}{X_j}$ 是产品 i 在各国总出口比重的总和。权重变量反映了国家 j 的 i 产品出口在所有出口此种产品的国家中重要性，反映了 j 国 i 产品的比较优势。$PRODY_i$ 是以出口国的产品 i 的显性比较优势为权重的人均收入的加权平均值，因此，在其他条件不变情况下，出口国的产品 i 的显性比较优势越高，则产品 i 的复杂度越高；假定其他条件不变，出口国越富即人均收入越高，产品的复杂度也越高；一个产品密集地由高收入国家出口则该产品复杂度较高，而一个产品密集地被低收入国家出口则该产品复杂度较低。

产品复杂度 PRODY 可以综合到行业和国家水平，则国家 j 行业 k 的出口复杂度水平为

$$PRODY_{kj} = \sum_{i \in k} \frac{x_{ij}}{X_{kj}} \cdot PRODY_i \tag{6.2}$$

其中，$PRODY_{kj}$ 表示国家 j 行业 k 的出口复杂度，$i \in k$ 表示产品 i 属于 k 行业；x_{ij}/X_{kj} 表示 j 国产品 i 占 k 行业的出口份额。式(6.2)表明一个行业的出口复杂度是这个行业所有产品的出口复杂度的加权平均。

同样，可以定义一个国家的出口复杂度指标 EXPY 是这个国家每个出口产品复杂度 PRODY 的加权平均值，而权重是每个产品的出口值占这个国家总出口值的比重，则

$$EXPY_j = \sum_{i} \frac{x_{ij}}{X_j} \cdot PRODY_i \tag{6.3}$$

其中，$EXPY_j$ 表示 j 国的出口复杂度；x_{ij}/X_j 表示产品 i 出口占 j 国总出口的份额。

6.1.2　数据选取和来源说明

为了计算我国制造业的出口复杂度，选取 118 个国家和地区作为世界代表性国家和地区(见附录 I)，使用所有国家 2001～2007 年①的出口贸易数据和人均 GDP 数据。首先，出口贸易数据来源于联合国贸易统计数据库 COMTRADE，使用国际贸易标准分类第三版(SITCRev. 3)三位码分类的产品出口数据。参考盛斌(2002)把国际贸易标准分类(SITC Rev. 3)三位码的相关产品贸易数据集结到工业行业的方法，书中所选取的 26 个制造业行业包括 205 种三位码的产品类别。因此，出口贸易数据包括 118 个国家和地区分别的 205 种三位码编码的产品出口数据，7 年约 17 万个出口数据。其次，各国的人均 GDP 来自 PWT6.3，是按购买力平价(purchasing power parity，PPP)计算的人均 GDP。

① 考虑到本章后面的实证分析中度量国际分割生产程度的加工贸易数据的可获得性，以及本章在计算出口复杂度时使用出口贸易数据包括 118 个国家和地区分别的 205 种三位码编码的产品出口数据，7 年约 17 万个出口数据，数据收集和处理的工作量非常巨大，所以本章只选取了了 2001～2007 年的样本。

6.1.3 中国制造业出口复杂度的度量

使用选取的代表世界的118个国家和地区的数据，包括2001～2007年各年份各个国家属于制造业的SITC Rev. 3分类的205种三位码的产品类别的出口数据，还有各个国家的人均GDP，根据式(6.1)，计算出了2001～2007年205个三位码产品的出口复杂度PRODY。表6.1给出了2001～2007年205种制造业产品的世界水平的出口复杂度分布状况。在这七年间，205种产品中平均出口复杂度大于3万美元的有4个，平均出口复杂度在2万～3万美元的产品有96种，在1万～2万美元的产品有93种，平均出口复杂度低于1万美的产品有12种。从出口复杂度分布状况看，205种制造业产品的出口复杂度的平均值呈逐年上升的趋势，最大值也显示了逐年上升的趋势；出口复杂度大于3万美元和2万美元的产品个数和所占的比重也是逐年提高。因此，世界水平的制造业产品的出口复杂度是在不断提高的。

表6.1 205种制造业产品出口复杂度分布

复杂度		2001年	2002年	2003年	2004年	2005年	2006年	2007年
平均值/美元		17 810	18 171	18 986	19 504	19 421	20 092	20 421
最大值/美元		29 288	29 823	32 411	32 168	33 128	35 235	39 310
最小值/美元		4 617	4 662	4 577	6 471	6 089	3 372	6 316
大于3万美元	个数/个	0	0	3	5	6	10	9
	比重/%	0.00	0.00	1.46	2.44	2.93	4.88	4.39
2万～3万美元	个数/个	88	91	101	108	102	105	109
	比重/%	42.93	44.39	49.27	52.68	49.76	51.22	53.17
1万～2万美元	个数/个	94	91	80	78	76	74	70
	比重/%	45.85	44.39	39.02	38.05	37.07	36.10	34.15
小于1万美元	个数/个	23	23	21	14	21	16	17
	比重/%	11.22	11.22	10.24	6.83	10.24	7.80	8.29

资料来源：作者根据联合国COMTRADE数据库118个世界代表性国家和地区的205种产品数据计算而得

如表6.2所示，在205个制造业产品中，复杂度排名前15位的产品的平均复杂度在2.6万美元以上，且呈逐年上升的趋势，复杂度排名最后15位的产品平均复杂度在1万美元以下，且也呈逐年上升的趋势，说明随着世界经济的发展，整体的产品复杂度在提高。从中国的出口看，复杂度最高的15种产品占205个产品的出口份额为2.3%左右，在2001～2007年有所下降；复杂度最低的15种产品占205种产品的出口份额为5.7%左右，在2001～2007年这一比重也在下降。从前15位和后15位复杂度的产品的出口份额可以看出，中国出口中复杂度低的产品的份额比复杂度高的产品的份额高，但复杂度低的产品的出口份额在逐年下降，因此，中国出口的复杂度有上升趋势。

表 6.2　复杂度排名前 15 位和后 15 位的产品的平均复杂度和中国的出口份额

复杂度		2001 年	2002 年	2003 年	2004 年	2005 年	2006 年	2007 年
前 15 位	复杂度/美元	26 797	27 427	27 901	29 218	29 582	30 858	31 804
	出口份额/%	2.66	2.48	2.31	2.08	2.09	2.12	2.23
后 15 位	复杂度/美元	7 804	8 509	9 101	9 812	9 075	8 788	9 251
	出口份额/%	7.59	7.54	5.47	6.45	4.46	4.28	4.13

资料来源：作者根据附录 J 的数据计算而得

使用根据式(6.1)计算而得的 205 种产品的 2001～2007 年各年份的产品复杂度，以及中国相应年份 205 种产品的出口数据，运用把相关产品数据集结到制造业各行业的方法，根据式(6.2)可以计算得到如表 6.3 所示的中国制造业各行业出口复杂度。观察期内从行业层面的平均出口复杂度看，复杂度超过 2 万美元的行业有 8 种，分别是 C22(专用设备制造业)、C26(仪器仪表及文化办公用机械)、C21(普通机械制造业)、C12(化学原料及化学制品制造业)、C25(通信设备、计算机及其他电子设备制造业)、C20(金属制品业)、C24(电气机械及器材制造业)和 C23(交通运输设备制造业)；复杂度小于 1 万美元的行业有两种，是 C6(皮革毛皮羽绒及其制品业)和 C3(烟草加工业)；其余的行业的平均出口复杂度都处于 1 万～2 万美元。从变化趋势看，出口复杂度最高的 8 个行业(C20、C21、C22、C23、C24、C25、C26 和 C12)和 C17(非金属矿物制品业)都呈现出复杂度随年份持续提高的状态；也有行业的复杂度呈下降趋势，如 C13(医药制造业)和 C14(化学纤维制造业)；虽然有些行业的复杂度有稍微的波动，但总体上呈上升趋势，如 C1(食品加工和制造业)、C4(纺织业)、C5(纺织服装、鞋、帽制造业)、C18(黑色金属冶炼及压延加工业)和 C19(有色金属冶炼及压延加工业)；其余行业的复杂度则波动较大。

表 6.3　中国制造业各行业出口复杂度　　(单位：美元)

行业	2001 年	2002 年	2003 年	2004 年	2005 年	2006 年	2007 年
C1	15 284	15 606	17 126	18 127	17 968	17 300	17 285
C2	11 944	12 409	9 434	13 125	8 627	14 051	6 466
C3	6 936	9 433	8 958	12 544	11 920	4 022	7 353
C4	13 127	13 706	15 088	15 178	14 491	14 649	15 937
C5	11 065	12 227	12 953	12 666	12 270	11 211	12 204
C6	8 960	11 961	10 716	12 301	9 253	5 719	10 999
C7	8 168	9 614	8 437	12 952	16 102	17 511	6 896

续表

行业	2001年	2002年	2003年	2004年	2005年	2006年	2007年
C8	10 998	9 265	17 682	11 528	10 666	12 751	10 363
C9	10 934	16 191	10 442	10 204	18 099	19 166	13 814
C10	10 263	10 042	14 854	7 507	6 524	19 098	6 907
C11	9 729	12 382	9 542	10 820	8 900	12 901	9 298
C12	20 222	21 062	22 215	23 782	22 590	23 554	24 156
C13	20 048	10 772	18 307	9 673	9 371	5 993	11 041
C14	13 346	9 521	5 092	9 582	9 004	35 039	6 749
C15	10 836	12 309	12 102	10 796	13 165	9 719	11 326
C16	8 691	8 211	11 621	12 523	8 295	13 716	13 274
C17	16 780	17 852	18 706	19 041	18 827	20 317	20 943
C18	15 446	17 637	17 104	17 191	17 376	20 230	22 280
C19	16 171	16 877	18 719	20 414	20 700	18 934	19 287
C20	19 847	20 039	21 131	20 968	21 520	22 192	22 512
C21	22 624	23 112	23 207	23 814	24 200	25 204	25 465
C22	24 330	24 866	25 353	26 214	25 886	26 643	27 103
C23	19 611	19 731	19 522	20 453	21 080	21 818	22 603
C24	20 381	20 193	20 580	21 017	21 218	21 850	22 837
C25	21 857	21 620	21 717	21 726	22 644	23 385	23 759
C26	23 241	22 952	23 267	23 784	24 155	25 712	27 056

注：行业代码和行业分类见附录C

资料来源：作者根据联合国COMTRADE数据库数据计算而得

表6.4显示了中国制造业各行业出口占整个制造业总出口的份额，其中出口份额最高的行业是C25(通信设备、计算机及其他电子设备制造业)，2001～2007年的平均出口份额为24%，出口份额较高的行业还有C5(纺织服装、鞋、帽制造业)、C24(电气机械及器材制造业)、C26(仪器仪表及文化办公用机械)和C4(纺织业)，它们的平均出口份额分别为14%、13%、8%和7%。出口复杂度较高的8个行业(C20、C21、C22、C23、C24、C25、C26和C12)的出口份额平均占了67%，且这些行业的出口份额呈逐年增长的趋势，从2001年的60%持续增长到了2007年的71%。出口复杂度较低的两个行业(C6和C3)的出口份额平均为0.6%，且呈下降趋势。其余的平均出口复杂度都处于1万～2万美元的行业占了约33%的份额，且呈逐渐下降的趋势，从2001年的39%下降到了2007年的29%。由此可见，中国制造业中出口复杂度水平处于中、低水平的行业的出口份额呈逐年下降趋势，而出口复杂度水平较高的行业的出口份额处于持续上升的状态，因此，中国制造业的出口复杂度是不断提高的。

表 6.4　中国制造业各行业出口份额　（单位：%）

行业	2001 年	2002 年	2003 年	2004 年	2005 年	2006 年	2007 年
C1	5. 0018	4. 4342	3. 7982	3. 1790	2. 9947	2. 8081	2. 6038
C2	0. 0354	0. 0592	0. 0088	0. 1120	0. 1992	0. 0860	0. 01[illegible]4
C3	0. 0000	0. 1222	0. 0177	0. 0041	0. 1122	0. 0004	0. 0087
C4	8. 1717	8. 0477	7. 7730	6. 7861	6. 5713	6. 1000	5. 56[illegible]6
C5	17. 7922	16. 1605	15. 0410	12. 5555	11. 8708	11. 9512	11. 4653
C6	1. 4586	1. 9330	0. 0986	0. 0524	0. 2487	0. 0037	0. 0638
C7	0. 8302	0. 0090	0. 0513	1. 6568	1. 3931	0. 2979	0. 0478
C8	1. 3253	0. 0480	0. 7118	1. 4023	0. 0100	0. 0026	0. 0003
C9	0. 0185	0. 0000	0. 0001	0. 0000	0. 0211	0. 0025	0. 0024
C10	0. 0122	0. 0165	0. 0158	0. 0022	0. 0024	0. 0091	0. 0736
C11	0. 0014	0. 0009	0. 0990	0. 0398	0. 0028	0. 0029	0. 0240
C12	5. 2946	4. 8514	4. 5873	4. 4009	4. 7508	4. 6070	4. 9745
C13	0. 0177	0. 0006	0. 0968	0. 3064	0. 0057	0. 0041	0. 0948
C14	0. 1489	0. 0023	0. 0044	0. 0324	0. 0041	0. 0000	0. 0017
C15	0. 0541	0. 0997	0. 0295	0. 0273	0. 0553	0. 0143	0. 0077
C16	0. 1198	1. 4836	0. 3833	0. 3241	0. 0267	0. 2686	0. 0017
C17	2. 3531	2. 4044	2. 2219	2. 0918	2. 1884	2. 1813	2. 0025
C18	1. 5303	1. 3000	1. 3906	2. 8168	3. 0858	4. 0744	5. 1144
C19	1. 6198	1. 4982	1. 5746	1. 8829	1. 7511	2. 2841	1. 9087
C20	3. 7390	3. 6995	3. 4778	3. 4849	3. 6969	3. 8349	4. 0441
C21	5. 3097	5. 4122	5. 4437	5. 5145	5. 6973	5. 9203	6. 5397
C22	2. 2967	2. 0874	2. 0113	1. 8473	1. 9120	2. 0140	2. 2210
C23	4. 3819	3. 9665	4. 3484	4. 1405	4. 4278	4. 7022	5. 3469
C24	13. 2709	13. 5148	13. 1843	12. 8648	12. 8156	13. 4101	13. 4342
C25	17. 8904	20. 4049	24. 8609	26. 0640	27. 3959	27. 1421	25. 6584
C26	7. 3257	8. 4432	8. 7698	8. 4110	8. 7603	8. 2782	8. 7320

注：行业代码和行业分类见附录 C
资料来源：作者根据联合国 COMTRADE 数据库数据计算而得

6.2　相关理论假说

本节将对中国制造业出口复杂度的决定因素进行分析，并提出了以下几个相关的理论假说。

6.2.1 技术与出口复杂度

根据前面出口复杂度的定义可知，在许多影响出口复杂度的因素中，技术是决定出口复杂度的最重要因素。高收入国家的先进技术水平通常是其竞争力的主要源泉。根据熊彼特的技术创新理论，引起技术进步的创新包括以下五种形式：一是生产出一种新的产品或提供一种产品的新质量；二是采用一种新的生产方法；三是开辟一个新的市场；四是获得一种原料或半成品的新的供应来源；五是实行一种新的企业组织形式。因此，这里所说的技术不仅包括以 R&D 为基础的产品创新或生产工序创新，还包括有效利用技术进行生产的能力，以及通过改进技术实现规模经济、有效组织供给或选择有效的供给链的能力。如果某产品的生产要求在以上方面都要具备先进的技术，则出口这一产品的国家必然要具备所必需的技巧、技术能力和强大的创新体系，良好的创新体系包括 R&D 机构的发展、知识产权制度和产品质量监督的完善，以及技术机构和企业之间很紧密的联系。因此，产品的出口复杂度反映了出口企业的技术水平，同时也反映了这个企业和国家的创新体系。由此，可以得到以下假说。

假说 1 制造业出口中，某个行业的出口复杂度取决于这一行业的技术水平。

6.2.2 劳动生产率与出口复杂度

参照 Krugman(1990)的研究，假设有两个国家 1 和 2，用唯一的生产要素劳动力 L，生产多种产品 $Z_i(i=1, 2, \cdots, N)$，产品 Z_i 可以按照它们的复杂度从高到低排列，假定 Z_i 随 i 的增大，复杂度单调递减。假定国家 1 是技术领导者，国家 2 是技术跟随者。用 $a_c(Z_i)$(其中，$c=1$ 或 2)表示 c 国生产一单位产品 Z_i 所需要的劳动力的单位数。则对于每个产品 Z_i，$a_1(Z_i)<a_2(Z_i)$都成立，即对于所有的产品国家 1 的生产率都比国家 2 高，但是国家 1 的生产率优势并不是各产品都相同的。对产品 Z_i，可以定义国家 1、2 两国的相对劳动生产率比较优势为

$$A(Z_i)=\frac{a_2(Z_i)}{a_1(Z_i)} \tag{6.4}$$

于是可以通过排序使 $A(Z_i)$随 i 的增加而单调递减，即两国生产 Z_i 的生产率优势可以表示为

$$\frac{a_2(Z_1)}{a_1(Z_1)}>\cdots>\frac{a_2(Z_i)}{a_1(Z_i)}\cdots>\frac{a_2(Z_N)}{a_1(Z_N)} \tag{6.5}$$

存在边际产品 $\bar{Z}$，它的生产成本在国家 1 和国家 2 都相等，即相对工资和 $A(\bar{Z})$存在如下关系：

$$\omega=\frac{\omega_1}{\omega_2}=A(\bar{Z}) \tag{6.6}$$

其中，ω_1 和 ω_2 分别为国家 1 和国家 2 的工资水平，所有 $Z_i<\bar{Z}$ 的产品都在国家 1 生产，所有 $Z_i>\bar{Z}$ 的产品都在国家 2 生产。显然，技术领先的国家 1 生产复杂度较高产品的相对成本较低，技术落后的国家 2 生产复杂度较低的产品的相对成本较低，因此，比较优势要求国家 1 生产复杂度较高的产品，国家 2 生产复杂度较低的产品。由此可见，技术领先的国家在所有产品生产中的劳动生产率都高于技术落后的国家，且在复杂度越高的产品，其生产率优势越明显，因此，技术先进国的出口复杂度高于技术落后国的出口复杂度。由此，可以得到以下假说。

假说 2　制造业出口中，某个行业的出口复杂度取决于这一行业的劳动生产率水平。

6.2.3　要素禀赋与出口复杂度

根据 H-O 要素禀赋理论，一国的出口特征由其要素禀赋决定，出口复杂度是产品出口特征，产品的复杂度反映了产品的要素密集度。国与国之间要素禀赋存在差异，使得要素价格也产生差异，进而导致生产成本和产品价格的差异，由此引起国家间不同的比较优势。根据比较优势理论，一国应该出口密集使用其相对丰富要素的产品，进口密集使用其相对稀缺要素的产品。由罗伯津斯基定理可知，在商品价格不变的前提下，某一要素的增加会导致密集使用该要素产品的生产和出口增加，而密集使用其他要素的产品的生产和出口则下降。显然，在使用人力资本、资本和劳动力三种要素的情况下，人力资本、资本和劳动力充裕的国家将分别更多地出口人力资本、资本和劳动力密集型的产品，因而对应出口复杂度是人力资本密集型的产品的复杂度最高、资本密集型的产品的复杂度次之，最后是劳动力密集型的产品的复杂度。从行业层面看，一个行业的人力资本越丰富或资本劳动越高，则这个行业的出口复杂度越高。由此，可以得到以下假说。

假说 3　制造业出口中，某个行业的出口复杂度取决于这一行业的人力资本水平和资本密集度。

6.2.4　国际分割生产与出口复杂度

国际分割生产的组织方式主要有以下两种：一是 FDI，即通过跨国公司在国外直接投资建立子公司或分支机构完成零部件的生产或组装；二是外包，即通过将企业的部分生产活动转移给另一个与自己没有特殊关联关系(arm-length)的企业，即通过外包来完成。而我国参与国际分割生产的组织方式主要是引进 FDI 的方式。另外，加工贸易是国际分割生产的基本形态之一，也是我国参与国际分割生产的主要方式之一。因此，本节将在第 3 章模型结论的基础上，具体分析国际分割生产转移和溢出技术的主要渠道——FDI 和加工贸易，通过分析 FDI 和加工贸易的技术转移和溢出效应对出口复杂度的影响，从而说明国际分割生产与出口复杂度的关系。

1. FDI与出口复杂度

FDI对东道国出口复杂度的作用体现在FDI对东道国的技术效应上，即FDI的技术转移效应包括FDI的直接技术转移效应(狭义的FDI技术转移效应)和FDI的间接技术转移效应(FDI技术溢出效应)。

根据日本学者小岛清(1987)的研究：FDI应该理解为向接受投资的国家传递资本、管理技巧、技术知识和经营资源等一揽子资源(package)。根据邓宁的折中理论，跨国公司(FDI载体)只有同时具备垄断优势、东道国区位优势和内部化优势时，才考虑FDI。其中，具备技术优势是跨国公司从事对外投资的基础和前提。因此，跨国公司既是先进技术的拥有者，也是先进技术的创新者和转移者。在现代技术发展中，跨国公司一直是从事新产品研究与开发、进行技术创新的主要组织者和承担者，也是绝大多数现代先进技术与生产工艺的率先采用者和垄断者。技术优势成为跨国公司海外扩张的出发点。跨国公司之所以能够迅速发展、壮大，成为全球经济中最为活跃的角色之一，不仅是因为其自身拥有雄厚的资本实力、精湛的工艺设备和完善的科研基础设施等有形资产，更为重要的是跨国公司拥有技术研究与开发的能力，以及专利技术、商标、组织管理和营销技能等许多无形资产。正是凭借对以上两种资产所有权的垄断优势，跨国公司才得以在激烈的国际竞争中立于不败之地。跨国公司在国际技术转移中扮演着重要角色，主要是因为跨国公司垄断了世界大部分技术开发资源和研究与开发成果。跨国公司通过对R&D的巨额投入，获得并控制了世界大量的先进技术。技术垄断是跨国公司对外直接投资的一个重要根基，技术也是跨国公司对外投资的主要内容，可以说，跨国公司每一次对外直接投资都孕育着科学技术的跨国转移。因此，跨国公司对外直接投资的增长，直接扩大了国际技术转移的规模，从而使跨国公司成为国际技术转移的主体。当一个跨国公司在外国建立了一个子公司，子公司就会得到一定数量的专有技术，从而形成子公司特殊的优势。东道国只需在劳动力和基础设施方面予以配合就能很快形成生产力，东道国的资源与FDI转移的技术相结合，直接提高了东道国产出和出口的复杂度。

另外，FDI除了对东道国子公司的直接的技术转移外，还对东道国本土企业的技术进步产生了间接影响。本土企业从FDI的获益表现在：跨国公司在当地建立的子公司示范新的技术，给它们当地生产资料供给者和产品购买者提供技术援助，对其当地职员进行培训，而这些职员后来可能会流入本土企业。跨国公司的进入会加剧当地市场的竞争，竞争的压力会刺激当地的企业更有效率地运作及更早地引进新技术。因为跨国公司不能很确切地度量这些影响的所有价值，从而跨国公司也不可能获取这些影响的全部收益，所以通常把这些影响叫做“溢出效应”(Kokko，1994)。在多数情况下，FDI的技术溢出效应是通过以下几个渠道而产生的。

1)跨国公司与本土企业间的关联效应

FDI 的一些技术溢出效应是通过跨国公司与它们当地的供应者、销售商和消费者产生联系而产生的。由于后者有可能从跨国公司的产品创新、先进的工艺技术和市场技巧中“免费搭车”，从而产生溢出效应。后向联系是指跨国公司子公司与当地供给者之间的联系，通常跨国公司通过一些后向联系活动产生了溢出效应。例如，帮助供给商装配生产设备；为提高供给商的产品质量或促进其创新而提供技术援助或提供信息；在经营管理方面提供培训或帮助；为供给商购买原材料和中间产品供给产品或提供帮助；帮助供给商寻求更多的消费者。

2)市场竞争和示范效应

跨国公司母公司对其子公司转移的技术比本土企业的技术先进，形成了子公司的技术优势，从而使其在市场竞争中占有优势，获得了更多的市场份额和利润。这种技术示范，使得本土企业为了同跨国公司子公司竞争，纷纷模仿它们的技术。许多学者的研究都表明跨国公司对本土企业的溢出效应都是通过示范和竞争的相互作用产生的。示范与竞争效应的机制体现为，当外商直接投资进入了东道国的特定的行业后：一方面，跨国公司采用的先进的生产与管理技术为其创造了高额利润，从而在本土企业中产生了示范效应；而本土企业通过对跨国公司的观察与模仿最终使本土企业达到了提高自身效率的结果，获得了溢出效应。另一方面，跨国公司的进入和对本地市场的争夺，对本土企业造成了竞争的压力。为了保持原有市场并且争取生存和发展的机会，对于本土企业而言，在跨国公司的竞争压力下不得不投资于学习过程，而学习过程的投资越大，本土企业的技术能力越强，越能够获取高额的利润，从而表现为本土企业因为跨国公司的进入而获得了溢出效应。与此同时，由于本土企业与跨国公司的技术差距的缩小，又会促使跨国公司不得不越多越快地向东道国子公司转移技术，以提高相应的竞争能力和保持原有的利润空间。这就体现为由于本土企业竞争能力的增强促进了外资企业的溢出效应，而外资企业技术的转移又反过来为本土企业进一步获取溢出效应提供了新的机会。

3)人力资本的培训和流动

当 FDI 从发达国家流入发展中国家，由于东道国的劳动力没有具备 FDI 所必需的专业技术水平，跨国公司需要对其当地的职员进行培训，培训的对象包括生产性操作人员、技术人员和管理人员，这些人后来可能就职于当地企业或自己创建新公司。这样，他们在跨国公司工作时所学的专业操作技术和管理技术就会随之流出，从而产生了技术溢出效应。大多数跨国公司会对他们的职员进行培训，而培训的量和类型取决于跨国公司进入的行业、规模和时间、运作方式和当地的条件。东道国职员的总体的技术技能水平是决定其接受的培训量的主要因素之一。而竞争性是另一个主要的因素，在国际或国内竞争中受到保护的企业很少有可能投资于成本昂贵的培训。而如果东道国的竞争较为激烈，跨国公司会对子公司转移更多的、较先进的技术，也会对职员的培训投入较多，对本土企业的技术溢出效应也就越大。

所以，FDI通过对子公司的技术转移和对东道国本土企业的技术溢出效应，促进了东道国技术水平的提高，从而也促进了东道国产出和出口产品复杂度的提升。由此，可以得到以下假说。

假说4 制造业出口中，某个行业的出口复杂度与这一行业所引进的FDI存在正向的关系。

2. 加工贸易与出口复杂度

国际贸易对出口复杂度的作用体现在国际贸易的技术效应。许多学者在研究技术与国际贸易的关系时，也包含有关国际贸易技术效应的内容。其中之一就是波斯纳所提出的技术差距理论，波斯纳假设每种行业产品在各国都能生产，生产要素在各国均匀分布。但是，各国在技术知识和技巧上存在差距，从而导致了各国的技术创新水平的差距，使得各国的同一行业采取不同的工艺技术进行生产。该理论认为，首先完成技术创新的国家，取得了技术上的优势，并且在一段时间内，凭借其技术上的优势，在运用此技术进行生产的产品上取得了垄断地位，形成了与未进行技术创新的其他国家间的技术差距，并且导致了该技术产品的国际贸易。随着技术产品国际贸易的扩大，技术创新国家的该技术产品在经济增长中的示范效应也会明显体现，其他国家为了追求同样的效应，通过多种途径进行模仿。随着技术模仿国与技术创新国关于该项技术产品的国际贸易，两国之间该产品的技术差距逐渐缩小直至消失。Krugman(1990)等学者对国际贸易的技术效应进行了进一步的研究。研究表明每个国家的技术进步都使得本国所有产业的生产率提高。而且，技术密集程度越高的产品，其生产率提高的程度越高。发达国家是技术创新国，发展中国家通过技术引进、模仿进行技术追赶，使得发展中国家能够生产更多的产品，从而增加了发展中国家从国际经济活动中获得的收益份额。这就迫使发达国家加快技术创新，通过创新产品的绝对优势争取更多的贸易利益。所以，发展中国家与发达国家的贸易技术效应是一个动态的相互作用过程。

加工贸易通过贸易技术效应促进产品复杂度提高的途径主要有：加工贸易给予技术落后国模仿技术前沿国的技术的机会，而模仿是一个通过“干中学”(learning by doing)提高技术的过程；进口新的中间产品能通过投入产出效应提升进口国生产率；技术落后国可以通过进口了解和学习关于产品设计、生产方法和市场等信息，从而提升相关的技术；进出口使各国避免重复劳动而改善全球范围内的研究活动的效率等；技术的进口直接带来了进口国技术的进步；出口商对新产品的演示和推销过程会带来技术的溢出效应，等等。

1)加工贸易的直接技术转移效应

加工贸易与技术转移的直接关系主要表现在中间品的进口，特别是进口的技术含量较高的中间品通常通过包含其中的技术对最终产品的复杂度的提高有一个直接的影响。而国际贸易中很大部分是由生产投入品贸易而不是消费品贸易构成的，因此，中间投入品的技术转移效应也是比较显著的现象。加工贸易使一国可利用的中间投入品数量增加，从而使最终产品的产出增加。从质量方面来看，当中间投入品的复杂度越高，最终产品的复杂度也越高，可以通过创新或模仿使中间投入品的复制度提高。对于发展中国家来说，这意味着在一个开放的贸易体制下，可以通过从发达国家进口获得更高质量水平的中间投入品，从而促进其最终产品复杂度的提高。

2)加工贸易的间接技术转移效应

加工贸易的间接技术转移效应就是通常所说的“干中学”。加工贸易的特点之一是最终产品的增值链加长，即同一种产品的生产需要几个国家的共同参与。从事加工贸易的企业从外国进口关键料件和设备进行组装生产，在加工过程中摸索、了解和吸收国外同行的知识和技术窍门，逐步掌握生产这些中间产品的能力，使产品国产化率不断提高。在出口过程中，国外的消费者会对产品的性能进行反馈，使企业能根据市场的需求改进产品设计，增加产品销量。这些在进口和出口过程中获得的知识和技术，在经济学中属于“干中学”效应。“干中学”式的技术进步，大部分是从技术溢出中获得的。作为技术落后的发展中国家，通过开放市场，可以在学习的过程中达到技术知识的积累。

显然，加工贸易通过直接的中间投入品的进口投入和“干中学”效应，促进了参与加工贸易国家的产出和出口产品的复杂度的提升。由此，可以得到以下假说。

假说 5　制造业出口中，某个行业的出口复杂度与这一行业的加工贸易存在正向的关系。

6.3　计量模型及回归结果分析

本节将根据 6.2 节提出的理论假说构建计量模型，并根据相关的面板数据进行计量检验，最后对计量检验结果进行分析。

6.3.1 计量模型和数据说明

1. 计量模型设定和变量选取

根据以上的理论假说，构建如下计量模型：

$$\mathrm{PRODY}_{it} = \alpha_i + \alpha_2 T_{it} + \alpha_2 \mathrm{FE}_{it} + \alpha_3 \mathrm{FP}_{it} + u_{it} \tag{6.7}$$

其中，因变量 PRODY_{it}表示第i行业在t时期的出口复杂度；T_{it}表示第i行业的技术发展水平；FE_{it}表示第i行业的要素禀赋状况；FP_{it}表示第i行业的国际分割生产程度；α_i表示行业i的截距项；u_{it}表示误差项。

鉴于数据的可获得性及参考相关文献的研究，代表技术发展水平的T_{it}主要采用以下两个指标：一是科技投入指标 ST_{it}，用各行业的科技活动经费支出总额来度量；二是生产率水平的指标A_{it}，用各行业的全员劳动生产率，即用各行业工业增加值与平均从业人员的比值度量。代表要素禀赋状况的 FE_{it}主要选取两个指标：一是代表人力资本水平的指标H_{it}，用各行业的平均工资水平作为人力资本水平的代理变量；二是代表资本禀赋的指标K_{it}，用各行业的固定资产投资作为资本禀赋的代理变量。表示国际分割生产程度的 FP_{it}包括两个指标：一是表示以 FDI 方式参与国际分割生产程度的指标 RFDI_{it}，由于没法获得制造业分行业利用的 FDI 数据，所以用各行业的“三资”企业的工业总产值占行业总产值的比重 RFDI_{it}作为以 FDI 方式参与国际分割生产程度的代理变量；二是表示以加工贸易方式参与国际分割生产程度的指标 PT_{it}，用各行业的加工贸易进口量进行度量。

2. 数据来源和处理

本书所选的样本为中国 26 个制造业行业，时间跨度为 2001～2007 年。因变量 PRODY_{it}的数据由 6.1 节根据式(6.1)和式(6.2)计算而得。各行业的科技活动经费支出总额 ST_{it}数据来源于《中国科技统计年鉴》(2002～2008 年)，各行业固定资产投资数据来源于《中国统计年鉴》(2002～2008 年)，各行业的平均工资水平数据来源于《中国劳动统计年鉴》(2002～2008 年)，各行业的工业增加值、平均从业人员和“三资”企业与全国规模以上企业的工业总产值数据来源于《中国工业经济统计年鉴》(2002～2008 年)，各行业的加工贸易进口数据来源于国研网数据库，从该数据库中获得 HS 编码四位码的相关商品贸易数据，并把这些数据集结到书中所选取的 26 个制造业行业中，就可得到这些行业的加工贸易和贸易数据，加工贸易数据包括来料加工装配贸易、进料加工贸易、出料加工贸易和外商投资企业作为投资进口的设备、物品。表 6.5 总结了各变量的含义和来源。表 6.6 报告了各变量的统计摘要。

表 6.5 各变量说明和数据来源

变量		变量	含义	时间范围	数据来源
被解释变量		PRODY	各行业的出口复杂度	2001～2007 年	根据式(6.1)和式(6.2)计算而得
解释变量	技术发展水平	A	各行业劳动生产率	2001～2007 年	根据《中国工业经济统计年鉴》计算
		ST	各行业科技活动经费支出总额	2001～2007 年	《中国科技统计年鉴》
	要素禀赋	H	各行业的平均工资	2001～2007 年	《中国劳动统计年鉴》
		K	各行业固定资产投资	2001～2007 年	《中国统计年鉴》
	国际分割生产	RFDI	各行业的“三资”企业产值占行业总产值的比重	2001～2007 年	根据《中国工业经济统计年鉴》计算
		PT	各行业的加工贸易进口量	2001～2007 年	国研网数据库

表 6.6 相关变量的统计摘要

项目	被解释变量	解释变量					
	PRODY/元	RFDI	PT/亿元	A/(元/人)	ST/亿元	H/元	K/亿元
平均值	16 031.21	33.17	665.42	122 498.1	77.94	15 207.95	561.43
中位数	16 019.65	31.67	213.11	76 090.63	32.16	13 717.5	237.9
最大值	35 038.87	84.14	9 782.4	1 568 415	636.3	53 071	3 534.04
最小值	4 021.95	0.23	0.13	26 882.38	0.94	6 681	5.51
标准差	5 974.67	17.37	1 377.03	188 006.6	113.24	6 739.12	704.94
样本数目/个	182	182	182	182	182	182	182

注：通过软件 EViews6.0 计算而得

6.3.2 计量模型回归

1. 模型选取

由于所选的样本是 26 个截面 7 个时间序列的面板数据，所以采用面板回归的方法。而面板回归模型通常有混合回归模型、固定效应回归模型和随机效应回归模型三种，因此，需要推断用哪一种模型更合适。推断方法分以下两步。

一是推断适合选用混合回归模型还是固定效应回归模型，可以通过 F 检验来确定。F 检验的原假设是对于不同横截面模型截距项相同(应建立混合回归模型)。备择假设是对于不同横截面模型的截距项不同(应建立固定效应回归模型)。

F 统计量构建如下：

$$F=\frac{(\mathrm{SSE}_r-\mathrm{SSE}_u)/N-1}{\mathrm{SSE}_u/(\mathrm{NT}-N-1)},F\sim F_{\alpha(N-1,\mathrm{NT}-N-1)}$$

其中，SSE_r、SSE_u 分别是混合回归模型和固定效应回归模型的残差平方和；N 是横截面个体数；T 是时间数列期数；$F_{\alpha(N-1,NT-N-1)}$ 是 F 分布的临界值。

二是推断适合选用固定效应回归模型还是随机效应回归模型，可以通过 Hausman 检验来确定。Hausman 检验的原假设是个体效应与回归变量无关(即应建立随机效应回归模型)，备择假设是个体效应与回归变量无关(即应建立固定效应回归模型)。

H 统计量构建如下：

$$H=\frac{(\widehat{\beta}_w-\widehat{\beta}_{\mathrm{RE}})^2}{S^2(\widehat{\beta}_w)-S^2(\widehat{\beta}_{\mathrm{RE}})},H\sim\chi^2(k)$$

其中，$\widehat{\beta}_w$ 和 $S^2(\widehat{\beta}_w)$ 分别是固定效应模型估计结果中的回归系数和方差，而 $\widehat{\beta}_{\mathrm{RE}}$ 和 $S^2(\widehat{\beta}_{\mathrm{RE}})$ 分别是随机效应模型估计结果中的回归系数和方差；$\chi^2(k)$ 是自由度为 k 的 χ^2 分布。

通过对表 6.7 中的固定效应模型进行 F 检验，结果如表 6.8 所示，因为 $F=12.52>\chi^2_{0.05}(6)\geqslant 12.59$，所以拒绝原假设，比较混合模型和固定效应模型，建立固定效应模型更合适。

表 6.7　混合模型、固定效应模型和随机效应模型估计结果

模型	混合效应模型		固定效应模型		随机效应模型	
	系数	t 值	系数	t 值	系数	t 值
C	16 110.140	9.73	11 675.360	3.00	14 201.660	6.82
A	−0.012	−2.38	−0.006	−0.95	−0.007	−1.37
ST	10.568	1.71	0.280	1.31	6.169	0.92
H	0.093	0.64	0.135	0.86	0.121	0.84
K	0.882	1.11	0.361	0.44	0.313	0.42
RFDI	−70.865	−2.47	82.089	1.71	0.990	0.02
PT	1.480	3.56	0.094	1.21	0.307	0.75
R^2	0.334		0.784		0.224	
观测值	182		182		182	

注：面板回归所用的软件是 EViews6.0

表 6.8　F 检验

效应检验	统计值	d. f.	Prob.
横截面 F	12.52	(25，150)	0.0000
横截面卡方(χ^2)	205.17	25	0.0000

对表 6.7 中的随机效应模型进行 F 检验，结果如表 6.9 所示，因为 $H=13.03>F_{0.05(25,150)}>F_{0.05(20,150)}=1.64$，所以拒绝原假设，比较固定效应模型和随机效应模型，建立固定效应模型更合适。

因此，比较三种面板回归模型，应该建立固定效应模型。

表 6.9　Hausman 检验

检验结果汇总	χ^2 统计量	χ^2 d. f.	Prob.
横截面随机	13.03	6	0.0425

2. 模型回归结果

本书进行计量检验的目的是，以 26 个制造业行业的出口复杂度作为因变量，分析不同的因素，特别是国际分割生产对出口复杂度的影响。用不同的模型检验的结果如表 6.10 所示。从模型 1 到模型 5 依次删除了不显著的变量进行估计。模型 1 中 ST 和 RFDI 的系数显著为正，说明行业的科技经费投入和外资流入对该行业的出口复杂度的提高有显著的推动作用。PT 的系数为正，但不是那么显著，说明加工贸易进口对出口复杂度的影响不是那么明显。要素禀赋状况 H 和 K 的系数为正，但 t 值不显著，意味着行业的人力资本水平和资本存量状况对出口复杂度的影响不明显。A 的系数为负，但数值非常的小，说明各行业的生产率对其出口复杂度没有经济学意义上的影响，而且，t 值不显著，因此，生产率对其出口复杂度没有明显的影响，这与根据关于劳动生产率与出口复杂度的理论假说的预期不一致。首先考虑从模型中剔除不显著的变量 A，于是，得到模型 2。

表 6.10　固定效应模型估计结果

变量	模型 1	模型 2	模型 3	模型 4	模型 5
C	11 675.360	12 774.810	12 841.940	12 694.240	9 780.310
	(2.996)*	(3 721.624)*	(3.579)*	(3.540)*	(3.268)*
A	−0.006				
	(−0.954)				
ST	0.280	0.801	0.856	6.680	
	(1.305)***	(7.898)*	(2.109)**	(1.204)	
H	0.135	0.006			
	(0.861)	(0.079)			
K	0.361	0.674	0.699		
	(0.441)	(0.75)	(1.052)		

续表

变量	模型 1	模型 2	模型 3	模型 4	模型 5
RFDI	82.089 (1.715)**	79.494 (114.753)*	79.496 (1.695)**	84.156 (1.736)**	188.423 (2.095)**
PT	0.094 (1.214)	0.140 (1.439)***	0.140 (1.32)***	0.0368 (0.086)	
R^2	0.784	0.783	0.783	0.781	0.778
F	17.583	18.150	18.899	19.521	20.913
$D.\ W.$	2.555	2.540	2.540	2.515	2.477
观测值	182	182	182	182	182

注：面板回归所用的软件是 EViews6.0，括号内为 t 统计量
* 表示显著水平为 1%，** 表示显著水平为 5%，*** 表示显著水平为 10%

模型 2 中，把变量 A 删除后，变量 ST 的显著性明显增强，系数为正，表明各行业科技活动经费投入对其出口复杂度的提高有显著的推动作用，科技活动经费投入每增加 1 个单位，出口复杂度就提高 0.8 个单位。RFDI 的显著性也增强了，且系数为正，表明各行业“三资”企业的工业生产总值占全行业的工业生产总值的比重越高，行业出口复杂度越高，“三资”企业的工业生产总值份额每提高 1 个百分点，出口复杂度就提高 0.79 个百分点。PT 的 t 值也变显著了，且系数为正，说明各行业的加工贸易进口对其出口复杂度的提高有正向的作用，加工贸易进口每增加 1 个单位，出口复杂度就提高 0.14 个单位。K 的 t 值虽然有所增加但还是不显著，说明行业资本的投入对出口复杂度的影响不明显；H 的 t 值也不显著，且系数非常的小，说明各行业的人力资本对出口复杂度没有经济学意义上的影响。所以，考虑剔除变量 H，于是得到模型 3。

模型 3 中，进一步把变量 H 删除，ST、RFDI 和 PT 的回归系数的 t 值是显著为正，科技活动经费投入每增加 1 个单位，出口复杂度就提高 0.86 个单位；“三资”企业的工业生产总值份额每提高 1 个百分点，出口复杂度就提高 0.79 个百分点；加工贸易进口每增加 1 个单位，出口复杂度就提高 0.14 个单位。K 的 t 值还是不显著，说明行业资本的投入对出口复杂度的影响不明显，因此，考虑剔除变量 K，于是得到模型 4。

模型 4 中，只有 RFDI 的系数显著，“三资”企业的工业生产总值份额每提高 1 个百分点，出口复杂度就提高 0.84 个百分点，于是进一步剔除 ST 和 PT，就得到模型 5。模型 5 中，RFDI 的系数显著为正，“三资”企业的工业生产总值份额每提高 1 个百分点，出口复杂度就提高 1.88 个百分点。RFDI 的系数显著为正，而 PT 系数不显著，原因可能是因为 FDI 与加工贸易进口有很大一部分是重叠的，随着我国参与国际分割生产程度的不断提高，FDI 的流入量也越来越大，

海外跨国公司在我国建立的子公司越来越多，跨国公司在全球的母公司和子公司之间配置资源，共同完成同一个产品的生产，于是母公司与子公司之间的零部件贸易增加。因此，随着“三资”企业的工业生产总值份额的提高，加工贸易可能也会增长，加工贸易进口也会增加，随着 FDI 的流入，必然会增加加工贸易的进口，而中国加工贸易进口很大部分是由“三资”企业完成的。因此，二者有公共部分，因而，RFDI 在一定程度上也能代表我国的国际分割生产程度。通过模型回归分析，可以断定国际分割生产对我国制造业出口复杂度的提高有正向的作用。

6.4　小　结

本章首先基于 Rodrik(2006)度量产品复杂度的方法，构建了一个度量行业水平的出口复杂度的指标，并对中国 26 个制造业行业的出口复杂度进行了度量。其次对影响中国制造业出口复杂度的主要因素进行了理论分析，进而运用 2001～2007 年中国制造业行业面板数据进行经验检验。本章主要结论如下。

第一，我国 205 个基于 SITCRev. 3 分类的三位码制造业产品的出口复杂度逐年上升。通过对这些产品出口复杂度排序，观察排名前 15 位和后 15 位产品的出口情况，发现出口中复杂度低的产品的份额高于复杂度高的产品的份额，但复杂度低的产品的出口份额在逐年下降，由此可知，中国出口的复杂度处于上升趋势。

第二，通过计算中国 26 个制造业行业的出口复杂度，发现出口复杂度较高的 9 个行业为：专用设备制造业，仪器仪表及文化办公用机械，普通机械制造业，化学原料及化学制品制造业，通信设备、计算机及其他电子设备制造业，金属制品业，电气机械及器材制造业、交通运输设备制造业和非金属矿物制品业。其中，有少数行业复杂度呈下降趋势，如医药制造业和化学纤维制造业；但大多数行业的复杂度表现出波动中上升的趋势，因此，中国制造业的出口复杂度总体上呈上升趋势。另外，观察中国各种复杂度水平的制造业行业的出口情况，发现出口复杂度较高的 8 个行业占整个制造业出口的份额平均为 67%，且这些行业的出口份额呈逐年增长的趋势，从 2001 年的 60%持续增长到了 2007 年的 71%。而中国制造业中出口复杂度水平处于中、低等的行业的出口份额呈逐年下降趋势，因此，中国制造业的出口复杂度是在不断提高的。

第三，经验检验结果表明：国际分割生产(分别用加工贸易进口和“三资”企业工业产值比重表示)提升了出口复杂度；资源禀赋的人力资本水平和物质资本投资对出口复杂度的影响并不显著；全员劳动生产对出口复杂度的影响也不显著；而代表各行业技术水平的科技活动经费投入对出口复杂度的提升有正向作用。

上述结论无疑具有重要的政策含义。我国制造业各行业科技活动经费投入的增加，极大地促进了我国制造业的出口复杂度。同时随着我国对外开放的加大，我国通过 FDI 和加工贸易等方式参与国际分割生产的程度不断提高，越来越多的劳动密集的生产区段被分割到中国来生产，其中也包括最终产品的组装，这意味着中间投入品的进口会随着国际分割生产而增加。中间投入品的进口，特别是技术含量较高的中间品的进口直接导致最终产品的复杂度的提高。另外，随着 FDI 的流入，通过产业关联效应、技术溢出效应和人力资本流动效应也能促进参与国际分割生产产业的出口复杂度的提升。加工贸易“干中学”效应也能促进通过加工贸易参与国际分割生产行业的出口复杂度的提高。因此，通过吸引 FDI 和积极发展加工贸易能够促进中国参与国际分割生产程度的提高，从而促进出口复杂度的提高。

第7章　国际分割生产与中国制造业出口的深化和广化

改革开放以来，中国的出口取得了快速增长，1981～2007年出口以年均17.4%的速度增长，远远高于同期的世界平均水平7.9%，且从各个时期看，中国出口的增长速度在不断加快，2000～2007年以26%年均速度爆炸式地增长。中国出口总额在世界的排名从1980年的第28位跃升至2007年的第2位，2009年更是超过德国成为世界第一大出口国家。

从出口产品结构来看，中国的出口主要以工业制成品为主，工业制成品在总出口中的比重自1981年以来持续提高，在1985年超过了初级产品的比重，在1998年到达了90%，近年来一直保持在95%。从1981～2007年的数据看，中国工业制成品的总体增长速度快于我国总出口的增长，年均增长速度到达了20.3%，高于总出口的年均增长速度17.4%。就出口行业而言，如表7.1所示，2001～2008年中国制造业的年平均增长速度达到了28%，其中，增长最快的行业黑色金属冶炼及压延加工业的平均增长速度高达67%，专用设备制造业和金属制品业的平均增长速度也非常高，分别为52%和48%，还有木材加工及家具制造业，造纸及纸制品业，石油加工及炼焦业，橡胶制品业，普通机械制造业，交通运输设备制造业，通信设备、计算机及其他电子设备制造业和仪器仪表及文化办公用机械等行业的年平均增长速度也超过了制造业。这些快速增长的行业占去了中国制造业出口的56%的份额。

表7.1　2001～2008年中国制造业年平均出口比重和增长速度　（单位：%）

行业	平均比重	平均增长	行业	平均比重	平均增长
食品加工和制造业	2.64	16.01	化学纤维制造业	1.53	20.96
饮料制造业	0.22	8.95	橡胶制品业	0.74	33.18
烟草加工业	0.05	6.94	塑料制品业	2.11	20.84
纺织业	9.63	23.14	非金属矿物制品业	1.90	26.22
纺织服装、鞋、帽制造业	5.79	16.01	黑色金属冶炼及压延加工业	2.20	67.13
皮革毛皮羽绒及其制品业	5.82	15.61	有色金属冶炼及压延加工业	1.30	27.12
木材加工及家具制造业	2.95	28.63	金属制品业	4.43	48.23
造纸及纸制品业	0.50	28.19	普通机械制造业	3.55	35.63
印刷业记录媒介的复制	0.18	26.74	专用设备制造业	2.53	52.39
文教体育用品制造业	3.40	20.46	交通运输设备制造业	4.23	33.77

续表

行业	平均比重	平均增长	行业	平均比重	平均增长
石油加工及炼焦业	1.39	31.22	电气机械及器材制造业	9.68	26.25
化学原料及化学制品制造业	4.94	28.55	通信设备、计算机及其他电子设备制造业	24.95	35.21
医药制造业	0.22	21.96	仪器仪表及文化办公用机械	3.15	29.25
制造业	100	28.14			

注：根据国研网数据库的相关数据计算而得

我国出口贸易的快速增长引起了许多学者的关注，并从不同角度对此进行了研究。已有的研究可以分为如下三个类别：一是主要从宏观层面进行研究，主要分析贸易总量增长是由比较优势决定的还是规模经济决定的；二是分析中国的出口增长有何特别之处；三是利用相关贸易理论来说明中国的贸易问题。上述研究明显存在不足之处：这些研究主要是对贸易总量增长的分析，很少具体到行业层面进行研究，因此不可能对中国出口的特征进行全面而深入的分析，没有考察出口产品的数量差异和种类差异等产品特征。而若要全面认识中国制造业出口贸易的增长，必须弄清中国制造业出口的增长是由于出口了更多的新产品，即出口的广化，还是由于出口了已有产品更多的数量，即出口的深化，这对分析中国制造业出口增长的来源及其影响是十分重要的。

因此，本章将试图解答这一问题。首先，全面考察我国制造业出口增长的不同来源，即借鉴 Hummels 和 Klenow(2005)的方法构建指标，对出口的广化和出口的深化进行度量，以便得到更为客观的结论。其次，本章对影响我国制造业出口的广化和深化的因素进行理论分析，并采用中国 26 个制造业行业面板数据进行经验检验。

7.1 中国制造业出口的深化和广化

7.1.1 出口深化和广化的度量指标

Hummels 和 Klenow(2005)在 Feenstra(1994)研究的基础上对一国的出口值进行了出口深化和出口广化两个维度的分解。Hummels 和 Klenow 是在国家水平上对出口进行分解的，本书按照他们的分解方法，构建了从行业水平分解出口深化与广化的指标，具体内容表示如下：

首先，构建度量一国的行业水平的出口广化程度的指标如下：

$$\mathrm{EM}_{cim}=\frac{\sum\limits_{j\in I_{cim}}V_{wijm}}{\sum\limits_{j\in I_{im}}V_{wijm}}=\frac{\sum\limits_{j\in I_{cim}}p_{wijm}\cdot q_{wijm}}{\sum\limits_{j\in I_{im}}p_{wijm}\cdot q_{wijm}} \tag{7.1}$$

其中，c 表示研究的对象国，书中表示中国；w 表示参照国，书中选世界作为参照国；m 表示对象国 c 和参照国 w 出口的目的国，即进口国；i 表示行业，j 表示产品种类，EM_{cim} 表示 c 国向 m 国出口的 i 行业的出口广化程度；I_{cim} 表示 c 国向 m 国出口的 i 行业所包括产品 j 的集合；I_{im} 表示世界向 m 国出口的 i 行业所包括产品 j 的集合，显然，I_{cim} 是 I_{im} 的一个子集。V_{wijm} 表示世界 w 向 m 国出口的 i 行业的 j 产品的总额；p_{wijm} 和 q_{wijm} 分别表示世界 w 向 m 国出口的 i 行业的 j 产品的价格和数量。式(7.1)中分子表示包含与中国 i 行业出口产品相同种类的世界 w 的行业 i 向 m 国出口的总额，分母表示世界 w 向 m 国出口行业 i 的所有 j 产品总额。EM_{cim} 反映了 c 国向 m 国出口的 i 行业的产品种类与世界 w 向 m 国出口行业 i 的产品种类的重合程度，这一指标的取值范围是 0～1，这一指标越大则说明 c 国向 m 国出口的产品种类越多，即出口广化程度越高。

其次，构建度量一国的行业水平的出口深化程度的指标，用如下公式表示：

$$IM_{cim}=\frac{\sum\limits_{j\in I_{cim}}V_{cijm}}{\sum\limits_{j\in I_{cim}}V_{wijm}}=\frac{\sum\limits_{j\in I_{cim}}p_{cijm}\cdot q_{cijm}}{\sum\limits_{j\in I_{cim}}p_{wijm}\cdot q_{wijm}} \tag{7.2}$$

其中，V_{cijm} 表示国家 c 向 m 国出口的 i 行业的 j 产品的总额；p_{cijm} 和 q_{cijm} 分别表示国家 c 向 m 国出口的 i 行业的 j 产品的价格和数量；IM_{cim} 表示 c 国向 m 国出口的 i 行业的出口深化程度，分子表示国家 c 向 m 国出口行业 i 的所有 j 产品总额，分母表示包含与中国 i 行业出口产品相同种类的世界 w 的行业 i 向 m 国出口的总额。这一指标度量了在国家 c 与世界 w 向 m 国共同的出口种类中，国家 c 的出口额占世界 w 的出口额的比重，由于国家 c 包含在世界 w 之内，所以这一比重为 0～1 的值，这一比重越大，则说明中国在相同种类的产品上出口了更多的贸易额，即出口深化程度越高。

定义国家 c 行业 i 向 m 国的出口额占世界 w 行业 i 向 m 国的出口额的份额 S_{cim} 如下：

$$S_{cim}=\frac{\sum\limits_{j\in I_{cim}}V_{cijm}}{\sum\limits_{j\in I_{im}}V_{wijm}}=\frac{\sum\limits_{j\in I_{cim}}p_{cijm}\cdot q_{cijm}}{\sum\limits_{j\in I_{im}}p_{wijm}\cdot q_{wijm}} \tag{7.3}$$

S_{cim} 反映了在 m 国市场上国家 c 某一行业的出口占所有国家的份额。

结合式(7.1)、式(7.2)和式(7.3)三个式子，可得到以下公式：

$$S_{cim}=\frac{\sum\limits_{j\in I_{cim}}V_{cijm}}{\sum\limits_{j\in I_{im}}V_{wijm}}=\frac{\sum\limits_{j\in I_{cim}}V_{wijm}}{\sum\limits_{j\in I_{im}}V_{wijm}}\times\frac{\sum\limits_{j\in I_{cim}}V_{cijm}}{\sum\limits_{j\in I_{cim}}V_{wijm}}=EM_{cim}\times IM_{cim} \tag{7.4}$$

以上式子说明，在 m 国市场上，国家 c 某一行业的出口占所有出口国家的份额提升，可以分解为两种源泉：一是国家 c 出口了更多的产品种类，即出口广化了；二是国家 c 在与世界共同的出口产品种类上出口了更多的数量，即出口深化了。因此，一国与以前相比出口了更多的产品种类，即出口广化，或者一国比以前出口了同类产品集的更多数量，即出口深化，都能促进一国出口的发展。

对式(7.4)两端求微分可得

$$\Delta S_{cim}=\Delta \mathrm{EM}_{cim}\times \mathrm{IM}_{cim}+\mathrm{EM}_{cim}\times \Delta \mathrm{IM}_{cim} \tag{7.5}$$

式(7.5)两边同时除以 S_{cim}，并结合式(7.4)可得

$$\frac{\Delta S_{cim}}{S_{cim}}=\frac{\Delta \mathrm{EM}_{cim}}{\mathrm{EM}_{cim}}+\frac{\Delta \mathrm{IM}_{cim}}{\mathrm{IM}_{cim}} \tag{7.6}$$

即 $g_{scim}=g_{emcim}+g_{imcim}$。

以上式子说明，在 m 国市场上，国家 c 某一行业的出口的市场份额的增长率可以分解为出口广化的增长率和出口深化的增长率之和。依据式(7.6)可以分析出口广化的增长率和出口深化的增长率对出口的市场份额增长率的影响，从而分析国家 c 某一行业出口贸易的增长主要是靠出口广化还是靠出口深化。

7.1.2 数据选取和来源说明

通过式(7.1)、式(7.2)计算我国制造业分行业的出口广化指标和出口深化指标时，选取世界为参照国，选取中国出口最多的 10 个代表性国家或地区为中国和世界出口的目标国，即进口国，它们分别是美国、中国香港、日本、韩国、德国、荷兰、英国、新加坡、俄罗斯和印度。中国和世界对这 10 个代表性国家或地区的出口贸易的数据是按照 HS 编码分类的 6 位码分类产品的数据，产品种类范围属于制造业品，共选取了属于制造业 4221 种 6 位码分类的产品。国民经济行业分类中的制造业与 HS 编码产品种类之间的对应关系参考了盛斌(2002)的方法，但是盛斌只是把 HS 编码 4 位码的相关商品贸易数据集结到书中工业行业中，本书在此基础上把 HS 编码 6 位码水平分类的相关产品贸易数据归属到书中所选取的 26 个制造业行业中(见附录 K)。其中，本书将 COMTRADE 数据库中所有国家总和代表世界，按 HS 编码 6 位码分类产品的出口额相加总，所得值作为按此产品的世界出口额，然后再集结得出所需的分行业的世界出口额。由于 COMTRADE 数据库中包含了绝大部分的贸易大国，所以以这些国家作为世界代表是可行的(杨长志，2009)。为了消除双边贸易国由统计差异等原因造成的贸易数据的差异，本书使用选中的 10 个代表性国家或地区从中国和世界的进口数据，以此代表中国和世界对这些国家的出口贸易数据，以保证中国及其参照国的数据是统一标准的。所有 6 位码分类的产品的贸易数据都从联合国 COMTRADE 数据库中获得。选取的年份为 2001 和 2007 年[①]。

---

① 由于 COMTRADE 数据库的非订购用户不能批量下载，获取数据方面存在困难，10 个代表性国家或地区从中国和世界进口的两年的数据已经超过 16 万个，所以，本书只选两年的数据作为样本。

7.1.3 中国制造业出口的深化和广化度量

这部分选取属于制造业的4221种6位码分类产品种类的国际贸易数据，根据式(7.1)、式(7.2)计算我国制造业分行业的出口广化和出口深化，再根据式(7.3)计算我国制造业分行业的市场份额，最后根据式(7.6)计算我国制造业分行业的出口深化和出口广化对其市场份额增长的贡献度，并分析中国制造业在多边层次和双边层次上的出口深化和出口广化对其出口增长的贡献度。

1. 多边层次上出口广化和出口深化的贡献

首先选择中国出口最多的10个代表性国家或地区为代表性国家整体，选取的10个代表性国家或地区为美国、中国香港、日本、韩国、德国、荷兰、英国、新加坡、俄罗斯和印度，在2004～2008年，中国对这10个国家或地区的出口额较大，在2002～2008年，中国对这10个国家或地区的出口，平均占了中国向全球出口总额的67%(见附录L1)。其次，在多边层次上分析中国制造业各行业在这10个代表性国家或地区整体的市场上的市场份额的变化、出口的深化与广化，以及出口的深化与广化对中国出口市场份额变化的贡献。从表7.2可以看出，中国26个制造业在这10个国家或地区的市场份额呈增长趋势，行业平均份额从2001年的14%增长到了2007年的20%，其中，出口市场份额提高最快的行业是通信设备、计算机及其他电子设备制造业(C25)，2007年比2001年的份额提高了20%；市场份额增长10%以上的行业有纺织业(C4)，纺织服装、鞋、帽制造业(C5)，木材加工及家具制造业(C7)，印刷业记录媒介的复制(C9)，文教体育用品制造业(C10)和电气机械及器材制造业(C24)。除了饮料制造业(C2)和烟草加工业(C3)的市场份额略有下降，以及医药制造业(C13)的市场份额保持不变，其他行业的市场份额都有上升。在分析中国制造业在这些国家整体市场上的市场份额的增长是因为向其出口了更多的产品种类(出口的广化)还是向其出口了原有产品种类的更多的数量(出口的深化)时，发现中国制造业市场份额的增长主要是源于出口深化的贡献。从中国制造业2007年比2001年提高的市场份额的增长源泉看，平均99%的增长是源于出口深化，只有1%的增长是源于出口广化。其中，饮料制造业(C2)、烟草加工业(C3)、化学原料及化学制品制造业(C12)和交通运输设备制造业(C23)4个行业由于出口产品种类减少，出口广化的贡献度为负，主要靠出口深化的作用；只有医药制造业(C13)的出口广化的贡献度较大，为30%。另外，石油加工及炼焦业(C11)和仪器仪表及文化办公用机械制造业(C26)的出口广化的贡献度也分别达到了13%和8%。其余行业的出口广化的贡献度都非常低。前面分析的市场份额提高10%以上的7个行业中有6个行业(C4、C5、C9、C10、C24和C25)的出口深化的贡献度为100%，而出口广化的贡献度为0，另一个行业(C7)的出口深化的贡献度为99.5%，而出口广化的贡献度为0.5%。显然，中国制造业出口的增长主要依赖于出口的深化。

表7.2　中国制造业出口的深化和广化及其贡献度

行业 \ 年份	2001			2007			2001～2007年贡献度		
	广化	深化	市场份额	广化	深化	市场份额	市场份额	广化	深化
C1	0.9385	0.0703	6.6	0.9389	0.0795	7.5	100	0.3	99.7
C2	0.9664	0.0343	3.3	0.9950	0.0218	2.2	100	−8.8	108.8
C3	0.9780	0.0268	2.6	1.0000	0.0226	2.3	100	−16.8	116.8
C4	1.0000	0.2772	27.7	1.0000	0.3899	39.0	100	0.0	100.0
C5	1.0000	0.3099	31.0	1.0000	0.4623	46.2	100	0.0	100.0
C6	0.9999	0.5164	51.6	1.0000	0.5849	58.5	100	0.0	100.0
C7	0.9961	0.1595	15.9	1.0000	0.2882	28.8	100	0.5	99.5
C8	0.9785	0.0275	2.7	0.9999	0.0659	6.6	100	1.5	98.5
C9	1.0000	0.1100	11.0	1.0000	0.2240	22.4	100	0.0	100.0
C10	1.0000	0.5599	56.0	1.0000	0.7162	71.6	100	0.0	100.0
C11	0.9746	0.0298	2.9	1.0000	0.0349	3.5	100	13.2	86.8
C12	0.9865	0.0396	3.9	0.9736	0.0775	7.5	100	−1.4	101.4
C13	0.9785	0.0080	0.8	1.0000	0.0084	0.8	100	30.2	69.8
C14	0.9999	0.1152	11.5	1.0000	0.1980	19.8	100	0.0	100.0
C15	1.0000	0.0477	4.8	1.0000	0.1346	13.5	100	0.0	100.0
C16	1.0000	0.2118	21.2	1.0000	0.2330	23.3	100	0.0	100.0
C17	1.0000	0.1815	18.1	1.0000	0.2578	25.8	100	0.0	100.0
C18	0.9854	0.0365	3.6	1.0000	0.1345	13.5	100	0.5	99.5
C19	1.0000	0.0481	4.8	1.0000	0.0651	6.5	100	0.0	100.0
C20	1.0000	0.1689	16.9	1.0000	0.2639	26.4	100	0.0	100.0
C21	0.9823	0.0417	4.1	0.9962	0.0880	8.8	100	1.3	98.7
C22	0.9984	0.0304	3.0	1.0000	0.1272	12.7	100	0.1	99.9
C23	0.9943	0.0118	1.2	0.9817	0.0307	3.0	100	−0.8	100.8
C24	1.0000	0.2107	21.1	1.0000	0.3253	32.5	100	0.0	100.0
C25	0.9999	0.1220	12.2	1.0000	0.3208	32.1	100	0.0	100.0
C26	0.9788	0.1363	13.3	1.0000	0.1693	16.9	100	8.2	91.8

注：行业代码和行业分类见附录C。市场份额一列表示2001～2007年的市场份额增长率经过标准化以后的所得。计算的中间过程见附录L2

资料来源：作者根据联合国COMTRADE数据库数据计算而得

2. 双边层次上出口广化和出口深化的贡献

这部分将从双边层次上考察中国制造业对 10 主要出口伙伴国家(地区)的出口增长是源于出口广化还是出口深化。以中国的单个出口伙伴国家(地区)为研究对象，对比分析 2007 年中国制造业行业在这一对象国的市场份额与 2001 年的变化量，可以看出除了一些个别行业的市场份额下降以外，总体上都呈增加状态(见附录 K)。而中国制造业各行业在各国的市场份额变化的源泉，即出口广化和深化的贡献度则如表 7.3 所示。在中国香港市场上，除了医药制造业(C13)和交通运输设备制造业(C23)市场份额的变化主要靠出口广化的贡献，以及石油加工及炼焦业(C11)的出口广化的贡献比较高以外，其他行业的出口深化的贡献度都在 90%以上。在新加坡，除了饮料制造业(C2)和交通运输设备制造业(C23)以外，其他行业的市场份额的变化主要靠出口深化。在印度市场上，中国制造业的市场份额的变化虽然还是主要靠出口深化的贡献，但是，大多数行业的出口广度的贡献是正的。在日本市场上，中国制造业有 5 个行业的出口广化的贡献达到了 20%以上，其余行业的市场份额的变化 90%源于出口深化的贡献。在韩国市场上，中国制造业市场份额的变化总体上都源于出口深化，很多行业出口广化的贡献为负。在美国市场上，除了饮料制造业(C2)、烟草加工业(C3)、医药制造业(C13)、有色金属冶炼及压延加工业(C19)和仪器仪表及文化办公用机械制造业(C26)等行业的出口广度贡献比较明显以外，其他行业都是靠于出口深化的贡献。在俄罗斯市场上，有 10 个行业的出口广化的贡献比较明显，其他行业的市场份额增长 90%以上源于出口深化。而在对荷兰的出口中，有 11 个行业的出口广化的贡献比较明显，其他行业主要通过出口深化的贡献促进市场份额的变化。在英国市场上，出口广化的贡献非常突出，有 7 个行业出口广化对市场份额的贡献超过了 50%。在德国的市场上有 7 个行业的出口广化的贡献超过 10%，其他行业主要通过出口深化影响出口市场份额的变化。由以上的分析可知，虽然中国制造业在各国的市场份额增长的源泉会因行业差别和市场差别而有所区别，但是从总体看，中国制造业对这些国家出口份额的变化主要源于出口深化的贡献。

表 7.3　中国制造业对各国出口的深化和广化的贡献度　(单位:%)

	香港			新加坡			印度			日本		
	市场份额	广化	深化	市场份额	广化	深化	市场份额	广化	深化	市场份额	广化	深化
C1	100	−20	120	100	−74	174.4	100	62.2	37.8	100	24.9	75.1
C2	100	−1.6	102	100	4582	−4481.8	100	−2.9	102.9	100	19.8	80.2
C3	100	−32	132	100	0.7	99.3	100	98.7	1.3	100	−1	101
C4	100	−0.2	100	100	0.9	99.1	100	7.6	92.4	100	3.7	96.3

续表

	香港			新加坡			印度			日本		
	市场份额	广化	深化	市场份额	广化	深化	市场份额	广化	深化	市场份额	广化	深化
C5	100	0	100	100	0.2	99.8	100	−81.8	181.8	100	0	100
C6	100	0.2	99.8	100	1	99	100	0.1	99.9	100	0.3	99.7
C7	100	1.7	98.3	100	1.9	98.1	100	12.3	87.7	100	−0.8	101
C8	100	0.2	99.8	100	5.6	94.4	100	0.8	99.2	100	3.5	96.5
C9	100	0	100	100	0.8	99.2	100	16.2	83.8	100	0.1	99.9
C10	100	0	100	100	0	100	100	1.5	98.5	100	0.2	99.8
C11	100	44.6	55.4	100	1.3	98.7	100	112.4	−12.4	100	26.2	73.8
C12	100	2.3	97.7	100	17.4	82.6	100	13.8	86.2	100	5.6	94.4
C13	100	190	−90	100	5.9	94.1	100	13.9	86.1	100	0	100
C14	100	−0.2	100	100	1.1	98.9	100	1.4	98.6	100	29.8	70.2
C15	100	9.4	90.6	100	0.5	99.5	100	0.3	99.7	100	2	98
C16	100	0	100	100	0.7	99.3	100	0.3	99.7	100	1.3	98.7
C17	100	−0.2	100	100	4.2	95.8	100	1.9	98.1	100	3.3	96.7
C18	100	0	100	100	3.4	96.6	100	2	98	100	52.6	47.4
C19	100	−0.2	100	100	−30	130	100	7.2	92.8	100	5.4	94.6
C20	100	0.1	99.9	100	0.3	99.7	100	3.4	96.6	100	0.8	99.2
C21	100	0.7	99.3	100	3.3	96.7	100	4.9	95.1	100	2.4	97.6
C22	100	1.4	98.6	100	0.8	99.2	100	3.2	96.8	100	3.4	96.6
C23	100	228	−128	100	91.1	8.9	100	11.6	88.4	100	20.9	79.1
C24	100	−0.3	100	100	0.4	99.6	100	1.5	98.5	100	0.7	99.3
C25	100	0.4	99.6	100	0	100	100	0.3	99.7	100	0.2	99.8
C26	100	1.2	98.8	100	18.9	81.1	100	6.7	93.3	100	25.4	74.6

	韩国			美国			俄罗斯		
	市场份额	广化	深化	市场份额	广化	深化	市场份额	广化	深化
C1	100	−76	176	100	9.1	90.9	100	1.4	98.6
C2	100	−20	120	100	106	−6.1	100	−141.7	241.7
C3	100	1.5	98.5	100	29.4	70.6	100	—	—
C4	100	1.6	98.4	100	0.7	99.3	100	7.8	92.2
C5	100	0	100	100	0	100	100	0.1	99.9
C6	100	−0.3	100	100	0.1	99.9	100	2.6	97.4
C7	100	0.1	99.9	100	6	94	100	8.1	91.9

续表

	韩国			美国			俄罗斯		
	市场份额	广化	深化	市场份额	广化	深化	市场份额	广化	深化
C8	100	1.1	98.9	100	1.4	98.6	100	36	64
C9	100	0.1	99.9	100	0	100	100	2.3	97.7
C10	100	0.9	99.1	100	0	100	100	0.3	99.7
C11	100	−4.7	105	100	−3.9	104	100	7.1	92.9
C12	100	8.6	91.4	100	0.3	99.7	100	56.2	43.8
C13	100	13.6	86.4	100	47.7	52.3	100	18.7	81.3
C14	100	−6.7	107	100	9.9	90.1	100	45.6	54.4
C15	100	0.7	99.3	100	0	100	100	1.4	98.6
C16	100	5.7	94.3	100	0	100	100	−3854.3	3954.3
C17	100	1.4	98.6	100	2.3	97.7	100	37.6	62.4
C18	100	5.6	94.4	100	9.1	90.9	100	121.5	−21.5
C19	100	−2.2	102	100	30.3	69.7	100	58.4	41.6
C20	100	0.8	99.2	100	1.3	98.7	100	14.2	85.8
C21	100	4.4	95.6	100	3.7	96.3	100	9.1	90.9
C22	100	2.9	97.1	100	1.1	98.9	100	6.3	93.7
C23	100	−0.7	101	100	2.4	97.6	100	110	−10
C24	100	0.1	99.9	100	3.5	96.5	100	4.1	95.9
C25	100	0.1	99.9	100	0.1	99.9	100	0.4	99.6
C26	100	6.3	93.7	100	15.1	84.9	100	2381.6	−2281.6

	荷兰			英国			德国		
	市场份额	广化	深化	市场份额	广化	深化	市场份额	广化	深化
C1	100	1.4	98.6	100	51.1	48.9	100	−7.8	108
C2	100	−141.7	241.7	100	154	−54	100	−27	127
C3	—	—	—	100	−71	171	—	—	—
C4	100	7.8	92.2	100	4.4	95.6	100	4.3	95.7
C5	100	0.1	99.9	100	0	100	100	0	100
C6	100	2.6	97.4	100	0.6	99.4	100	0.8	99.2
C7	100	8.1	91.9	100	2.5	97.5	100	1.1	98.9
C8	100	36	64	100	26.6	73.4	100	32.3	67.7
C9	100	2.3	97.7	100	0.3	99.7	100	0.1	99.9
C10	100	0.3	99.7	100	0	100	100	0.4	99.6
C11	100	7.1	92.9	100	101	−1.4	100	−3.4	103

续表

	荷兰			英国			德国		
	市场份额	广化	深化	市场份额	广化	深化	市场份额	广化	深化
C12	100	56.2	43.8	100	66.3	33.7	100	10.4	89.6
C13	100	18.7	81.3	100	1.6	98.4	100	−12	112
C14	100	45.6	54.4	100	24.4	75.6	100	21.7	78.3
C15	100	1.4	98.6	100	4	96	100	1.3	98.7
C16	100	−3854.3	3954.3	100	−37	137	100	14.5	85.5
C17	100	37.6	62.4	100	5	95	100	6.1	93.9
C18	100	121.5	−21.5	100	54.3	45.7	100	20	80
C19	100	58.4	41.6	100	55.5	44.5	100	196	−96
C20	100	14.2	85.8	100	6.7	93.3	100	5	95
C21	100	9.1	90.9	100	8.7	91.3	100	5	95
C22	100	6.3	93.7	100	5.9	94.1	100	2.3	97.7
C23	100	110	−10	100	52.4	47.6	100	3.1	96.9
C24	100	4.1	95.9	100	3.2	96.8	100	2.9	97.1
C25	100	0.4	99.6	100	0	100	100	0.1	99.9
C26	100	2381.6	−2281.6	100	4.7	95.3	100	82.8	17.2

注："—"表示由于2001年没有中国该行业对该国的出口数据，所以无法计算。表中的市场份额一列表示2001年到2007年的市场份额增长率经过标准化以后的所得。计算的中间过程见附录L3、L4。

7.2 相关理论假说和变量选取

本节就影响中国制造业出口深化和广化的主要因素进行分析，并提出以下几个相关的理论假说。

7.2.1 基于新贸易理论的出口的深化和广化

传统的国际贸易理论的一个假设前提是不同国家生产的产品是无差异的。也就是说，中国与其他国家出口的差别是出口了重叠的产品种类的不同数量。如果中国与其他国家的出口之间存在出口产品品种和质量的差异，传统的国际贸易理论并不能对此做出解释，因而它把诸如此类的问题忽略了。

新贸易理论认为不同国家之间既存在重叠的产品种类的出口贸易，也存在同类产业内不同产品品种的出口贸易。有两类模型分析了产业内出口的产品种类差异：一类是关注于具有水平差异(horizontal differentiation)产品，这些水平差异产品是具有相同质量水平的同类产品，但是属于不同的产品品种。这类模型比较有代表性的是产品多样性偏好模型(love-of-variety model)。比如，克鲁格曼(Krugman，1979)在迪克西特与斯蒂格里茨(Dixit and Stiglitz，1977)基础上建立的模型。

克鲁格曼模型有四个假定：①一个国家只有劳动力这一种生产要素，并且劳动力的供给是固定的；②产品市场是垄断竞争的，市场中存在着许多厂商，厂商可以自由进入或退出该产业；③生产具有收益递增特征，即企业由于扩大生产规模，平均劳动成本递减，经济效益得到提高；④消费者有多样性偏好，每个消费者的效用函数都相同，每增加一单位任何品种的消费，总效用的增加数量是相同的，消费的品种越多，总效用也就越多。在这四个假设条件下，没有两个厂商会生产相同的产品品种，每个厂商选定其要生产的差异性后，就可以确定单个厂商的所需要的劳动投入量。在总劳动供给不变的假定条件下，厂商的数目就可以确定下来，其中厂商的数目就代表产品的多样性水平。把单个国家的情况扩展到两个国家，外国的所有情况都与本国相同，并且不存在运输成本和任何其他障碍。随着厂商的不断调整，最后的结果就是每一种差异性产品都只能由一个国家中的一个厂商来生产。显然，一个国家能够生产的差异性产品的种类与其有效劳动投入量有关，即一国生产的产品品种数与该国的劳动力投入量正相关，与劳动生产率正相关。所以，根据克鲁格曼的模型可以提出以下假说。

假说1 一国或一个行业的出口广化(水平差异产品出口的增加)与该国或该行业的劳动力投入量正相关，与劳动生产率正相关。

Dixit和Norman(1982)将Dixit和Stiglitz(1977)发展出来的差异性产品的分析框架引入国际贸易理论，用来解释产业内贸易的现象。他们认为标准化产品之间的贸易是产业间贸易，这种贸易由各国的要素禀赋的差异性决定，各国要素禀赋差异性越大，则产业间贸易就越多。这一点和传统的H-O理论是一致的，即各国要素禀赋的差异是国际贸易的基础和源泉。但是差异性产品之间的贸易是产业内贸易，这种贸易由各国之间的相似性决定，各国相似性越大，则产业内贸易就越活跃。

Helpman和Krugman(1985)的研究认为，就贸易量而言在有差异性产品的经济世界与标准的H-O经济世界之间存在着根本的区别。当经济中只有无差异产品时，国家经济规模对贸易量没有独立的影响(国家经济规模只是通过对一国要素构成的影响，从而影响贸易量)，差异产品贸易的存在引出了贸易量同国家相对规模之间的主要联系。保持国家相对规模不变，但是使资本相对丰裕国家中制成品部门产出更高的重新配置会增加贸易量。于是，当给定国家相对规模时，就如同在无差异产品世界的情形一样，相对要素禀赋的差异越大，贸易量就越大。当国家相对规模变化时，贸易量仅依赖于国家相对规模。国家大小越接近，贸易量就越大。当两个国家的大小相等时，贸易量最大，而与要素禀赋的构成无关。

Hummels和Klenow(2005)也指出水平差异模型表明了一国产品品种的多样

化和产品出口数量的增加与一国的经济规模正相关。因此，当只考虑出口国的条件时，由以上分析可以得到以下假说。

假说 2 一国或一个行业的出口广化(水平差异产品出口的增加)和出口深化与该国或该行业的经济规模正相关。

另外，多样性偏好模型认为对于不同国家生产的产品品种，其价格变动并不一致，生产率越高的国家出口的产品价格越低。其中的任意两种产品品种之间的价格差异主要来源于生产这两种品种的生产率差异而不是质量差异。根据多样性偏好模型的假定，某个品种的价格是生产率调整的边际成本的加成，因此，生产率越高的国家出口的产品价格将会越低，而出口价格越低则产品的出口量可能越多。由此，可以得到以下假说。

假说 3 一国或一个行业的出口深化与该国或该行业的生产率正相关。

另一类产业内出口的产品种类差异模型关注于具有垂直差异(vertical differentiation)的产品，这些垂直差异产品是相同的产品品种，但是具有不同的质量水平。这类模型比较有代表性的是范尔威(Falvey，1981)建立的模型。Falvey 的贡献在于将产品质量的垂直差异引入比较优势理论基本框架，在比较优势理论 2×2 框架内构造了一个关于产品垂直差异的模型。每个国家不同的厂商生产质量不同的产品，一系列质量不同的产品都被生产出来，每种质量的产品被许多竞争厂商所生产。假设两个国家(本国和外国)的要素(资本和劳动)禀赋存在差异，其中本国是资本相对丰裕，而外国则是劳动相对丰裕。不同质量的产品对资本和劳动投入组合要求不同，高质量的产品需要较多的资本和较少的劳动，低质量的产品需要较多的劳动和较少的资本。Falvey 模型得到的结论是，本国会在那些质量高于临界值的产品上拥有比较优势，而外国则在那些质量低于临界值的产品上拥有比较优势。当两个国家，在技术一样、要素禀赋不同的情况下，资本密集度高的国家出口质量更高的产品。在要素禀赋一致、技术不一致的情况下，拥有高技术的国家将出口高质量的产品。由此，可以得到以下假说。

假说 4 一国或一个行业的出口广化(垂直差异产品出口的增加)与该国或该行业的要素禀赋相关，技术或资本密集度提高会使该国或该行业的出口广化程度提高。

7.2.2 创新与出口的深化和广化

在国际贸易理论研究中许多学者强调创新或技术进步对促进一国出口发展的重要性。为了分析创新对出口的深化和广化的影响，假定一个简单的模型，A 国的消费者从 C 国购买产品，每个国家都有许多厂商生产差异性产品，差异性产品在消费者的效用函数中是不变替代弹性的(CES)。消费者面临效用最大化问题[①]：

---

① 参考了格罗斯罗和赫尔普曼(2002)对垂直差异产品效用函数的假设，借鉴了其质量水平对效用起调整作用的处理方法。但是他们考虑了跨期消费，且采用了对数形式的效用函数，所以与本书不同。

$$\max U = \max\left[\sum_{c=1}^{C}(n_c\theta_c q_c)^{(\sigma-1)/\sigma}\right]^{\sigma/(\sigma-1)}$$
$$\text{s. t.} \sum_{c=1}^{C} n_c p_c q_c = E \tag{7.7}$$

其中，c 表示A 以外的国家；n_c 表示c 国出口的产品品种数；θ_c 表示国家c 的产品的质量；q_c 表示由c 国生产每个品种的出口数量；p_c 表示由c 国生产每个品种的价格；σ 表示差异性产品之间的替代弹性，$0<\sigma<1$，表明差异性产品之间是不完全替代，同时，σ 是常数，E 表示消费者对差异性产品的支出。由于消费者的多样性偏好，A 国的消费者会从c 国进口每一种产品品种，从c 国进口的贸易总额为$n_c p_c q_c$。于是，c 国的这一出口总额可以分解为出口广化和深化。出口广化程度度量的是出口的宽度，表现在n_c 上。出口深化程度度量的是出口的深度，表现为$p_c q_c$，表示从c 国出口的每种品种的出口额。由于质量变化会引起需求变化，所以，质量提高会引起出口深化。

因此，创新对出口的深化和广化有重要影响。但是学者们在研究中，对于创新如何通过出口的深化和广化，促进出口发展的观点是不同的，主要可以分为以下两类：一是强调创新能力可以增加一国出口的新产品或扩大出口品种范围，产品创新可以使新产品进入市场，或者扩大一国出口产品的范围(Krugman, 1979)。这类研究强调的是创新对产品差异化，即出口广化的重要作用。另一类研究认为成功的创新使产品质量提升，从而对这些产品的需求增加。格罗斯罗和赫尔普曼(2002)认为创新能够提高产品质量。也有学者认为，工序、方法的创新能够提升生产率和降低生产成本，这将会增加出口数量。这些研究表明创新通过提升生产率或质量增强一国的竞争力，从而使每一种产品的出口额增加，也就是促进了出口深化。由此，可以得到以下假说。

假说5 一国或一个行业的出口的深化和广化与该国或该行业的创新水平正相关。

7.2.3 国际分割生产与出口的深化和广化

国际分割生产是指以往在同一国家(地区)完成的最终产品的生产，现在则把产品的生产过程进行分解，并把产品生产过程中不同的工序、不同的区段、不同的零部件分散到不同国家和地区来进行，从而形成了同一个最终产品由不同国家或地区的厂商共同参与完成。因此，伴随着国际分割生产，必然会引起各阶段生产的中间品在这些厂商之间流动，这些厂商之间的关系可能是跨国公司和在国外直接投资建立子公司或分支机构的关系，也可能是通过合同外包的关系。现有的中间品贸易数据、加工贸易数据或零部件贸易数据不能分离出哪些是跨国公司FDI引起的，哪些是外包引起的，但是可以代表整个的国际分割生产状况。

在第3章构建的国际分割生产条件下南-北国际分割生产模型，假设世界由

北方 N 和南方 S 两个国家组成，国家 N 和 S 均有两种生产要素，非熟练劳动力 L 和熟练劳动力 H，北方 N 是熟练劳动力 H 丰裕的国家，南方 S 是非熟练劳动力 L 丰裕的国家。两个产业，一个生产同质产品的产业(即农业)和一个生产差异性产品的产业(即制造业)。北方的技术处于先进地位，南方技术相对落后，假设技术是希克斯中性的技术进步，北方的效率高于南方。因此，北方的非熟练劳动力 L 和熟练劳动力 H 的工资高于南方。

参考 Dixit 和 Grossman(1980)的方法，企业生产差异性产品的过程是分成许多连续的生产阶段，并把产品的生产阶段分为三个区段，包括了 N 方、S 方都能进行且生产率无差异的区段(L 区段)，N 方、S 方都能进行但存在生产率差异的区段(LH 区段)和只有 N 方能进行的区段(H 区段)，这既体现了要素密集度的差异，也体现了生产率差异和技术创新差异。当 N 方向 S 方分割 L 区段和 LH 区段时，将对 N 方、S 方的贸易模式和贸易量产生影响，伴随着分割生产，N 方对 H 区段的创新和 S 方对 H 区段的模仿对分割生产产品的质量和品种差异化造成影响。具体的影响表现为：首先，随着北方国家向南方国家分割 L 区段和 LH 区段，随着这些生产阶段分割到不同的国家进行生产，产生了中间品贸易，随着分割程度的加深，中间品贸易将大量增加，从而引起参与分割国家的贸易总量的大幅增加，包括 S 方出口贸易的深化和广化，即不仅会促进已有产品出口的增加，也可能引起更多种类的中间品和最终品的出口。其次，当北方进行 H 区段的生产活动，对产品进行提升产品质量或增加品种的创新，以提供更多的差异化产品时，南方通过对 H 区段的模仿，每种产品交替地在北方和南方进行生产，当北方的某些产品被南方模仿而占有市场时，北方国家厂商将进一步研发创新出更高质量级别的差异化产品夺回市场，而南方厂商将对北方国家新开发出来的产品积极的模仿以争夺市场，双方始终存在产品质量和品种不断提升的动态均衡。在不断的创新和模仿中北方和南方产品质量不断提高、品种不断差异化，双方都取得了出口的深化和广化。由此，可以得到以下假说。

假说 6　一国或一个行业的出口的深化和广化与该国或该行业的国际分割生产程度正相关。

7.3　计量模型及回归结果

本节将按照 7.2 节提出的理论假说构建计量模型，并根据相关的面板数据进行计量检验，最后对计量检验结果进行分析。

7.3.1　计量模型

按照以上的理论假说，构建如下计量模型：

$$\mathrm{IM}_{it} = \alpha_i + \alpha_2 \mathrm{RST}_{it} + \alpha_2 \ln K_{it} + \alpha_3 \ln L_{it} + \alpha_4 \mathrm{RPT}_{it} + \alpha_5 \ln \mathrm{FDI}_{it} + u_{it} \tag{7.8}$$

$$EM_{it} = \alpha_i + \alpha_2 RST_{it} + \alpha_2 \ln K_{it} + \alpha_3 \ln L_{it} + \alpha_4 RPT_{it} + \alpha_5 \ln FDI_{it} + u_{it} \tag{7.9}$$

其中，IM_{it}和EM_{it}分别表示第i行业在t时期的出口的深化和广化；RST_{it}表示第i行业在t时期的科技投入强度，用该行业的科技活动投入经费与该行业的工业生产总值的比重来度量，代表该行业的创新投入情况；K_{it}和L_{it}分别表示第i行业在t时期的资本和劳动投入量；RPT_{it}表示第i行业在t时期的国际分割生产程度，用该行业的加工贸易进口与该行业的工业生产总值的比重来度量，这是根据第4章式(4.3)构建的度量国际分割生产程度的指标，用加工贸易进口作为指标中的中间投入品进口的代理变量而得到的；FDI_{it}表示第i行业在t时期吸引的外资，从引进FDI角度对该行业国际分割生产程度的另一个度量；α_i表示行业i的截距项，u_{it}表示误差项。

7.3.2 变量和数据说明

根据以上相关理论假说选取变量构建计量模型时，由于考虑到有些变量存在很强的相关性，所以，只选取了其中的一部分进入计量模型，以避免模型出现共线性。比如，行业的科技投入状况与生产率水平都是该行业的技术水平的代理变量，是比较相近的变量，故选取了更能体现技术创新程度的科技投入强度指标；而行业产值和行业要素的投入都能体现这一行业的规模，但两者相关性很强，因此，选取了既能体现行业规模又能表现要素投入状况的资本和劳动的投入。

本书所选的样本为中国26个制造业行业，时间为2001年和2007年。因变量IM_{it}和EM_{it}的数据由7.1节根据式(7.1)和式(7.2)计算而得。各行业的科技活动经费支出总额数据来源于《中国科技统计年鉴》(2002年、2008年)，各行业的工业生产总值(全国规模以上企业的工业总产值)数据来源于《中国工业经济统计年鉴》(2002年、2008年)，两者相除即得RST_{it}。各行业的资本投入由固定资产投资作为代理变量，各行业固定资产投资数据来源于《中国统计年鉴》(2002年、2008年)，各行业的劳动投入由该行业的平均从业人员来表示，数据来源于《中国劳动统计年鉴》(2002年、2008年)，各行业的加工贸易进口数据来源于国研网数据库，从该数据库中获得HS编码四位码的相关商品贸易数据，并把这些数据集结到书中所选取的26个制造业行业中，就可得到这些行业的加工贸易和贸易数据，加工贸易数据包括来料加工装配贸易、进料加工贸易、出料加工贸易和外商投资企业作为投资进口的设备、物品。由于无法获得制造业分行业水平的FDI的流入量，所以，用“三资”企业的固定资产净值年平均余额作为其代理变量，数据来源于《中国工业经济统计年鉴》(2002年、2008年)。

由于计量模型中因变量IM_{it}和EM_{it}是介于0和1之间的比值，自变量RPT_{it}和RPT_{it}也都是比重，所以不取对数，而对K_{it}、L_{it}和FDI_{it}取对数以后，模型就变成了变化率对变化率的解释，量纲得以统一。

7.3.3 模型回归结果

为了比较分析，首先把书中所选的 26 个制造业行业分为资源或劳动密集型行业和资本或技术密集型行业两组①，这两组分别包括 11 个和 15 个行业，于是本章的样本就变成了 11 个截面 2 个时间序列和 15 个截面 2 个时间序列的两个面板数据，所以采用面板回归的方法。而面板回归模型通常有混合回归模型、固定效应回归模型和随机效应回归模型三种，因此，需要推断用哪一种模型更合适②。

为了使用计量模型分析各因素对出口广化的影响。首先使用资源或劳动密集型行业的相关数据，按照式(7.7)分别建立固定效应回归模型和随机效应回归模型，并在这两个模型上分别进行 F 检验和 Hausman 检验，检验结果如表 7.4 和表 7.5 所示。

表 7.4 *F* 检验

效应检验	统计量	d.f.	Prob.
横截面 F	61.344 263	(10，6)	0.000 0

表 7.5 Hausman 检验

检验结果汇总	χ^2 统计量	χ^2 d.f.	Prob.
横截面随机	64.382	5	0.0000

通过使用资源或劳动密集型行业的相关数据，对依据式(7.7)建立的固定效应模型进行 F 检验，结果如表 7.4 所示。因为 $F=61.34>F_{0.05(10,6)}=4.06$，所以拒绝原假设，比较混合模型和固定效应模型，建立固定效应模型更合适。

通过使用资源或劳动密集型行业的相关数据，对依据式(7.7)建立的随机效应模型进行 H 检验，结果如表 7.5 所示，因为 $H=64.382>\chi^2_{0.05}(5)=11.071$，所以拒绝原假设，比较固定效应模型和随机效应模型，建立固定效应模型更合适。因此，资源或劳动密集型行业最终建立固定效应模型。

其次，使用资本或技术密集型行业的相关数据，按照式(7.7)分别建立固定效应回归模型和随机效应回归模型，并在这两个模型上分别进行 F 检验和 Hausman 检验，检验结果如表 7.6 和表 7.7 所示。

表 7.6 *F* 检验

效应检验	统计量	d.f.	Prob.
横截面 F	688.56	(14，10)	0.0000

① 资源或劳动密集型行业包括 C1、C2、C3、C4、C5、C6、C7、C8、C9、C15 和 C17，资本或技术密集型行业包括 C10、C11、C12、C13、C14、C16、C18、C19、C20、C21、C22、C23、C24、C25 和 C26。

② 推断方法见第 6 章 6.3.2 小节。

表 7.7　Hausman 检验

检验结果汇总	χ^2统计量	χ^2 d. f.	Prob.
横截面随机	47.654	5	0.0000

通过使用资本或技术密集型行业的相关数据，对依据式(7.7)建立的固定效应模型进行 F 检验，结果如表 7.6 所示。因为 $F=688.56>F_{0.05(14,10)}=2.98$，所以拒绝原假设，比较混合模型和固定效应模型，建立固定效应模型更合适。

通过使用资本或技术密集型行业的相关数据，对依据式(7.7)建立的随机效应模型进行 H 检验，结果如表 7.7 所示。因为 $H=47.654>\chi^2_{0.05}(5)=11.071$，所以拒绝原假设，比较固定效应模型和随机效应模型，建立固定效应模型更合适。因此，资本或技术密集型行业最终建立固定效应模型。

于是对两类型行业建立固定效应模型，进行回归，结果如表 7.8 所示。从资源或劳动密集行业出口深化对各影响因素模型的回归结果看，科技投入强度 RST 对资源或劳动密集行业出口深化的影响不显著，即假说中关于出口深化与技术创新的关系的预测不能得到证实，这可能是因为在资源或劳动密集这样技术含量较低的行业，技术创新对出口深化的影响不是那么明显；以加工贸易表现的国际分割生产程度对出口深化的影响不显著；资本、劳动投入和以 FDI 表现的国际分割生产程度对出口深化的影响是显著的，且与假说中的预测一致，资本投入每增加 1 个百分点，出口深化提高 0.01；劳动投入每增加 1 个百分点，出口深化提高 0.09；以 FDI 表现的国际分割生产程度每提高 1 个百分点，出口深化提高 0.03。在资源或劳动密集行业加工贸易表现的国际分割生产程度对出口深化的影响不显著，而 FDI 方式对出口深化的影响显著的原因可能是因为：这类技术含量较低的行业产品生产区段并不是很复杂，不需要进口很多的中间品，只需要 FDI 流入并与我国劳动力相结合就能促进我国出口的深化。

表 7.8　中国制造业出口深化对各影响因素固定效应模型回归结果

被解释变量 / 解释变量	资源或劳动密集行业出口深化		资本或技术密集行业出口深化	
	系数	t 值	系数	t 值
公共常数项	−0.5223	−4.38*	−0.8879	−7.40*
RST	−1.7154	−0.66	5.9556	4.23*
LNK	0.0121	3.42*	−0.0151	−2.55*
LNL	0.0919	4.92*	0.1936	9.56*
RPT	0.4689	1.97**	−0.2128	−15.00*
LNFDI	0.0334	1.92**	0.0144	1.43***
R^2	0.9996		0.9996	

注：面板回归所用的软件是 EViews6.0

* 表示显著水平为 1%，** 表示显著水平为 5%，*** 表示显著水平为 10%

考察资本或技术密集行业出口深化对各影响因素模型回归的结果(表 7.8)，各影响因素都通过了显著性检验，科技投入强度 RST 对该类行业出口深化的影响与假说中的预测一致。科技投入强度每增加 1 个单位，出口深化提高 5.95 个单位。资本投入对出口深化的影响是负面的，与假说的预测不一致，这可能是因为相对于中国丰裕的劳动力，资本相对稀少，没能达到与劳动力最优配置状态，而在这类需要更多资本投入的行业表现更加突出，因此产生了负面影响。劳动投入对出口深化的影响是正向的，与假说预测一致。以加工贸易表现的国际分割生产程度对出口深化的影响是负向的，与假说预测不一致，这可能是因为这种类型国际分割生产看重的是我国巨大的国内消费市场，进口中间品加工后就主要在当地市场销售了。以 FDI 表现的国际分割生产程度对出口深化的影响是正向的，与假说中的预测一致，以 FDI 表现的国际分割生产程度每提高 1 个百分点，出口深化提高 0.01。

接下来是各因素对出口广化的影响的模型进行回归分析。首先使用资源或劳动密集型行业的相关数据，按照式(7.8)分别建立固定效应和随机效应回归模型，并在这两个模型上分别进行 F 检验和 Hausman 检验，检验结果如表 7.9 和表 7.10 所示。

表 7.9　F 检验

效应检验	统计量	d. f.	Prob.
横截面 F	467.53	(10，6)	0.0000

表 7.10　Hausman 检验

检验结果汇总	χ^2 统计量 Statistic	χ^2 d. f.	Prob.
横截面随机	63.128	5	0.0000

通过使用资源或劳动密集型行业的相关数据，对依据式(7.8)建立的固定应模型进行 F 检验，结果如表 7.9 所示。因为 $F=467.53>F_{0.05(10,6)}=4.06$，所以拒绝原假设，比较混合模型和固定效应模型，建立固定效应模型更合适。

通过使用资源或劳动密集型行业的相关数据，对依据式(7.8)建立的随机效应模型进行 H 检验，结果如表 7.10 所示。因为 $H=63.128>\chi^2_{0.05}(5)=11.071$，所以拒绝原假设，比较固定效应模型和随机效应模型，建立固定效应模型更合适。因此，资源或劳动密集型行业最终建立固定效应模型。

其次，使用资本或技术密集型行业的相关数据，按照式(7.8)分别建立固定效应回归模型和随机效应回归模型，并在这两个模型上分别进行 F 检验和 Hausman 检验，检验结果如表 7.11 和表 7.12 所示。

表 7.11　F 检验

效应检验	统计量	d. f.	Prob.
横截面 F	302.93	(14，10)	0.0000

表 7.12　Hausman 检验

效应检验	χ^2 统计量	χ^2 d. f.	Prob.
横截面随机	31.248203	5	0.0000

通过使用资本或技术密集型行业的相关数据，对依据式(6.8)建立的固定效应模型进行 F 检验，结果如表 7.11 所示。因为 $F=302.93>F_{0.05(14,10)}=2.98$，所以拒绝原假设，比较混合模型和固定效应模型，建立固定效应模型更合适。

通过使用资本或技术密集型行业的相关数据，对依据式(7.8)建立的随机应模型进行 H 检验，结果如表 7.12 所示。因为 $H=31.248\ 203>\chi^2_{0.05}(5)=11.071$，所以拒绝原假设，比较固定效应模型和随机效应模型，建立固定效应模型更合适。因此，资本或技术密集型行业最终建立固定效应模型。

于是这两种类型的行业都应建立固定效应模型，回归结果如表 7.13 所示。

表 7.13　中国制造业出口广化对各影响因素固定效应模型回归结果

被解释变量 / 解释变量	资源或劳动密集行业出口广化		资本或技术密集行业出口广化	
	系数	t 值	系数	t 值
公共常数项	1.1098	76.72*	1.0160	90.51*
RST	0.8152	1.34***	−1.2040	−1.07
LNK	0.0055	6.40*	0.0020	2.63*
LNL	−0.0068	−0.974	−0.0139	−4.11*
RPT	−0.0579	−2.44**	0.0431	7.05*
LNFDI	−0.0200	−3.37**	0.0076	3.08*
R^2	0.9424		0.9389	

注：面板回归所用的软件是 EViews6.0

* 表示显著水平为 1%，** 表示显著水平为 5%，*** 表示显著水平为 10%

观察资源或劳动密集行业出口广化对各影响因素模型的回归结果，可以看出(表 7.13)，科技投入强度 RST 对资源或劳动密集行业出口深化的影响是显著且为正的，与假说中的预测一致，科技投入强度每增加 1 个单位，出口广化提高 0.81 个单位；资本投入对出口广化的影响也是显著为正的，资本投入每增加 1 个百分点，出口深化提高 0.006；劳动投入对出口广化的影响不显著；以加工贸易表现和以 FDI 表现的国际分割生产程度对出口广化的影响都是显著的，但是影响都为负，与假说预测不一致，可能是因为这种类型的行业参与国际分割主要是发挥低成本劳动力的优势，使中国更加集中于劳动密集区段的生产，对产品品种的创新即出口广化的发展反而起到了抑制作用。

从资本或技术密集行业出口广化对各影响因素模型回归的结果看(表 7.13)，科技投入强度 RST 对该类行业出口深化的影响没有通过显著性检验，与假说中的预测不一致，可能是因为在该类行业中我国的科技投入还没有达到产品种类创新的要求或者科技投入的绩效不佳；资本投入对出口广化的影响是显著为正的，与假说的预测一致，资本投入每提高1个百分点，出口广化提高0.002；劳动投入对出口广化的影响是显著为负的，与假说预测不一致；这可能是因为相对于这类行业而言，中国劳动力相对人力资本水平较低，没能达到产品种类创新的要求，因此产生了负面影响；以加工贸易表现和以FDI表现的国际分割生产程度对出口广化的影响是显著为正的，与假说预测一致，以加工贸易表现的国际分割生产程度每提高1个百分点，出口广化提高0.04；以FDI表现的国际分割生产程度每提高一个百分点，出口广化提高0.008。在这类行业中中国的科技投入对出口广化的影响显著，因此，该类行业的出口广化比较依赖于国际分割生产。

7.4 小结

首先本章参考Hummels和Klenow(2005)在国家水平把一国出口的增长分解为出口深化和出口广化两个维度的方法，构建了度量一国的行业水平的出口广化和出口深化程度的指标。使用构建的指标对中国26个制造业行业的出口广化和深化进行了度量。其次，根据相关的理论分析提出了关于影响中国制造业出口广化和深化的因素的6个理论假说。最后，在相关理论假说的基础上，构建了解释中国制造业出口广化和深化的计量回归模型，使用相关数据进行了经验分析。主要结果如下。

一是选取世界为参照国，选取中国出口最多的10个代表性国家或地区为中国和世界出口的目标国，即进口国，它们分别是美国、中国香港、日本、韩国、德国、荷兰、英国、新加坡、俄罗斯和印度。共选取了属于制造业4221种HS编码6位码水平产品，使用这10个代表性国家(地区)各自分别从世界和中国进口的这4221种6位码编码的产品的出口数据，并分别归属到书中所选取的26个制造业行业中。按照书中所构建的出口广化和深化的指标，分别度量了中国制造业对这10个国家整体和单个国家个体出口的广化和深化的程度，并进一步计算了中国制造业各行业出口的广化和出口的深化对其在这些国家市场份额变化的贡献。分析结果表明，观察中国制造业在这些国家整体市场上的市场份额，从2007年比2001年提高的市场份额的增长源泉看，平均99%的增长是源于出口的深化，只有1%的增长是源于出口的广化。观察中国制造业在这些国家个体市场上的市场份额，比较2007年和2001年的市场份额变化，虽然中国制造业在各国的市场份额增长的源泉，会因行业差别和市场差别而有所区别，但是从总体看，中国制造业对这些国家出口份额的变化主要源于出口深化的贡献。

二是基于相关的理论对影响中国制造业出口深化和广化的因素进行了分析，并提出6个相关的理论假说，根据假说可以得到中国制造业出口深化和广化的如下预测：一个行业的出口广化和深化与该行业的劳动生产率正相关，与该行业的经济规模正相关，与该国或该行业的要素禀赋相关，与该行业的创新水平正相关，与该行业的国际分割生产程度正相关。

三是根据提出的理论假说构建了计量模型，考虑有些变量存在很强的相关性，因此，只选取了其中的一部分进入计量模型。选取了科技投入强度、资本和劳动投入量、以加工贸易表现和以FDI表现的国际分割生产程度5个为解释变量。选取2001年和2007年中国26个制造业作为样本，并把这26个制造业行业分为资源或劳动密集型行业和资本或技术密集型行业两类，建立面板回归模型，分别检验了以上5个解释变量对两种类型行业的出口深化和广化的影响。结果如下。

在资源或劳动密集行业，科技投入强度对其出口深化的影响不显著，可能是因为这类低技术含量的行业的出口的数量的增加并不需要太多的科技投入。但对其出口广化的影响显著为正；资本投入对其出口深化和广化都是正的影响，劳动投入对其出口深化的影响为正，但对出口广化的影响不显著，可能是因为这类行业的劳动力的人力资本水平没有高到促进产品种类创新的程度；以FDI表现的国际分割生产程度对出口深化的作用显著为正，而加工贸易表现的国际分割生产程度对出口深化的影响不显著，可能是因为这类行业产品生产区段并不是很复杂，不用进口很多的中间品，只需要FDI流入并与我国劳动力相结合就能促进我国出口的深化。以加工贸易表现和以FDI表现的国际分割生产程度对出口广化的影响都是显著为负，可能是因为在这种类型的行业参与国际分割生产主要是发挥低成本劳动力的优势，使中国更加集中于劳动密集区段的生产，对产品品种的创新即出口广化的发展反而起到了抑制作用。

在资本或技术密集行业，科技投入强度对其出口深化的影响显著为正，但对其出口广化的影响不显著，可能是因为在该类行业中我国的科技投入还没有达到产品种类创新的要求或者科技投入的绩效不佳；资本投入对出口广化的影响是显著为正，但对出口深化的影响是负面的，这可能是因为相对于中国丰裕的劳动力，资本相对稀少，没能达到与劳动力最优配置状态，而在这类需要更多资本投入的行业表现更加突出，因此产生了负面影响；劳动投入对出口深化的影响是显著为正的，但对出口广化的影响是显著为负的，这可能是因为相对于这类行业而言，中国劳动力相对人力资本水平较低，没能达到产品种类创新的要求，因此产生了负面影响；以FDI表现的国际分割生产程度对出口深化的影响是正的，以加工贸易表现的国际分割生产程度对出口深化的影响是负的，这可能是因为这种类型的国际分割生产看重的是我国巨大的国内消费市场，进口中间品加工后主要在当地市场销售。以加工贸易表现和以FDI表现的国际分割生产程度对出口广化的影响是显著为正的，在这类行业中中国的科技投入对出口广化的影响不显著，因此，该类行业的出口广化比较依赖于国际分割生产。

第 8 章　结论与前瞻

8.1　主要结论和政策含义

8.1.1　主要结论

本书基于 Dixit 和 Stiglitz(1977)的 DS 模型，并对 DS 模型中的差异性产品的生产过程按照 Dixit 和 Grossman(1982)的方法分成连续的生产阶段，参考 Grossman 和 Rossi-Hansberg(2008)的方法对这些连续的生产阶段按照生产率差异与要素密集度分类，综合 Jones 和 Kierzkowski(2001a)、Rodríguez-Clare(2007)基于李嘉图模型框架与 Kohler(2003)、Baldwin 和 Roberd-Nicoud(2007)基于 H-O 模型框架对国际分割生产的分析方法，构建了一个南北国际分割生产的模型，以此为分析国际分割生产对制造业出口发展影响的提供逻辑框架。本书选取了比较优势、出口结构、出口复杂度及出口的深化和广化作为反映中国制造业出口发展状况的指标。接下来从这些指标入手，分析了国际分割生产对中国制造业出口贸易的影响。研究的主要结论如下。

第一，随着北方国家向南方国家分割生产，中间品贸易将随着国际分割生产程度的加深而增加，从而引起参与分割国家的贸易总量的增加；一国的出口中不仅包含本国的比较优势，也包含参与这一最终产品生产的其他国家的比较优势；随着分割程度的加深，为了获得更多的或保持分割利益，北方将会向南方转移技术，随着技术的转移和溢出，南方的产出将会扩大，从而引起出口增加；随着分割程度的加深，北方将会加大对产品垂直的创新，即提高产品质量和加大对产品水平化的创新，增加产品更多的种类。随着南方的模仿，将会对南方的出口复杂度、出口深化和广化产生促进作用。

第二，基于投入-产出方法、基于加工贸易数据和基于零部件贸易数据三类方法对我国制造业国际分割生产程度的度量结果表明：资本或技术密集型的行业的国际分割生产程度比较高；资源密集行业的国际分割生产程度比较低；从零部件进出口总体看，中国制造业与北美洲、亚洲的分割生产程度最高，其次是与欧洲、拉丁美洲的分割生产程度，与这四者的分割生产程度差距不是很大，但是中国与非洲、大洋洲的分割生产程度则较低，与前面四者存在较大的差距。

第三，由于中国参与国际分割生产，中国的出口中包含他国的贡献和含量，所以，中国制造业中具有出口比较优势的行业增多，特别是高技术含量的行业的比较优势上升了。分离了国际分割生产引起的他国的含量，则中国制造业的出口比较优势没有这么突出。中国制造业出口结构在改善，即资源密集型行业和劳动密集型行业的出口份额在逐渐下降，资本或技术密集型行业的出口份额在上升，但是在分离了国际分割生产引起的他国的含量后，高技术含量的出口比重并不高，即出口结构改善并不是那么突出。

第四，出口复杂度最高的 8 个行业的出口复杂度呈逐年持续提高的状态；除了个别行业的出口复杂度呈下降趋势以外，其余行业的出口复杂度大多数表现出波动中上升的趋势，因此，中国制造业的出口复杂度总体上呈上升趋势。另外，出口复杂度最高的 8 个行业的出口份额呈逐年增长的趋势，同时制造业中出口复杂度水平处于中、低等的行业的出口份额呈逐年下降趋势，因此，中国制造业的出口复杂度是在不断提高的。

第五，代表各行业技术水平的科技活动经费投入对出口复杂度的提升有正向作用；加工贸易表现的中国参与国际分割生产显著促进了中国制造业出口复杂度的提升；“三资”企业工业产值比重表现的中国参与国际分割生产也对我国制造业出口复杂度的提升起到显著的正向作用。

第六，就 2007 年比 2001 年中国制造业出口市场份额的增长而言，虽然在各国的市场份额的增长源泉，会因行业差别和市场差别而有所区别，但是从总体看，中国制造业对不同国家出口份额的变化主要源于出口深化的贡献。

第七，国际分割生产对不同要素密集型行业出口的深化与广化的影响存在差异。

8.1.2　政策含义

中国制成品出口贸易的增长速度快于所有货物出口总额的增长速度，制成品是我国参与国际分割生产的主体。国际分割生产极大地推动了我国制造业出口贸易的增长，同时也对我国制造业出口的比较优势、出口结构、出口的复杂度及出口的深化与广化产生了影响。从实际情况看，需要从以下几个方面入手，促进我国制造业出口贸易的发展。

第一，由于我国在参与国际分割生产时，往往处于劳动密集型的生产区段。这类区段通常技术含量较低，附加值也较低，是属于从国外进口中间投入，而后利用我国劳动力低成本优势，进行组装和加工。所以，才会使我国的出口比较优势在消除国际分割生产的影响以后有下降的趋势，特别是技术含量较高的行业的比较优势下降特别明显。因此，中国只有在国际分割生产体系中，争取附加值更高、技术含量更高的生产区段，才能真正提高中国制造业出口的比较优势。

第二，国际分割生产对我国出口复杂度的影响主要表现：FDI 的直接技术转移效应与技术溢出效应，以及加工贸易通过中间品的进口，特别是进口的技术含量较高的中间品通常通过包含其中的技术对最终产品的复杂度的提高有一个直接的影响，或者通过加工贸易的“干中学”效应，促进了参与加工贸易国家的产出和出口产品复杂度的提升。而这些效应的获得，特别是技术溢出效应的获得，需要我国相关政策的支持。比如，促进本土企业与跨国公司的关联，以便从关联效应中获得更多的技术溢出；培育有竞争性的本土企业与跨国公司竞争，促使跨国公司转移更先进的技术；注重提高本国的人力资本水平，从而具备一定的吸收能力，促使从 FDI 的技术效应和加工贸易的"干中学"效应中获益。

第三，中国制造业出口的市场份额的增长主要源于出口深化的贡献，说明中国制造业的出口产品集中于某些产品的数量的增长，这会使中国制造业的出口容易受外部因素的冲击，同时还可能因为出口数量扩张而导致我国贸易条件恶化从而出现贫困化增长现象。因此，应该促进产品的差异化，出口更多种类的产品。

第四，在资源或劳动密集型行业，国际分割生产，特别是 FDI 形式的国际分割生产，由于 FDI 与我国劳动力相结合直接促进了我国出口的深化。但与此同时，这类行业的国际分割生产促使中国发挥低成本劳动力的优势，更加集中于劳动密集区段的生产，对产品品种的创新即出口广化的发展反而起到了抑制作用，因此，应该重视劳动力技能的提升，争取技能型劳动力密集的区段促进出口广化。在资本或技术密集型行业，应积极参与该类行业的国际分割生产，因为国际分割生产促进了我国该类行业出口的广化。同时应采取措施促进该类行业分割到我国的生产区段经过加工后再出口，从而促进我国的出口深化。另外，通过国际分割生产促进我国出口的广化的同时，也要促进我国的科技投入在出口广化中发挥促进作用，以免该类行业的出口广化对国际分割生产的依赖。只有把加大科技投入促进我国的出口广化和通过参与国际分割生产促进出口广化相结合，才能促使我国的出口增长较多地源于出口广化的贡献，从而促进我国出口稳定地增长。

第五，随着我国制造业各行业科技活动经费投入的增加，极大地促进了我国制造业的出口复杂度。因此，加大科技投入是促进我国制造业的出口复杂度提高的重要因素。另外，若要通过国际分割生产从 FDI 和加工贸易的技术转移与技术溢出效应中获益，从而促进我国出口复杂度的提升，必须具备一定的吸收能力和技术水平，这也离不开我国自主研发的投入。因此，只有把加大科技投入和参与国际分割生产相结合才能更好地促进我国出口复杂度的提升。

8.2 进一步研究的方向

本书关注的重点是国际分割生产对我国制造业出口的影响，本书通过模型的构建、指标的构造与测算和计量模型经验分析对此进行了研究。但是，对照我国参与国际分割生产与我国制造业出口发展的事实，仍有很多重要因素没有纳入研究。这些方面既构成了本书研究的不足，又成为了进一步研究和扩展的方向。

第一，在第 3 章的南北国际分割生产对贸易的影响的分析模型中，本书假定国际分割生产是单向的，即只有北方国家向南方国家的分割生产，如果考虑双向的分割生产，那么，国际分割生产对贸易流量和贸易模式的影响可能会有新的结论，而且在现实世界经济中确实存在国家间双向的分割生产。因此，国家间双向的分割生产是一个值得进一步研究的方向。

第二，本书模型在分析南北国际分割生产的一些效应时，包括贸易效应，主要采用的是比较静态的分析方法。将此模型分析动态化，并与中国实际相结合进行经验验证是未来值得研究的问题。

第三，在度量我国制造业国际分割生产程度时，由于缺乏产业层面和产品层面的中间品贸易的数据，分别使用投入产出表和贸易数据相结合的方法、基于零部件贸易数据和加工贸易数据的方法度量了我国制造业国际分割生产程度。但是，上述度量方法并不能全面、充分说明我国制造业国际分割生产的状况。比如，第一种方法受限于投入产出表和中间投入品进口数据的不可获得性；第二种度量只是包括 SITC5-8 类产品的分割生产；第三种则受行业水平数据可获得性的限制。因此，如何使用可获得的相关数据准确度量我国制造业国际分割生产的程度是未来值得进一步研究的。

第四，本书在分析中国制造业的出口复杂度时，注重分析国际分割对出口复杂度的影响，但仍有一些影响出口复杂度的因素被忽略。而且在分析中国制造业的出口复杂度时，是在多边框架下进行分析，没有在双边框架下研究中国制造业的出口复杂度，即没有考察出口复杂度因出口目的国引起的差异。

第五，在第 7 章关于国际分割生产对中国制造业出口的广化和深化的经验分析中：一方面度量国际分割生产程度的年限受限制；另一方面，度量中国制造业出口的广化和深化使用的是 HS 编码 6 位码分类的共 4221 种产品的出口数据，但囿于出口数据的可获得性，本书只选取了两个年份的数据，限制了研究中未能使用时间序列模型动态回归模型，从而无法判断国际分割生产与中国制造业出口深化和广化之间的长期关系。因此，构建基于以获得数据度量出口深化和广化的指标，使用多种计量模型判断国际分割生产对中国制造业出口深化和广化的影响，是又一个值得进一步研究的问题。

第六，本书只是分析了国际分割生产对我国制造业出口的影响，没有对决定我国参与国际分割生产的因素进行分析。若能进一步分析中国制造业参与不同区域或国家的国际分割生产体系的决定因素，以及在其中所处的生产区段和国际分工地位，则能够为中国制造业如何在国际分割生产体系中，获得附加值更高、技术含量更高的生产区段，从而提高在国际分割生产中的获益，以及更好地促进中国制造业出口的发展提供理论支持。与此同时，随着经济全球化的发展和我国对外开放的进一步发展，我国参与国际分割生产的程度不断提高，参与国际分割生产的形式也更加多元化，国际分割生产也将不仅通过 FDI 和加工贸易对我国的出口发展、产业发展和经济发展产生影响。因此，随着我国国际分割生产的发展，将会有许多新问题需要我们研究和解决。

参考文献

杜修立，王维国. 2007. 中国出口贸易的技术结构及其变迁：1980—2003. 经济研究，(7)：137－151.

樊纲，关志雄，姚枝仲. 2006. 国际贸易结构分析：贸易品的技术分布. 经济研究，(8)：70－80.

方世建，付文林. 2001. 影响我国出口贸易增长的因素分析. 上海经济研究，(9)：9－13.

傅朝阳. 2005. 中国出口商品的比较优势的实证分析：1980—2000. 世界经济研究，(3)：34－39.

格罗斯罗，赫尔普曼. 2002. 全球经济中的创新与增长. 何帆，等译. 北京：人民大学出版社.

关志雄. 2002. 从美国市场看“中国制造”的实力. 国际经济评论，(8)：5－12.

华民. 2006. 我们究竟应当怎样来看待中国对外开放的效益？国际经济评论，(1)：41－47.

黄玖立，李坤望. 2006a. 出口开放、地区市场规模和经济增长，经济研究，(2)：27－38.

黄玖立，李坤望. 2006b. 对外贸易、地方保护和中国的产业布局. 经济学(季刊)，(2)：733－760.

黄玖立. 2006. 对外贸易、地理优势与中国的地区差异：理论与实证. 天津：南开大学.

江小涓. 2002. 中国出口增长与结构变化：外商投资企业的贡献. 南开经济研究，(2)：30－34.

江小涓. 2007. 我国出口商品结构的决定因素和变化趋势. 经济研究，(5)：4－16.

李坤望，黄玖立. 2006. 中国贸易开放度的经验分析：以制造业为例. 世界经济，(8)：11－22.

林毅夫，蔡昉，李周. 1994. 中国的奇迹：发展战略与经济改革. 上海：上海人民出版社，上海三联书店.

林毅夫. 2003. 后发优势与后发劣势——与杨小凯教授商榷. 经济学(季刊)，(3)：989－1004.

卢锋. 2004. 产品内分工. 经济学(季刊)，(4)：55－82.

卢锋. 2006. 中国国际收支双顺差现象研究：对中国外汇储备突破万亿美元的理论思考. 世界经济，(11)：3－10.

鲁晓东，李荣林. 2007. 中国对外贸易结构、比较优势及其稳定性检验. 世界经济，(10)：39－48.

平新乔，郝朝艳，毛亮，等. 2006. 中国出口贸易中的垂直专门化与中美贸易. 世界经济，(5)：3－11.

齐俊妍. 2008. 中国是否出口了更多高技术产品——基于技术含量和附加值的考察，世界经济研究，(9)：40－46.

钱学锋. 2008. 企业异质性、贸易成本与中国出口增长的二元边际. 管理世界，(9)：

48－56，66.
钱学锋，黄汉民. 2008. 垂直专业化、公司内贸易与中美贸易不平衡. 财贸经济，(3)：117－121.
盛斌. 2002. 中国对外贸易政策的政治经济学分析. 上海：上海人民出版社.
盛斌，马涛. 2008. 中国工业部门垂直专业化与国内技术含量的关系研究. 世界经济研究，(8)：61－67 .
施炳展，李坤望. 2009. 中国靠什么实现了对美国出口的迅速增长. 世界经济研究，(4)：32－37.
王泽填，姚洋. 2009. 结构转型与巴拉萨－萨缪尔森效应. 世界经济，(4)：38－49.
魏浩，毛日，张二震. 2005. 中国制成品出口比较优势及贸易结构分析. 世界经济，(2)：21－33.
文东伟，冼国明，马静. 2009. FDI、产业结构变迁与中国的出口竞争力. 管理世界，(4)：96－107.
冼国明，薄文广. 2006. 外国直接投资对中国企业技术创新作用的影响——基于地区层面的分析. 经济科学，(3)：106－117.
冼国明，文东伟. 2006. 竞争、生产率外溢与东道国的产业发展. 南开经济研究，(4)：3－21.
冼国明，严兵，张岸元. 2003. 中国出口与外商在华直接投资——1983～2000 年数据的计量研究. 南开经济研究，(1)：45－48.
小岛清. 1987. 对外贸易论. 天津：南开大学出版社.
杨长志. 2009. FDI 是否降低了中国内资企业的出口竞争力——基于显示比较优势的研究. 经济学家，(5)：15－20.
杨汝岱. 2008. 中国工业制成品出口增长的影响因素研究：基于 1994—2005 年分行业面板数据的实证分析. 世界经济，(8)：32－41.
杨汝岱，姚洋. 2008. 有限赶超与经济增长. 经济研究，(8)：29－41.
杨汝岱，朱诗娥. 2008. 我国对外贸易结构与竞争力研究：1978—2006. 财贸经济，(2)：112－119.
姚洋，张晔. 2008. 中国出口品国内技术含量升级的动态研究——来自全国及江苏省、广东省的证据. 中国社会科学，(2)：67－82.
姚洋，章林峰. 2008. 中国本土企业出口竞争优势和技术变迁分析. 世界经济，(3)：31－11.
张帆，潘佐红. 2006. 本土市场效应及其对中国省间生产和贸易的影响. 经济学(季刊)，(2)：307－328.
张乃丽，崔小秀. 2009. 中国机电产品显性比较优势变动分析. 产业经济评论，(2)：74－91.
张晓峒. 2000. 计量经济分析. 北京：经济科学出版社.
张幼文. 2005. 经济全球化与国家经济实力. 国际经济评论，(5)：5－9.
张幼文. 2006. 开放经济发展目标的动态演进——答华民教授的商榷意见. 国际经济评论，(1)：48－54.
钟昌标. 2007. 影响中国电子行业出口决定因素的经验分析. 经济研究，(9)：62－70.
朱希伟，金祥荣，罗德明. 2005. 国内市场分割与中国的出口贸易扩张. 经济研究，(12)：

68—76.

宗毅君. 2008. 国际产品内分工与进出口贸易——基于我国工业行业面板数据的经验研究. 国际贸易问题,(2):7—13.

Abramovitz M. 1995. The elements of social capability. //Perkins D H, Koo B H. Social Capability and Long-term Growth. Basingstoke: Macmillan Press: 19—47

Amador J, Cabral S, Maria J R. 2007. Relative export structures and vertical specialization: a simple cross-country index. Working Paper 1. 2007, Banco de Portugal.

Amador J, Cabral S. 2008a. Vertical specialization across the world: a relative measure. Working Paper 10. 2008, Banco de Portugal.

Amador J, Cabral S. 2008b. Vertical specialization in Portuguese international trade. Banco de Portugal Economic Bulletin Summer.

Amiti M, Freund C. 2008. An anatomy of China's trade growth. Word Bank Policy Research Working Paper Series. No. 4628, The Word Band.

Amiti M, Wei S J. 2007. Service Offshoring and Productivity: Evidence from the United States, NBER Working Paper, No. 11926, National Bureau of Economic Research.

Amurgo-Pacheco A, Pierola M D. 2008. Patterns of export diversification in developing countries: intensive and extensive margins. World Bank Policy Research Working Paper No. 4473, The Word Bank.

Ando M. 2006. Fragmentation and vertical intra-industry trade in East Asia. The North American Journal of Economics and Finance, 17(3): 257—281.

Antràs P. 2003. Firms, contracts, and trade structure. Quarterly Journal of Economics, 118 (4): 1375—1418.

Antràs P, Garicano L, Rossi-Hansberg E. 2006. Offshoring in a knowledge economy. The Quarterly Journal of Economics, 121(1): 31—77.

Antràs P, Helpman E. 2004. Global sourcing. Journal of Political Economy, 112 (3): 552—580.

Arndt S W. 1997. Globalization and the open economy. The North American Journal of Economics and Finance, 8(1): 71—79.

Arndt S W, Kierzkowski H. 2001. Fragmentation: New Production Patterns in the World Economy. Oxford: Oxford University Press.

Athukorala P-C. 2003. Product fragmentation and trade patterns in East Asia. Departmental Working Papers No. 21, Australian National University, Economics RSPAS.

Athukorala P-C, Yamashita N. 2006. Production fragmentation and trade integration: East Asia in a global context. The North American Journal of Economics and Finance, 17(3): 233—256.

Balassa B. 1965. Trade liberalization and revealed comparative advantage. The Manchester School of Economic and Social Studies, 33(2): 99—123.

Baldone S, Sdogati F, Tajoli L. 2001. Patterns and determinants of international fragmentation of production: evidence from outward processing trade between the EU and Central Eastern.

European Countries Review of World Economics, 137(1): 80—104.

Baldone S, Sdogati F, Tajoli L. 2007. On some effects of international fragmentation of production on comparative advantages, trade flows and the income of countries. The World Economy, 30(11): 1726—1769.

Baldwin R E. 2006. The Euro's trade effect. European Central Bank, Working Paper Series 594.

Baldwin R E, Robert-Nicoud F. 2007. Offshoring: general equilibrium effects on wages, production and trade. Working Paper, No. 12991.

Baumann U, di Mauro F. 2007. Globalisation and euro area trade: interactions and challenges. Occasional Paper Series 55, European Central Bank.

Becker S O, Ekholm K, Muendler M. 2009. Offshoring and the onshore composition of occupations, tasks and skills. CEPR Discussion Papers 7391.

Bernard A B, Eaton J, Jensen J B, et al. 2003. Plants and productivity in international trade. American Economic Review, 93(4): 1268—1290.

Besedeš T, Prusa T J. 2007. The role of extensive and intensive margins and export growth. NBER Working Paper, No. 13628.

Blomström M, Kokko A. 2002. FDI and human capital: a research agenda. OECD Technical Papers No. 195, OECD Development Centre.

Blomström M, Sjöholm F. 1999. Technology transfer and spillovers: does local participation with multinationals matter? European Economic Review, 43: 915—923.

Bloom N, Schankerman M, Van Reenen J. 2007. Identifying technology spillovers and product market rivalry. NBER Working Paper, No. 13060, National Bureau of Economic Research.

Borga M, Zeile W J. 2004. International fragmentation of production and the intrafirm trade of U. S. multinational companies. BEA Working Papers 0013, Bureau of Economic Analysis.

Breda E, Cappariello R, Zizza R. 2008. Vertical specialization in Europe: evidence from the import content of exports. Temi di discussione (Economic Working Papers) 682, Bank of Italy, Economic Research Department.

Broda C, Weinstein D. 2006. Globalization and the Gains from Varieties. Quarterly Journal of Economics, 121(2): 541—85.

Cadarso M-A, G'omez N, L'opez L-A, et al. 2007. Vertical specialisation in EU manufacturing and services sectors. Paper Presented at the 16th International Conference on Input-Output Techniques, Istanbul.

Campa J, Goldberg L S. 1997. The evolving external orientation of manufacturing: a profile of four countries. Federal Reserve Bank of New York Economic Policy Review, 3(2): 53—81.

Chaney T. 2008. Distorted gravity: the intensive and extensive margins of international trade. American Economic Review, 98(4): 1707—1721.

Chen H, Kondratowicz M, Yi K-M. 2005. Vertical specialization and three facts about U. S. international trade. The North American Journal of Economics and Finance, 16(1): 35—59.

Chen H-Y, Chang Y-M. 2006. Trade verticality and structural change in industries: the cases of Taiwan and South Korea. Open Economies Review, 17(3): 321—340.

Chen L. 2008. The emergence of international fragmentation and global outsourcing of production: theories and empirical evidence. UNU-CRIS Working Papers, W—2008/12.

Choudhri E U, Hakura D S. 2001. International trade in manufactured products: a ricardo-heckscher-ohlin explanation with monopolistic competition. IMF Working Papers, wp0141.

Clark D. 2006. Country and industry-level determinants of vertical specialization based trade. International Economic Journal, 20(2): 211—225.

Clerides S, Lach S, Tybout J R. 1998. Is learning by exporting important? Micro-dynamic evidence from colombia, mexico and morocco. Quarterly Journal of Economics, 113(3): 903—947.

Coe D T, Helpman E. 1995. International R&D spillovers. European Economic Review, 39: 859—887.

Cohen W M, Levinthal D A. 1990. Absorptive capacity: a new perspective on learning and innovation. Administrative Science Quarterly, 35: 128. 52.

Corsetti G, Martin P, Pesenti P. 2008. Varieties and imbalances: the extensive margins of the current account adjustment. NBER Working Paper No. 13795.

Criscuolo C, Leaver M. 2005. Offshore outsourcing and productivity. www. oecd. org/dataoecd/55/23/35637436. pdf.

Dahlman C, Nelson R. 1995. Social absorption capability, national innovation systems and economic development. //Perkins D, Hand Koo B. Social capability and long-term growth. Basingstoke: Macmillan Press.

Dean J, Fung K C, Wang Z. 2007. Measuring the vertical specialization in Chinese trade. Office of Economics Working Paper, No. 2007. 01—A.

Deardorff A V. 2001a. Fragmentation across cones. //Arndt S W. Kierzkowski H. Fragmentation: New Production Patterns in the World Economy. Oxford: Oxford University Press: 35—51.

Deardorff A V. 2001b. Fragmentation in simple trade models. The North American Journal of Economics and Finance, 12(2): 121—137.

Deardorff A V. 2005. A trade theorist's take on skilled-labor outsourcing. International Review of Economics and Finance, 14(3): 259—271.

Debaere P, Mostashari S. 2007. Do tariffs matter for the extensive margin of international trade? An empirical analysis. CEPR Working Paper.

Dixit A, Grossman G. 1980. Theory of International Trade. Cambridge: Cambridge University Press.

Dixit A, Grossman G. 1982. Trade and protection with multistage production. The Review of Economic Studies, 49(4): 583—594.

Dixit A, Stiglitz J E. 1977. Monopolistic competition and optimum product diversity. The American Economic Review, 67(3): 297—308 .

Dornbusch R, Galvo G, Obsfeld M. Money, Capital Mobility and Trade: Festschrift in Honor of Robert A. Mundell. Cambridge: MIT Press.

Eaton J, Kortum S, Kramarz F. 2008. An anatomy of international trade: evidence from french firms. NBER Working Paper No. 14610. National Bureau of Economic Research.

Eaton J, Kortum S. 2002. Technology, geography, and trade. Econometrica, (70): 41—1779

Egger H, Egger P. 2001. Cross-border sourcing and outward processing in EU manufacturing. North American Journal of Economics and Finance, 12(3): 243—256.

Egger H, Egger P. 2003. Outsourcing and skill-specific employment in a small economy: Austria after the fall of the Iron Curtain. Oxford Economic Papers, 55(4): 625—643.

Egger H, Egger P. 2005a. The determinants of EU processing trade. The World Economy, 28(2): 147—168.

Egger H, Egger P. 2005b. Labor market effects of outsourcing under industrial interdependence. International Review of Economics and Finance, 14(3): 349—363.

Egger H, Falkinger J. 2003. The distributional effects of international outsourcing in a 2× 2production model. North American Journal of Economics and Finance, 14(2): 189—206.

Egger H, Kreickemeier, U. 2008. International fragmentation: boon or bane for domestic employment? European Economic Review, 52(1): 116—132.

Egger P, Pfaffermayr M, Wolfmayr-Schnitzer Y. 2001. The international fragmentation of Austrian manufacturing: the effects of outsourcing on productivity and wages. The North American Journal of Economics and Finance, 12(3): 257—272.

Ernst D, Kim L. 2002. Global production networks, knowledge diffusion and local capability formation. Research Policy, 31(8): 1417—1429

Evenett S J, Venables A J. 2002. Export growth in developing countries: market entry and bilateral trade flows. University of Bern Working Paper.

Falvey R E. 1981. Commercial policy and intra-industry trade. Journal of International Economics, 11: 495—511.

Falvey R E, Kierzkowski H. 1987. Product quality, intra-industry trade and imperfect competition. //Kierzkowski H. Protection and Competition in International Trade: Essays in Honor of W. M. Corden. Oxford: Basil Blackwell: 143—161.

Feenstra R C. 1994. New product varieties and the measurement of international prices. American Economic Review, 84(1): 157—177.

Feenstra R C, Hanson G H. 1996. Globalization, outsourcing, and wage inequality. American Economic Review, 86(2): 240—245.

Feenstra R C, Hanson G H. 2001. Global production sharing and rising inequality: a survey of trade and wages. NBER Working Papers No. 8372

Feenstra R C, Kee H L. 2007. Trade liberalisation and export variety: a comparison of mexico and China. The World Economy, 30(1): 5—21.

Feenstra R C, Kee H L. 2008. Export variety and country productivity: estimating the monopolistic competition model with endogenous productivity. Journal of International

Economics，74(2)：500－518.

Feenstra R C. 1998. Integration of trade and disintegration of production in the global economy. Journal of Economic Perspectives，12(4)：31－50.

Felbermayr G J，Kohler W. 2006. Exploring the intensive and extensive margins of world trade. Review of World Economics，142(4)：642－674.

Formentini S，Iapadre L. 2008. Measuring international production fragmentation：where do we stand? International Journal of Technological Learning，Innovation，and Development，1 (3)：330－352.

Fu X. 2008. Foreign direct investment，absorptive capacity and regional innovation capabilities in China. Oxford Development Studies，36(1)：89－110.

Galstyan V，Lane P R. 2008. External imbalances and the extensive margin of trade. IIIS Discussion Paper No. 259.

Gaulier G，Lemoine F，Ünal-Kesenci D. 2005. China's integration in East Asia：production sharing，FDI and high-tech trade. CEPII Working Papers 2005. 09.

Gaulier G，Lemoine F，Ünal-Kesenci D. 2006. China's emergence and the reorganization of trade flows in Asia. Working Papers 2006. 05，CEPII Research Center.

Geishecker I. 2006. Does outsourcing to Central and Eastern Europe really threaten manual workers'jobs in Germany? The World Economy，29(5)：559－583.

Geishecker I，Görg H，Munch J R. 2008. Do labour market institutions matter? Micro-level wage effects of international outsourcing in three European countries. Kiel Working Papers 1404，Kiel Institute for the World Economy.

Geishecker I，Görg H. 2007. Winners and losers：a micro-level analysis of international outsourcing and wages. CEPR Discussion Papers 6484，Centre for Economic Policy Research.

Girma S，Görg H. 2004. Outsourcing，foreign ownership，and productivity：evidence from UK establishment-level data. Review of International Economics，12(5)：817－832.

Graziani G. 2001. International subcontracting in the textile and clothing industry. //Arndst S W，Kierzkowski H. Framentation：new production patterns in the world tnomy. Oxfor：Oxford Universty Press：209－231.

Grossman G M，Helpman E. 2005. Outsourcing in a global economy. Review of Economic Studies，72(1)：135－159.

Grossman G M，Rossi-Hansberg E. 2006. The rise of offshoring：it's not wine for cloth anymore. The New Economic Geography：Effects and Policy Implications，Vol. Jackson Hole Conference，Federal Reserve Bank of Kansas City，59. 102.

Grossman G M，Rossi-Hansberg E. 2008. Trading tasks：a simple theory of offshoring. American Economic Review，98(5)：1978－1997.

Görg H. 2000. Fragmentation and trade：US inward processing trade in the EU. Weltwirtschaftliches Archiv，127(3)：403－422.

Görg H，Hanley A，Strobl E. 2008. Productivity effects of international outsourcing：

evidence from plant level data. Canadian Journal of Economics, 41(2): 670—688.

Görg H, Hanley A. 2005a. International outsourcing and productivity: evidence from the Irish electronics industry. North American Journal of Economics and Finance, 16(2): 255—269.

Görg H, Hanley A. 2005b. Labour demand effects of international outsourcing: evidence from plant-level data. International Review of Economics and Finance, 14(3): 365—376.

Hanson G H, Mataloni R J, Slaughter M J. 2005. Vertical production networks in multinational firms. The Review of Economics and Statistics, 87(4): 664—678.

Hansson P. 2000. Relative demand for skills in Swedish manufacturing: technology or trade? Review of International Economics, 8(3): 533—555.

Hansson P. 2005. Skill upgrading and production transfer within Swedish multinationals. Scandinavian Journal of Economics, 107(4): 673—692.

Hausmann R, Hwang J, Rodrik D. 2007. What you export matters. Journal of Economic Growth, 12: 1—25.

Head K, Ries J. 2002. Offshore production and skill upgrading by Japanese manufacturing firms. Journal of International Economics, 58(1): 81—105.

Helg R, Tajoli L. 2005. Patterns of international fragmentation of production and the relative demand for labor. North American Journal of Economics and Finance, 16(2): 233—254.

Helpman E. 1981. International trade in the presence of product differentiation, economies of scale and monopolistic competition. Journal of International Economics, 11: 305—340 .

Helpman E, Krugman P. 1985. Market Structure and Foreign Trade: Increasing Returns, Imperfect Competition, and the International Economy. Cambridge: MIT Press.

Helpman E, Melitz M J, Rubinstein Y. 2007. Estimating trade flows: trading partners and trading volumes. NBER Working Paper, No. 12927, National Bureau of Economic Research.

Hijzen A. 2005. A bird's eye view of international outsourcing: data, measurement and labour demand effects. Economic Internationale, 104(4): 45—63.

Hijzen A. 2007. International outsourcing, technological change, and wage inequality. Review of International Economics, 15(1): 188—205.

Hijzen A, Görg H, Hine R C. 2005. International outsourcing and the skill structure of labour demand in the United Kingdom. The Economic Journal, 115(506): 860—878.

Hoppe M. 2005. Technology transfer through trade. Fondazione Eni Enrico Mattei Working Paper 19(2005).

Horgos D. 2007. Labor market effects of international outsourcing: how measurement matters. SOEP Papers 58, DIW Berlin, The German Socio-Economic Panel.

Hummels D, Ishii J, Yi K-M. 2001. The nature and growth of vertical specialization in world trade. Journal of International Economics, 54(1): 75—96.

Hummels D, Klenow P. 2005. The variety and quality of a nation's exports. American Economic Review, 95(3): 704—23.

Hummels D, Rapoport D, Yi K-M. 1998. Vertical specialization and the changing nature of world trade. Federal Reserve Bank of New York Economic Policy Review, 4(2): 79—99.

Javorcik B S. 2004. Does foreign direct investment increase the productivity of domestic firms? In search of spillovers through backward linkages. American Economic Review, 94(3): 605—627.

Jones R W, Kierzkowski H. 1990. The role of services in production and international trade: a theoretical framework. //Jones R W, Krueger A. The Political Economy of International Trade. Essays in Honor of Robert E. Baldwin. Basil: 31—48.

Jones R W, Kierzkowski H. 2001a. Globalization and consequences of international fragmentation// Dornbusch R, Galvo G, Obsfeld M. Money, Capital Mobility and Trade: Festschrift in Honor of Robert A. Mundell. Cambridge: MIT Press.

Jones R W, Kierzkowski H. 2001b. A framework for fragmentation. //Arndt S W, Kierzkowski H. Fragmentation, New Production Patterns in the World Economy, Oxford: Oxford University Press: 17—34.

Jones R W, Kierzkowski H. 2005. International fragmentation and the new economic geography. The North American Journal of Economics and Finance, 16(1): 1—10.

Jones R, Kierzkowski H, Lurong C. 2005. What does evidence tell us about fragmentation and outsourcing? International Review of Economics and Finance, 14: 305—316.

Kaminski B, Ng F. 2001. Trade and production fragmentation: central European economies in European Union networks of production and marketing. Policy Research Working Paper Series 2611, The World Bank.

Kierzkowski H. Protection and Competition in International Trade: Essays in Honor of W. M. Corden. Oxford: Basil Blackwell.

Kimura F. 2006. International production and distribution networks in East Asia: eighteen facts, mechanics, and policy implications. Asian Economic Policy Review, 1(2): 326—344.

Kimura F, Ando M. 2005. Two-dimensional fragmentation in East Asia: conceptual framework and empirics. International Review of Economics & Finance, 14(3): 317—348.

Kimura F, Kiyota K. 2006. Exports, FDI, and productivity of firm: dynamic evidence from japanese firms. Review of World Economics, 142: 695—719.

Kimura F, Takahashi Y, Hayakawa K. 2007. Fragmentation and parts and components trade: comparison between East Asia and Europe. The North American Journal of Economics and Finance, 18(1): 23—40.

Kohler W. 2001. A specific-factor view on outsourcing. North American Journal of Economics and Finance, 12(1): 31—53.

Kohler W. 2003. Factor price frontiers with international fragmentation of multistage production. Johannes Kepler University Linz, Economics Working Papers No. 2003. 05.

Kohler W. 2004. Aspects of international fragmentation. Review of International Economics, 12(5): 793—816.

Kokko A. 1994. Technology market characteristics and spillovers. Journal of Development Economics, 43: 279—293.

Kokko A, Tansini R, Zejan M C. 1996. Local technological capability and productivity spillovers from FDI in the Uruguayan manufacturing sector. Journal of Development Studies, 32(4): 602—611.

Koopman R, Wang Z, Wei S J. 2008. How much of chinese exports is really made in China? Assessing domestic value-added when processing trade is pervasive. NBER Working Paper, No. 14109.

Krugman P. 1979. Increasing returns, monopolistic competition and international trade. Journal of International Economics, 9: 469—479.

Krugman P. 1990. A Technological Gap Model of International Trade. //Krugman P. Rethinking International Trade. Cambridge: MIT Press.

Kurz C J. 2006. Outstanding outsourcers: a firm-and plant-level analysis of production sharing. Finance and Economics Discussion Series 2006.04, US Board of Governors of the Federal Reserve System.

Lall S. 2000. The technological structure and performance of developing country manufactured exports, 1985—1998. Oxford Development Studies, 28(3): 337—369.

Lall S, Albaladejo M, Zhang J. 2004. Mapping fragmentation: electronics and automobiles in East Asia and Latin America. Oxford Development Studies, 32(3): 407—432.

Lall S, Weiss J, Zhang J K. 2006. The sophistication of export: a new trade measure. World Development, 34(2): 2, 222—237.

Lancaster K. 1980. Intra-industry trade under perfect monopolistic competition. Journal of International Economics: 10: 151—175.

Lemoine F, Unal-Kesenci D. 2002. China in the international segmentation of production processes. Working Papers 2002.02, CEPII Research Center.

Lemoine F, Unal-Kesenci D. 2004. Assembly trade and technology transfer: the case of China. World Development, 32(5): 829—850.

Liu R, Trefler D. 2008. Much ado about nothing: American jobs and the rise of service outsourcing to China and India. NBER Working Paper 14061. National. Bureau of Economic Research.

Long N V, Riezman R, Soubeyran A. 2005. Fragmentation and services. The North American Journal of Economics and Finance, (16): 137—152.

Markusen J. R, Venables A J. 2005. A multi-country approach to factor proportions trade and trade costs. IIIS Discussion Paper No. 51.

Martina L. 2008. Deconstructing gravity: trade costs and extensive and intensive margins. MPRA Paper, No. 10230, Munich Personal RePEc Archive.

McLaren J. 2000. Globalization and Vertical structure. The American Economic Review, 90 (5): 1239—1254.

Melitz M J. 2003. The impact of trade on intra-industry reallocations and aggregate industry productivity. Econometrica, 71(6): 1695—1725.

Molnar M, Pain N. Taglioni D. 2007. The internationalisation of production, international outsourcing and employment in the OECD. OECD Economics Department Working Papers 561, OECD.

Navaretti G B, Venables A J. 2004. Multinational Firms in the World Economy. Princeton: Princeton University Press.

Nelson R R. 1992. National innovation systems: a retrospective on a study. Industrial and Corporate Change, 1(2): 347—374.

Ng F, Yeats A J. 1999, Production sharing in East Asia: who does what for whom, and why? Policy Research Working Paper Series 2197, The World Bank.

Ng F, Yeats J. 2003. Major trade trends in East Asia: what are their implications for regional cooperation and growth. World Bank Working Paper 3084.

OECD. 2005. Measuring globalisation: OECD handbook on economic globalisation Indicators. Paris: OECD

Perkins D H, Koo B H. Social Capability and Long-term Growth. Basingstoke: Macmillan Press.

Petrucci A, Quintieri B. 2001. Will Italy survive globalization? //Arndt S W, Kierzkowski. Fragmentation: New Production Patterns in the World Economy. Oxford: University Press.

Rodrik D. 2006. What is so special about China's exports? NBER Working Paper, No. 11947.

Rodríguez-Clare A. 2007. Offshoring in a ricardian world. NBER Working Paper. No. 13203.

Ruane F, Görg H. 2001. Globalization and fragmentation: evidence for the electronics industry in Ireland. //Arn L S W, Kierzkowski. Fragmentation: New Production Patterns in the Word Economy. Oxford: Oxford Universtity Press.

Sanyal K K, Jones R W. 1982. The theory of trade in middle products. The American Economic Review, 72(1): 16—31.

Schott P K. 2004. Across-product versus within-product specialization in international trade. Quarterly Journal of Economics, 119(2): 647—78.

Schott R K. 2006. The relative sophistication of chinese exports. NBER Working Paper, No. 12173.

Solow R M. 1956. A contribution to the theory of economic growth. Quarterly Journal of Economics, 70: 65—94.

Strauss-Kahn V. 2003. The role of globalization in the within-industry shift away from unskilled workers in France. NBER Working Paper No. 9716.

Swenson D L. 2005. Overseas assembly and country sourcing choices. Journal of International Economics, 66(1): 107—130.

Tomiura E. 2007. Foreign outsourcing, exporting, and FDI: a productivity comparison at the firm level. Journal of International Economics, 72: 113—127.

Venables A J. 1999. Fragmentation and multinational production. European Economic Review, 43(4): 935—945.

Wang Z, Wei S J. 2007. The rising sophistication of China's exports: assessing the roles of processing trade, foreign invested firms, human capital, and government policies. Working Paper for NBER Conference on China's Growing Role in World Trade.

Wang Z. Wei S J. 2008. What accounts for the rising sophistication of China's exports. NBER Working Paper, No. 13771.

Xiaodi Z, Jingwei S. 2007. An analysis of China's global industrial competitive strength based on vertical specialization. Frontiers of Economics in China, 2(1): 57—73.

Xu B. 2006. Measuring the technology content of China's exports. Working Paper, China Europe International Business School.

Xu B. 2007. Measuring China's export sophistication. Working Paper, China Europe International Business School.

Xu B, Lu J Y. 2008. Foreign direct investment, processing trade, and China's export sophistication. Working Paper, China Europe International Business School.

Yeaple S. 2006. Offshoring, foreign direct investment and the Structure of U. S. trade. Journal of the European Economic Association, 4: 602—611.

Yeats A J. 1998. Just how big is global production sharing? Policy Research Working Paper Series 1871, The World Bank.

Yi K-M. 2003. Can vertical specialization explain the growth of world trade? Journal of Political Economy, 111: 52—102.

Álvarez R, Claro S. 2006. The China phenomenon: price, quality or variety? Working Paper No. 411, Central Bank of Chile.

附　　录

附录 A　SNA 基本货物类别与 BEC 所属类型之间的对应关系

SNA	BEC 分类代码	BEC 分类描述
资本货物	41	资本货物(运输设备除外)
	521	运输设备，工业
中间货物	111	食品和饮料，初级，主要用于工业
	121	食品和饮料，加工，主要用于工业
	21	未另归类的工业用品，初级
	22	未另归类的工业用品，加工
	31	燃料和润滑剂，初级
	32	燃料和润滑剂，加工(不包括汽油)
	42	资本货物(运输设备除外)零配件
	53	运输设备零配件
消费品	112	食品和饮料，初级，主要用于家庭消费
	122	食品和饮料，加工，主要用于家庭消费
	522	运输设备，非工业
	61	未另归类的消费品，耐用品
	62	未另归类的消费品，半耐用品
	63	未另归类的消费品，非耐用品
其他	321	汽油
	51	机动小客车
	7	未列名的货品

资料来源：联合国经济及社会理事会统计司，《按经济大类分类》(第 4 版)，《统计从刊》M 系统第 53 号，2002 年

附录B 《国民经济行业分类》(GB/T4754－2002)中的制造业

按《国民经济行业分类》(GB/T4754－2002)中类代码水平分的制造业

代码	类别名称 制造业	代码	类别名称 制造业	代码	类别名称 制造业
13	**农副食品加工业**	162	卷烟制造	214	塑料家具制造
131	谷物磨制	169	其他烟草制品加工	219	其他家具制造
132	饲料加工	**17**	**纺织业**	**22**	**造纸及纸制品业**
133	植物油加工	171	棉、化纤纺织及印染精加工	221	纸浆制造
134	制糖	172	毛纺织和染整精加工	222	造纸
135	屠宰及肉类加工	173	麻纺织	223	纸制品制造
136	水产品加工	174	丝绢纺织及精加工	**23**	**印刷业和记录媒介的复制**
137	蔬菜、水果和坚果加工	175	纺织制成品制造	231	印刷
139	其他农副食品加工	176	针织品、编织品及其制品制造	232	装订及其他印刷服务活动
14	**食品制造业**	**18**	**纺织服装、鞋、帽制造业**	233	记录媒介的复制
141	焙烤食品制造	181	纺织服装制造	**24**	**文教体育用品制造业**
142	糖果、巧克力及蜜饯制造	182	纺织面料鞋的制造	241	文化用品制造
143	方便食品制造	183	制帽	242	体育用品制造
144	液体乳及乳制品制造	**19**	**皮革、毛皮、羽毛（绒）及其制品业**	243	乐器制造
145	罐头制造	191	皮革鞣制加工	244	玩具制造
146	调味品、发酵制品制造	192	皮革制品制造	245	游艺器材及娱乐用品制造
149	其他食品制造	193	毛皮鞣制及制品加工	**25**	**石油加工、炼焦及核燃料加工业**
15	**饮料制造业**	194	羽毛（绒）加工及制品制造	251	精炼石油产品的制造
151	酒精制造	**20**	**木材加工及木、竹、藤、棕、草制品业**	252	炼焦
152	酒的制造	203	木制品制造	253	核燃料加工
153	软饮料制造	**21**	**家具制造业**	**26**	**化学原料及化学制品制造业**
154	精制茶加工	211	木质家具制造	261	基础化学原料制造
16	**烟草制品业**	212	竹、藤家具制造	262	肥料制造
161	烟叶复烤	213	金属家具制造	263	农药制造

续表

代码	类别名称	代码	类别名称	代码	类别名称
	制造业		制造业		制造业
264	涂料、油墨、颜料及类似产品制造	303	塑料丝、绳及编织品的制造	342	金属工具制造
265	合成材料制造	304	泡沫塑料制造	343	集装箱及金属包装容器制造
266	专用化学产品制造	305	塑料人造革、合成革制造	344	金属丝绳及其制品的制造
267	日用化学产品制造	306	塑料包装箱及容器制造	345	建筑、安全用金属制品制造
27	**医药制造业**	307	塑料零件制造	346	金属表面处理及热处理加工
271	化学药品原药制造	308	日用塑料制造	347	搪瓷制品制造
272	化学药品制剂制造	309	其他塑料制品制造	348	不锈钢及类似日用金属制品制造
273	中药饮片加工	**31**	**非金属矿物制品业**	349	其他金属制品制造
274	中成药制造	311	水泥、石灰和石膏的制造	**35**	**通用设备制造业**
275	兽用药品制造	314	玻璃及玻璃制品制造	351	锅炉及原动机制造
276	生物、生化制品的制造	315	陶瓷制品制造	352	金属加工机械制造
277	卫生材料及医药用品制造	316	耐火材料制品制造	353	起重运输设备制造
28	**化学纤维制造业**	319	石墨及其他非金属矿物制品制造	354	泵、阀门、压缩机及类似机械的制造
281	纤维素纤维原料及纤维制造	**32**	**黑色金属冶炼及压延加工业**	355	轴承、齿轮、传动和驱动部件的制造
282	合成纤维制造	321	炼铁	356	烘炉、熔炉及电炉制造
29	**橡胶制品业**	322	炼钢	357	风机、衡器、包装设备等通用设备制造
291	轮胎制造	323	钢压延加工	358	通用零部件制造及机械修理
292	橡胶板、管、带的制造	324	铁合金冶炼	359	金属铸、锻加工
293	橡胶零件制造	**33**	**有色金属冶炼及压延加工业**	**36**	**专用设备制造业**
294	再生橡胶制造	331	常用有色金属冶炼	361	矿山、冶金、建筑专用设备制造
295	日用及医用橡胶制品制造	332	贵金属冶炼	362	化工、木材、非金属加工专用设备制造
296	橡胶靴鞋制造	333	稀有稀土金属冶炼	363	食品、饮料、烟草及饲料生产专用设备制造
299	其他橡胶制品制造	334	有色金属合金制造	364	印刷、制药、日化生产专用设备制造
30	**塑料制品业**	335	有色金属压延加工	365	纺织、服装和皮革工业专用设备制造
301	塑料薄膜制造	**34**	**金属制品业**	366	电子和电工机械专用设备制造
302	塑料板、管、型材的制造	341	结构性金属制品制造	367	农、林、牧、渔专用机械制造

续表

代码	类别名称 制造业	代码	类别名称 制造业	代码	类别名称 制造业
368	医疗仪器设备及器械制造	394	电池制造	412	专用仪器仪表制造
369	环保、社会公共安全及其他专用设备制造	395	家用电力器具制造	413	钟表与计时仪器制造
37	**交通运输设备制造业**	396	非电力家用器具制造	414	光学仪器及眼镜制造
371	铁路运输设备制造	397	照明器具制造	415	文化、办公用机械制造
372	汽车制造	399	其他电气机械及器材制造	419	其他仪器仪表的制造及修理
373	摩托车制造	**40**	**通信设备、计算机及其他电子设备制造业**	**42**	**工艺品及其他制造业**
374	自行车制造	401	通信设备制造	421	工艺美术品制造
375	船舶及浮动装置制造	404	电子计算机制造	422	日用杂品制造
376	航空航天器制造	405	电子器件制造	423	煤制品制造
379	交通器材及其他交通运输设备制造	406	电子元件制造	424	核辐射加工
39	**电气机械及器材制造业**	407	家用视听设备制造	429	其他未列明的制造业
391	电机制造	409	其他电子设备制造	**43**	**废弃资源和废旧材料回收加工业**
392	输配电及控制设备制造	**41**	**仪器仪表及文化、办公用机械制造业**	431	金属废料和碎屑的加工处理
393	电线、电缆、光缆及电工器材制造	411	通用仪器仪表制造	432	非金属废料和碎屑的加工处理

注：作者根据中国国家统计局发布的《国民经济行业分类》(GB/T4754—2002)整理而得

附录 C　制造业行业代码和行业分类对应表

行业代码	行业名称
C	制造业
C1	食品加工和制造业
C2	饮料制造业
C3	烟草加工业
C4	纺织业
C5	纺织服装、鞋、帽制造业
C6	皮革毛皮羽绒及其制品业
C7	木材加工及家具制造业
C8	造纸及纸制品业
C9	印刷业记录媒介的复制
C10	文教体育用品制造业
C11	石油加工及炼焦业
C12	化学原料及化学制品制造业
C13	医药制造业
C14	化学纤维制造业
C15	橡胶制品业
C16	塑料制品业
C17	非金属矿物制品业
C18	黑色金属冶炼及压延加工业
C19	有色金属冶炼及压延加工业
C20	金属制品业
C21	普通机械制造业
C22	专用设备制造业
C23	交通运输设备制造业
C24	电气机械及器材制造业
C25	通信设备、计算机及其他电子设备制造业
C26	仪器仪表及文化办公用机械制造业

附录D 制造业行业与投入产出各部门的对应表

年份	1997年	2002年	2007年	2012年
C1	粮油及饲料加工业 制糖业 屠宰及肉类蛋类加工业 水产品加工业 其他食品加工制造业	谷物磨制业 饲料加工业 植物油加工业 制糖业 屠宰及肉类加工业 水产品加工业 其他食品加工和食品制造业	谷物磨制业 饲料加工业 植物油加工业 制糖业 屠宰及肉类加工业 水产品加工业 其他食品加工业 方便食品制造业 液体乳及乳制品制造业 调味品、发酵制品制造业 其他食品制造业	谷物磨制品 饲料加工品 植物油加工品 糖及糖制品 屠宰及肉类加工品 水产加工品 蔬菜、水果、坚果和其他农副食品加工品 方便食品 乳制品 调味品、发酵制品 其他食品
C2	酒精及饮料酒制造业 其他饮料制造业	酒精及饮料酒制造业 其他饮料制造业	酒精及酒的制造业 软饮料及精制茶加工业	酒精和酒 饮料和精制茶加工品
C3	烟草加工业	烟草制品业	烟草制品业	烟草制品
C4	棉纺织业 毛纺织业 麻纺织业 丝绢纺织业 针织品业 其他纺织业	棉、化纤纺织及印染精加工业 毛纺织和染整精加工业 麻纺织、丝绢纺织及精加工业 纺织制成品制造业 针织品、编织品及其制品制造业	棉、化纤纺织及印染精加工业 毛纺织和染整精加工业 麻纺织、丝绢纺织及精加工业 纺织制成品制造业 针织品、编织品及其制品制造业	棉、化纤纺织及印染精加工品 毛纺织及染整精加工品 麻、丝绢纺织及加工品 针织或钩针编织及其制品 纺织制成品
C5	服装及其他纤维制品制造业	纺织服装、鞋、帽制造业	纺织服装、鞋、帽制造业	纺织服装服饰 鞋
C6	皮革毛皮羽绒及其制品业	皮革、毛皮、羽毛(绒)及其制品业	皮革、毛皮、羽毛(绒)及其制品业	皮革、毛皮、羽毛及其制品
C7	锯材加工及人造板制造业	木材加工及木、竹、藤、棕、草制品业	木材加工及木、竹、藤、棕、草制品业	木材加工品和木、竹、藤、棕、草制品
	家具、木制品及竹藤棕草制品制造业	家具制造业	家具制造业	家具
C8	造纸及纸制品业	造纸及纸制品业	造纸及纸制品业	造纸和纸制品
C9	印刷业、记录媒介的复制业	印刷业和记录媒介的复制业	印刷业和记录媒介的复制业	印刷品和记录媒介复制品
C10	文化用品制造业 玩具体育娱乐用品制造业	文化用品制造业 玩具体育娱乐用品制造业	文教体育用品制造业	文教、工美、体育和娱乐用品

续表

年份	1997年	2002年	2007年	2012年
C11	石油加工业 炼焦业	石油及核燃料加工业 炼焦业	石油及核燃料加工业 炼焦业	精炼石油和核燃料加工品 炼焦产品
C12	基本化学原料制造业 化学肥料制造业 化学农药制造业 有机化学产品制造业 日用化学产品制造业 其他化学产品制造业	基础化学原料制造业 肥料制造业 农药制造业 涂料、颜料、油墨及类似产品制造业 合成材料制造业 专用化学产品制造业 日用化学产品制造业	基础化学原料制造业 肥料制造业 农药制造业 涂料、油墨、颜料及类似产品制造业 合成材料制造业 专用化学产品制造业 日用化学产品制造业	基础化学原料 肥料 农药 涂料、油墨、颜料及类似产品 合成材料 专用化学产品和炸药、火工、焰火产品 日用化学产品
C13	医药制造业	医药制造业	医药制造业	医药制品
C14	化学纤维制造业	化学纤维制造业	化学纤维制造业	化学纤维制品
C15	橡胶制品业	橡胶制品业	橡胶制品业	橡胶制品
C16	塑料制品业	塑料制品业	塑料制品业	塑料制品
C17	水泥制造业 水泥制品及石棉水泥制造业 砖瓦、石灰和轻质建筑材料制造业 玻璃及玻璃制品业 陶瓷制品业 耐火材料制品业 其他非金属矿物制品业	水泥、石灰和石膏制造业 玻璃及玻璃制品制造业 陶瓷制品制造业 耐火材料制品制造业 其他非金属矿物制品制造业	水泥、石灰和石膏制造业 水泥及石膏制品制造业 砖瓦、石材及其他建筑材料制造业 玻璃及玻璃制品制造业 陶瓷制品制造业 耐火材料制品制造业 石墨及其他非金属矿物制品制造业	水泥、石灰和石膏 石膏、水泥制品及类似制品 砖瓦、石材等建筑材料 玻璃和玻璃制品 陶瓷制品 耐火材料制品 石墨及其他非金属矿物制品
C18	炼铁业 炼钢业 钢压延加工业 铁合金冶炼业	炼铁业 炼钢业 钢压延加工业 铁合金冶炼业	炼铁业 炼钢业 钢压延加工业 铁合金冶炼业	钢、铁及其铸件 钢压延产品 铁合金产品
C19	有色金属冶炼业 有色金属压延加工业	有色金属冶炼业 有色金属压延加工业	有色金属冶炼及合金制造业 有色金属压延加工业	有色金属及其合金和铸件 有色金属压延加工品
C20	金属制品业	金属制品业	金属制品业	金属制品
C21	锅炉及原动机制造业 金属加工机械制造业 其他普通机械制造业	锅炉及原动机制造业 金属加工机械制造业 其他通用设备制造业	锅炉及原动机制造业 金属加工机械制造业 起重运输设备制造业 泵、阀门、压缩机及类似机械的制造业 其他通用设备制造业	锅炉及原动设备 金属加工机械 物料搬运设备 泵、阀门、压缩机及类似机械 文化、办公用机械 其他通用设备

续表

年份	1997 年	2002 年	2007 年	2012 年
C22	农林牧渔水利机械制造业 其他专用设备制造业	农林牧渔专用机械制造业 其他专用设备制造业	矿山、冶金、建筑专用设备制造业 化工、木材、非金属加工专用设备制造业 农林牧渔专用机械制造业 其他专用设备制造业	采矿、冶金、建筑专用设备 化工、木材、非金属加工专用设备 农、林、牧、渔专用机械 其他专用设备
C23	铁路运输设备制造业 汽车制造业 船舶制造业 航空航天器制造业 自行车制造业 其他交通运输设备制造业	铁路运输设备制造业 汽车制造业 汽车零部件及配件制造业 船舶及浮动装置制造业 其他交通运输设备制造业	铁路运输设备制造业 汽车制造业 船舶及浮动装置制造业 其他交通运输设备制造业	汽车整车 汽车零部件及配件 铁路运输和城市轨道交通设备 船舶及相关装置 其他交通运输设备
C24	电机制造业 日用电器制造业 其他电气机械及器材制造业	电机制造业 家用器具制造业 其他电气机械及器材制造业	电机制造业 输配电及控制设备制造业 电线、电缆、光缆及电工器材制造业 家用电力和非电力器具制造业 其他电气机械及器材制造业	电机 输配电及控制设备 电线、电缆、光缆及电工器材 电池 家用器具 其他电气机械和器材
C25	电子计算机制造业 日用电子器具制造业 电子元器件制造业 其他电子及通信设备制造业	通信设备制造业 电子计算机整机制造业 其他电子计算机设备制造业 电子元器件制造业 家用视听设备制造业 其他通信、电子设备制造业	通信设备制造业 雷达及广播设备制造业 电子计算机制造业 电子元器件制造业 家用视听设备制造业 其他电子设备制造业	计算机 通信设备 广播电视设备和雷达及配套设备 视听设备 电子元器件 其他电子设备
C26	仪器仪表制造业 文化办公用机械制造业 机械设备修理业	仪器仪表制造业 文化、办公用机械制造业	仪器仪表制造业 文化、办公用机械制造业	仪器仪表

附录 E 国际贸易商品标准分类(SITC Rev. 3)与我国制造业行业的对应

SITC Rev. 3 代码	
食品加工和制造业	
011	Meat of bovine animals, fresh, chilled or frozen
012	Other meat and edible meat offal, fresh, chilled or frozen(except meat and meat offal unfit or unsuitable for human consumption)
016	Meat and edible meat offal, salted, in brine, dried or smoked; edible flours and meals of meat or meat offal
017	Meat and edible meat offal, prepared or preserved, n. e. s.
022	Milk and cream and milk products other than butter or cheese
023	Butter and other fats and oils derived from milk
024	Cheese and curd
025	Eggs, birds ′, and egg yolks, fresh, dried or otherwise preserved, sweetened or not; egg albumin
034	Fish, fresh(live or dead), chilled or frozen
035	Fish, dried, salted or in brine; smoked fish (whether or not cooked before or during the smoking process); flours, meals and pellets of fish, fit for human consumption
037	Fish, crustaceans, molluscs and other aquatic invertebrates, prepared or preserved, n. e. s.
042	Rice
045	Cereals, unmilled(other than wheat, rice, barley and maize)
046	Meal and flour of wheat and flour of meslin
047	Other cereal meals and flours
048	Cereal preparations and preparations of flour or starch of fruits or vegetables
054	Vegetables, fresh, chilled, frozen or simply preserved(including dried leguminous vegetables); roots, tubers and other edible vegetable products, n. e. s., fresh or dried
056	Vegetables, roots and tubers, prepared or preserved, n. e. s.
058	Fruit, preserved, and fruit preparations(excluding fruit juices)
059	Fruit juices(including grape must) and vegetable juices, unfermented and not containing added spirit, whether or not containing added sugar or other sweetening matter
061	Sugars, molasses and honey
062	Sugar confectionery
071	Coffee and coffee substitutes
073	Chocolate and other food preparations containing cocoa, n. e. s.

续表

SITC Rev. 3 代码	
075	Spices
081	Feeding stuff for animals(not including unmilled cereals)
091	Margarine and shortening
098	Edible products and preparations, n. e. s.
411	Animal oils and fats
421	Fixed vegetable fats and oils, "soft", crude, refined or fractionated
422	Fixed vegetable fats and oils, crude, refined or fractionated, other than "soft"
431	Animal or vegetable fats and oils, processed; waxes; inedible mixtures or preparations of animal or vegetable fats or oils, n. e. s.
饮料制造业	
074	Tea and mat?
111	Non-alcoholic beverages, n. e. s.
112	Alcoholic beverages
烟草加工业	
122	Tobacco, manufactured(whether or not containing tobacco substitutes)
纺织业	
269	Worn clothing and other worn textile articles; rags
651	Textile yarn
652	Cotton fabrics, woven(not including narrow or special fabrics)
653	Fabrics, woven, of man-made textile materials(not including narrow or special fabrics)
654	Other textile fabrics, woven
655	Knitted or crocheted fabrics(including tubular knit fabrics, n. e. s., pile fabrics and openwork fabrics), n. e. s.
656	Tulles, lace, embroidery, ribbons, trimmings and other smallwares
657	Special yarns, special textile fabrics and related products
658	Made-up articles, wholly or chiefly of textile materials, n. e. s.
659	Floor coverings, etc.
服装及其他纤维制品制造业	
841	Men's or boys' coats, capes, jackets, suits, blazers, trousers, shorts, shirts, underwear, nightwear and similar articles of textile fabrics, not knitted or crocheted(other than those of subgroup 845. 2)
842	Women's or girls' coats, capes, jackets, suits, trousers, shorts, shirts, dresses and skirts, underwear, nightwear and similar articles of textile fabrics, not knitted or crocheted(other than those of subgroup 842. 2)

续表

SITC Rev. 3 代码	
843	Men's or boys' coats, capes, jackets, suits, blazers, trousers, shorts, shirts, underwear, nightwear and similar articles of textile fabrics, knitted or crocheted (other than those of subgroup 845. 2)
844	Women's or girls' coats, capes, jackets, suits, trousers, shorts, shirts, dresses and skirts, underwear, nightwear and similar articles of textile fabrics, knitted or crocheted (other than those of subgroup 845. 2)
845	Articles of apparel, of textile fabrics, whether or not knitted or crocheted, n. e. s.
846	Clothing accessories, of textile fabrics, whether or not knitted or crocheted (other than those for babies)
848	Articles of apparel and clothing accessories of other than textile fabrics; headgear of all materials
皮革毛皮羽绒及其制品业	
611	Leather
612	Manufactures of leather or of composition leather, n. e. s.; saddlery and harness
613	Furskins, tanned or dressed (including heads, tails, paws and other pieces or cuttings), unassembled, or assembled (without the addition of other materials), other than those of heading 848. 31
831	Trunks, suitcases, vanity cases, executive cases, briefcases, school satchels, binocular cases, camera cases, musical instrument cases, spectacle cases, gun cases, holsters and similar containers; travelling bags, toilet bags, rucksacks, handbags, shoppin
851	Footwear
木材加工及家具制造业	
633	Cork manufactures
634	Veneers, plywood, particle board, and other wood, worked, n. e. s.
635	Wood manufactures, n. e. s.
家具制造业	
821	Furniture and parts thereof; bedding, mattresses, mattress supports, cushions and similar stuffed furnishings
造纸及纸制品业	
251	Pulp and waste paper
641	Paper and paperboard
642	Paper and paperboard, cut to size or shape, and articles of paper or paperboard
印刷业记录媒介的复印	
892	Printed matter
文教体育用品制造业	
894	Baby carriages, toys, games and sporting goods
895	Office and stationery supplies, n. e. s.

续表

SITC Rev. 3代码	
898	Musical instruments and parts and accessories thereof; records, tapes and other sound or similar recordings(excluding goods of groups 763and 883)
石油加工及炼焦业	
325	Coke and semi-coke(including char)of coal, of lignite or of peat, whether or not agglomerated; retort carbon
334	Petroleum oils and oils obtained from bituminous minerals(other than crude); preparations, n. e. s., containing by weight 70% or more of petroleum oils or of oils obtained from bituminous minerals, these oils being the basic constituents of the preparation
335	Residual petroleum products, n. e. s., and related materials
化学原料及化学制品制造业	
232	Synthetic rubber; reclaimed rubber; waste, parings and scrap of unhardened rubber
511	Hydrocarbons, n. e. s., and their halogenated, sulphonated, nitrated or nitrosated derivatives
512	Alcohols, phenols, phenol-alcohols, and their halogenated, sulphonated, nitrated or nitrosated derivatives
513	Carboxylic acids and their anhydrides, halides, peroxides and peroxyacids; their halogenated, sulphonated, nitrated or nitrosated derivatives
514	Nitrogen-function compounds
515	Organo-inorganic compounds, heterocyclic compounds, nucleic acids and their salts, and sulphonamides
516	Other organic chemicals
522	Inorganic chemical elements, oxides and halogen salts
523	Metal salts and peroxysalts, of inorganic acids
524	Other inorganic chemicals; organic and inorganic compounds of precious metals
525	Radioactive and associated materials
531	Synthetic organic colouring matter and colour lakes, and preparations based thereon
532	Dyeing and tanning extracts, and synthetic tanning materials
533	Pigments, paints, varnishes and related materials
551	Essential oils, perfume and flavour materials
553	Perfumery, cosmetic or toilet preparations(excluding soaps)
554	Soap, cleansing and polishing preparations
562	Fertilizers(other than those of group 272)
571	Polymers of ethylene, in primary forms
572	Polymers of styrene, in primary forms
573	Polymers of vinyl chloride or of other halogenated olefins, in primary forms
574	Polyacetals, other polyethers and epoxide resins, in primary forms; polycarbonates, alkyd resins, polyallyl esters and other polyesters, in primary forms

续表

SITC Rev. 3代码	
575	Other plastics, in primary forms
579	Waste, parings and scrap, of plastics
591	Insecticides, rodenticides, fungicides, herbicides, anti-sprouting products and plant-growth regulators, disinfectants and similar products, put up in forms or packings for retail sale or as preparations or articles(e. g. , sulphur-treated bands, wicks and
592	Starches, inulin and wheat gluten; albuminoidal substances; glues
593	Explosives and pyrotechnic products
597	Prepared additives for mineral oils and the like; prepared liquids for hydraulic transmission; anti-freezing preparations and prepared de-icing fluids; lubricating preparations
598	Miscellaneous chemical products, n. e. s.
医药制造业	
541	Medicinal and pharmaceutical products, other than medicaments of group 542
542	Medicaments(including veterinary medicaments)
化学纤维制造业	
266	Synthetic fibres suitable for spinning
267	Other man-made fibres suitable for spinning; waste of man-made fibres
橡胶制品业	
621	Materials of rubber(e. g. , pastes, plates, sheets, rods, thread, tubes, of rubber)
625	Rubber tyres, interchangeable tyre treads, tyre flaps and inner tubes for wheels of all kinds
629	Articles of rubber, n. e. s.
塑料制品业	
581	Tubes, pipes and hoses, and fittings therefor, of plastics
582	Plates, sheets, film, foil and strip, of plastics
583	Monofilament of which any cross-sectional dimension exceeds 1mm, rods, sticks and profile shapes, whether or not surface-worked but not otherwise worked, of plastics
893	Articles, n. e. s. , of plastics
非金属矿物制品业	
661	Lime, cement, and fabricated construction materials(except glass and clay materials)
662	Clay construction materials and refractory construction materials
663	Mineral manufactures, n. e. s.
664	Glass
665	Glassware
666	Pottery
667	Pearls and precious or semiprecious stones, unworked or worked
黑色金属冶炼及延压加工业	

续表

SITC Rev. 3 代码	
671	Pig-iron, spiegeleisen, sponge iron, iron or steel granules and powders and ferro-alloys
672	Ingots and other primary forms, of iron or steel; semi-finished products of iron or steel
673	Flat-rolled products of iron or non-alloy steel, not clad, plated or coated
674	Flat-rolled products of iron or non-alloy steel, clad, plated or coated
675	Flat-rolled products of alloy steel
676	Iron and steel bars, rods, angles, shapes and sections(including sheet piling)
677	Rails or railway track construction material, of iron or steel
678	Wire of iron or steel
679	Tubes, pipes and hollow profiles, and tube or pipe fittings, of iron or steel
有色金属冶炼及延压加工业	
681	Silver, platinum and other metals of the platinum group
682	Copper
683	Nickel
684	Aluminium
685	Lead
686	Zinc
687	Tin
689	Miscellaneous non-ferrous base metals employed in metallurgy, and cermets
金属制品业	
691	Structures and parts of structures, n. e. s., of iron, steel or aluminium
692	Metal containers for storage or transport
693	Wire products(excluding insulated electrical wiring)and fencing grills
694	Nails, screws, nuts, bolts, rivets and the like, of iron, steel, copper or aluminium
695	Tools for use in the hand or in machines
696	Cutlery
699	Manufactures of base metal, n. e. s.
811	Prefabricated buildings
812	Sanitary, plumbing and heating fixtures and fittings, n. e. s.
普通机械制造业	
711	Steam or other vapour-generating boilers, superheated water boilers, and auxiliary plant for use therewith; parts thereof
712	Steam turbines and other vapour turbines, and parts thereof, n. e. s.
713	Internal combustion piston engines, and parts thereof, n. e. s.

续表

SITC Rev. 3 代码	
714	Engines and motors, non-electric(other than those of groups 712, 713and 718); parts, n. e. s., of these engines and motors
716	Rotating electric plant, and parts thereof, n. e. s.
718	Power-generating machinery, and parts thereof, n. e. s.
731	Machine tools working by removing metal or other material
733	Machine tools for working metal, sintered metal carbides or cermets, without removing material
735	Parts, n. e. s., and accessories suitable for use solely or principally with the machines falling within groups 731and 733(including work or tool holders, self-opening die-heads, dividing heads and other special attachments for machine tools); tool holder
737	Metalworking machinery(other than machine tools), and parts thereof, n. e. s.
741	Heating and cooling equipment, and parts thereof, n. e. s.
742	Pumps for liquids, whether or not fitted with a measuring device; liquid elevators; parts for such pumps and liquid elevators
743	Pumps(other than pumps for liquids), air or other gas compressors and fans; ventilating or recycling hoods incorporating a fan, whether or not fitted with filters; centrifuges; filtering or purifying apparatus; parts thereof
744	Mechanical handling equipment, and parts thereof, n. e. s.
745	Non-electrical machinery, tools and mechanical apparatus, and parts thereof, n. e. s.
746	Ball-or roller bearings
747	Taps, cocks, valves and similar appliances for pipes, boiler shells, tanks, vats or the like, including pressure-reducing valves and thermostatically controlled valves
748	Transmission shafts(including camshafts and crankshafts)and cranks; bearing housings and plain shaft bearings; gears and gearing; ball screws; gearboxes and other speed changers(including torque converters); flywheels and pulleys(including pulley bloc
749	Non-electric parts and accessories of machinery, n. e. s.
专用设备制造业	
721	Agricultural machinery(excluding tractors), and parts thereof
722	Tractors(other than those of headings 744. 14and 744. 15)
723	Civil engineering and contractors' plant and equipment; parts thereof
724	Textile and leather machinery, and parts thereof, n. e. s.
725	Paper mill and pulp mill machinery, paper-cutting machines and other machinery for the manufacture of paper articles; parts thereof
726	Printing and bookbinding machinery, and parts thereof
727	Food-processing machines(excluding domestic); parts thereof
728	Other machinery and equipment specialized for particular industries; parts thereof, n. e. s.
774	Electrodiagnostic apparatus for medical, surgical, dental or veterinary purposes, and radiological apparatus

续表

SITC Rev. 3代码	
872	Instruments and appliances, n. e. s., for medical, surgical, dental or veterinary purposes
881	Photographic apparatus and equipment, n. e. s.
882	Photographic and cinematographic supplies
883	Cinematographic film, exposed and developed, whether or not incorporating soundtrack or consisting only of soundtrack
交通运输设备制造业	
781	Motor cars and other motor vehicles principally designed for the transport of persons (other than motor vehicles for the transport of ten or more persons, including the driver), including station-wagons and racing cars
782	Motor vehicles for the transport of goods and special-purpose motor vehicles
783	Road motor vehicles, n. e. s.
784	Parts and accessories of the motor vehicles of groups 722, 781, 782and 783
785	Motor cycles(including mopeds)and cycles, motorized and non-motorized; invalid carriages
786	Trailers and semi-trailers; other vehicles, not mechanically-propelled; specially designed and equipped transport containers
791	Railway vehicles(including hovertrains)and associated equipment
792	Aircraft and associated equipment; spacecraft(including satellites)and spacecraft launch vehicles; parts thereof
793	Ships, boats(including hovercraft)and floating structures
电气机械及器材制造业	
771	Electric power machinery(other than rotating electric plant of group 716), and parts thereof
772	Electrical apparatus for switching or protecting electrical circuits or for making connections to or in electrical circuits (e. g., switches, relays, fuses, lightning arresters, voltage limiters, surge suppressors, plugs and sockets, lamp-holders and junct
773	Equipment for distributing electricity, n. e. s.
775	Household-type electrical and non-electrical equipment, n. e. s.
776	Thermionic, cold cathode or photo-cathode valves and tubes (e. g., vacuum or vapour or gas-filled valves and tubes, mercury arc rectifying valves and tubes, cathode-ray tubes, television camera tubes); diodes, transistors and similar semiconductor devices;
778	Electrical machinery and apparatus, n. e. s.
813	Lighting fixtures and fittings, n. e. s.
电子及通信设备制造业	
752	Automatic data-processing machines and units thereof; magnetic or optical readers, machines for transcribing data onto data media in coded form and machines for processing such data, n. e. s.
761	Television receivers (including video monitors and video projectors), whether or not incorporating radio-broadcast receivers or sound-or video-recording or reproducing apparatus
762	Radio-broadcast receivers, whether or not incorporating sound-recording or reproducing apparatus or a clock

续表

SITC Rev. 3代码	
763	Sound recorders or reproducers; television image and sound recorders or reproducers; prepared unrecorded media
764	Telecommunications equipment, n. e. s., and parts, n. e. s., and accessories of apparatus falling within division 76
仪器仪表及文化办公用机械	
751	Office machines
759	Parts and accessories(other than covers, carrying cases and the like) suitable for use solely or principally with machines falling within groups 751and 752
871	Optical instruments and apparatus, n. e. s.
873	Meters and counters, n. e. s.
874	Measuring, checking, analysing and controlling instruments and apparatus, n. e. s.
884	Optical goods, n. e. s.
885	Watches and clocks

注：参考盛斌(2002)的方法，把国际贸易标准分类(SITC Rev. 3)的205种属于制造业的三位码的相关产品贸易数据集结到书中所选取的26个制造业行业

附录F 制造业和零部件产品编码

F1 代表制造业 Rev. 3 分类的一位码的产品编码

SITC 编码	编码类别
5	Chemicals and related products, n. e. s.
6	Manufactured goods classified chiefly by material
7	Machinery and transport equipment
8	Miscellaneous manufactured articles

F2 包括在 SITC7 和 SITC8 里的代表零部件的 225 种 SITC Rev. 3 分类的五位码的产品编码

SITC 编码	编码类别
71191	Parts for steam generating or other vapour generating boilers
71192	Parts for auxiliary plants used with boilers; parts of condensers for steamers and other vapour power units
71280	Parts for steam turbines and other vapour turbines
71319	Parts, n. e. s., of spark-ignition reciprocating or rotary combustion piston engines for aircraft
71331	Outboard motors
71332	Spark-ignition reciprocating or rotary marine propulsion engines, n. e. s.
71391	Parts, n. e. s, suitable for use solely or principally with spark-ignition internal combustion piston engines
71392	Parts, n. e. s., suitable for use solely or principally with compression-ignition internal combustion piston engines
71491	Parts for turbojets or turbo propellers
71499	Parts for gas turbines, n. e. s.
71690	Parts n. e. s. for use solely or principally with electric motors, electric generators, electric generating sets and rotary converters
71819	Parts, including regulators, of hydraulic turbines and water wheels
71878	Parts of nuclear reactors
71899	Parts of reaction engines (except turbojet), linear acting hydraulic and pneumatic power engines and motors, and parts of engines and motors n. e. s.
72119	Parts of agricultural, horticultural or forestry machinery for soil preparation or cultivation and lawn or sports ground rollers
72129	Parts of harvesting or threshing machines, mowers, and machines for cleaning, sorting and grading eggs, fruit or other agricultural produce
72139	Parts for milking machines and dairy machinery
72198	Parts of presses, crushers and similar machinery for the manufacture of wine, cider, fruit juices, etc.

续表

SITC 编码	编码类别
72199	Parts of agricultural, horticultural, forestry and poultry-keeping or bee-keeping machinery, n. e. s.
72392	Bulldozer or angledozer blades
72393	Parts for boring or sinking machinery
72399	Parts n. e. s., of civil engineering etc. machinery, including mining and public works machinery parts(heading 723)and cranes etc. (heading 744. 3)
72439	Sewing machine needles; sewing machine furniture, bases and covers and parts thereof; sewing machine parts
72449	Parts and accessories of textile machinery designed for use in the preparation and production of textile fibers and yarns
72467	Parts and accessories of weaving machines(looms)or their auxiliary machines
72468	Parts and accessories of knitting and stitch-bonding machines, tulle, lace, embroidery, net, etc. machines or their auxiliary machines
72488	Parts for leather machinery designed for preparing, tanning or working hides or leather or for making or repairing footwear or other leather articles
72491	Parts for household or laundry type washing machines
72492	Parts for textile machinery designed for washing, drying, bleaching, dyeing, etc. yarn, fabric or articles(not for household or laundry type washers)
72591	Parts of machinery for making up paper pulp, paper or paperboard, n. e. s.
72599	Parts of machinery for making up paper pulp, paper or paperboard, n. e. s.
72689	Parts for bookbinding machinery
72691	Parts for typesetting and type-founding machinery, apparatus and equipment
72699	Parts for printing machinery and parts of machines for uses ancillary to printing
72719	Parts for machinery(other than farm type)used for grain milling or the working, cleaning, sorting etc. of cereals or dried leguminous vegetables
72729	Parts for the machinery, n. e. s. for the industrial preparation or manufacture of food or drink
72819	Parts and accessories suitable for use solely or principally with machine tools specialized for particular industries
72839	Parts of machinery for sorting, washing, crushing or mixing earth, stone, ores etc., and for shaping solid mineral fuels, ceramic pastes etc.
72851	Parts for machines assembling electric or electronic lamps, tubes, etc.; parts for machines manufacturing or hot working glass or glassware
72852	Parts of machinery for working rubber or plastics or manufacturing products made from rubber or plastics, n. e. s.
72853	Parts of machinery for preparing or making up tobacco, n. e. s.
72855	Parts, n. e. s., of machinery for public works etc., preparing animal or fixed vegetable fats and oils, and specialized for particular industries n. e. s.

续表

SITC 编码	编码类别
73591	Parts, n. e. s., and accessories suitable solely or principally for use with metalworking machine tools working by removing metal or other material
73595	Parts, n. e. s., and accessories suitable solely or principally for use with metalworking machine tools working without removing metal or other material
73719	Parts of metalworking converters, ladles, ingot moulds and casting machines
73729	Rolls and other parts for metal-rolling mills
73739	Parts for electric laser, other light or photon beam, ultrasonic etc. soldering, brazing or welding machines and apparatus for hot metal etc. spraying
73749	Parts for machinery and apparatus for soldering, brazing or welding, n. e. s. and parts for gas-operated surface tempering machines
74128	Parts for furnace burners, mechanical stokers, grates, ash dischargers and similar mechanical appliances for furnaces
74135	Parts for electric industrial or laboratory furnaces and ovens, etc.
74139	Parts for nonelectrical industrial or laboratory furnaces and ovens
74149	Parts of refrigerators, freezers and other refrigerating or freezing equipment (electric or other)
74159	Parts for the air conditioning machines (having a motor-driven fan and elements for changing the temperature and humidity) of heading 741. 5
74172	Parts for producer gas or water gas generators; parts for acetylene gas generators and similar water process gas generators
74190	Parts, n. e. s. for temperature changing industrial and laboratory machinery and equipment
74291	Parts of pumps for liquids
74295	Parts of liquid elevators
74380	Parts for air or vacuum pumps, air or other gas compressors and fans; parts of ventilating, recycling or cooker hoods incorporating a fan
74391	Parts of centrifuges (including centrifugal dryers)
74395	Parts of filtering or purifying machinery and apparatus
74419	Parts of self-propelled works trucks (electrically operated or not), not fitted with lifting etc. equipment and railway station platform tractors
74491	Parts of pulley tackle, hoists, winches, capstans and jacks
74492	Parts of lifting and handling machinery
74493	Parts of lifts, skip hoists or escalators
74494	Parts of lifting, handling, loading or unloading machinery, n. e. s.
74519	Parts of tools for working in the hand, pneumatic or with self-contained nonelectric motor
74529	Parts of dish washing machines (including household type), machinery for cleaning, filling, sealing, labelling, etc. containers and aerating beverages

续表

SITC 编码	编码类别
74539	Weighing machine weights; parts of weighing machinery(excluding balances of a sensitivity of 5ca or better), weight-operated counting machines, etc.
74568	Parts of mechanical appliances for projecting, dispersing or spraying liquids or powders, fire extinguishers, steam or sand blasting machines, etc.
74591	Calendaring or other rolling machines(other than for metal or glass)
74593	Parts(cylinders etc.) for calendaring or other rolling machines(other than for metals or glass)
74595	Automatic goods-vending machines (postage stamp, cigarette, food, beverage etc.), including money-changing machines
74597	Parts for automatic goods-vending machines(postage stamp, cigarette, food etc.)
74699	Parts of ball and roller bearings, n. e. s.
74790	Parts for taps, cocks, valves and similar appliances for pipes, boiler shells, tanks, etc.
74839	Parts of articulated link chain
74890	Parts, n. e. s., for transmission shafts and cranks, bearing housings, gears, gearing, ball screws, gear boxes, flywheels and pulleys, clutches, etc.
74991	Ships'or boats' propellers and blades therefore
74999	Machinery parts, not containing electrical connectors, insulators, coils, contacts or other electrical features, n. e. s.
75910	Parts and accessories of photocopying and thermo-copying apparatus
75991	Parts of typewriters and word processing machines
75993	Parts of office machines, n. e. s.
75995	Parts of calculating machines, accounting machines, cash registers. postage-franking machines and similar machines incorporating a calculating device
75997	Parts of automatic data processing machines and units thereof, magnetic or optical readers, and machines for transcribing and processing data n. e. s.
75999	Parts and accessories equally suitable for use with two or more of the machines of 7511, 7519, 752, or the electronic calculating machines of 7512
76491	Parts of electrical apparatus for line telephony or line telegraphy(including apparatus for carrier-current line systems)
76492	Parts of microphones, loudspeakers, headphones, earphones and combined microphone/speaker sets; audio-frequency electric amplifiers; etc.
76493	Parts of television receivers, radiobroadcast receivers, transmission apparatus for radio telephony, telegraphy, broadcasting or television etc.
76499	Parts of the apparatus for sound recorders or reproducers and parts of television image and sound recorders or reproducers
77129	Parts of electric power machinery(other than rotating electric power generating machinery and equipment), and parts thereof
77220	Printed circuits
77231	Fixed carbon electrical resistors, composition or film types

续表

SITC 编码	编码类别
77232	Fixed electrical resistors, n. e. s
77233	Wirewound electrical variable resistors(including rheostats and potentiometers)
77235	Variable electrical resistors(including reostats and potentiometers), n. e. s.
77238	Parts for the electrical resistors(including rheostats and potentiometers), other than heating resistors; and parts thereof
77241	Fuses for electrical apparatus used with circuits exceeding 1, 000volts
77242	Automatic circuit breakers for a voltage of less than 72. 5kv
77243	Automatic circuit breakers for a voltage of 72. 5kv or greater
77244	Electrical isolating switches and make-and-break switches for a voltage exceeding 1, 000volts
77245	Lightning arresters, voltage limiters and surge suppressors for a voltage exceeding 1, 000volts
77249	Electrical apparatus for switching or protecting electrical circuits, or making connections to or in electrical circuits n. e. s., exceeding 1, 000volts
77251	Fuses for electrical apparatus used with circuits not exceeding 1, 000volts
77252	Automatic circuit breakers for a voltage not exceeding 1, 000volts
77253	Apparatus for protecting electrical circuits, n. e. s., not exceeding 1, 000volts
77254	Relays for electrical apparatus used with electrical circuits not exceeding 1, 000volts
77255	Switches for electrical apparatus, n. e. s., for voltages not exceeding 1, 000volts
77257	Electric lamp holders, for voltages not exceeding 1, 000volts
77258	Electric plugs and sockets, for voltages not exceeding 1, 000volts
77259	Electrical apparatus for switching or protecting electrical circuits or making connections to or in electrical circuits, n. e. s., not exceeding 1, 000v
77261	Boards, panels, consoles and other bases, for electric control or distribution of electricity, for a voltage not exceeding 1, 000volts
77262	Boards, panels, consoles and other bases, for electric control or distribution of electricity, for a voltage exceeding 1, 000volts
77281	Boards, panels, consoles, desk, cabinets and other bases not equipped with their electrical apparatus
77282	Parts of electrical apparatus for switching or protecting electrical circuits for making connections to or in electrical circuits, n. e. s.
77429	Electro-diagnostic apparatus for medical, surgical, dental or veterinary sciences and radiological apparatus, n. e. s., including parts and accessories
77549	Parts of shavers and hair clippers with self-contained electric motor(excluding blades and cutter heads)
77579	Parts of electromechanical domestic appliances with self-contained electric motors
77589	Parts of electrochemical appliances n. e. s.

续表

SITC 编码	编码类别
77611	Television picture tubes, colour
77612	Television picture tubes, black and white or other monochrome
77621	Television camera tubes; image converters and intensifiers; other photo cathode tubes
77623	Cathode ray-tubes, n. e. s.
77625	Microwave tubes(excluding grid-controlled tubes)
77627	Electronic valves and tubes, n. e. s.
77629	Parts of television picture tubes and other electronic valves and tubes
77631	Diodes, not photosensitive nor light emitting diodes
77632	Transistors(excluding photosensitive transistors) with a dissipation rate of less than 1watt
77633	Transistors(excluding photosensitive transistors) with a dissipation rate of 1watt or more
77635	Thyristors, diacs and triacs(excluding photosensitive devices)
77637	Photosensitive semiconductor devices; light emitting diodes
77639	Semiconductor devices, n. e. s.
77641	Digital monolithic integrated units
77643	Nondigital monolithic integrated units
77645	Hybrid integrated circuits
77649	Electronic integrated circuits and micro assemblies, n. e. s.
77681	Piezoelectric crystals, mounted
77688	Parts of diodes, transistors and similar semiconductor devices (including photosensitive), light emitting diodes and mounted piezoelectric crystals
77689	Parts of electronic integrated circuits and micro assembles
77811	Primary cells and primary batteries
77812	Electric accumulators(storage batteries)
77817	Parts of primary cells and primary batteries
77819	Parts of electric accumulators
77829	Parts of electric filament or discharge lamps (including parts of sealed beam lamp units and ultraviolet or infrared lamps) and arc lamps
77833	Parts of electrical ignition or starting equipment for internal combustion engines; parts of generators and cut outs used with those engines
77835	Parts of electrical lighting and signalling equipment (excluding filament, discharge or arc lamps); parts of windshield wipers, defrosters or demisters
77848	Parts of electromechanical tools for working in the hand, with self-contained electric motor
77869	Parts of electrical capacitors
77883	Parts of electrical signalling, safety or traffic control equipment for railways, tramways, roads, waterways, parking facilities, etc.

续表

SITC 编码	编码类别
77885	Parts of electric sound or visual signalling apparatus, n. e. s. (including parts of indicator panels, burglar and fire alarms)
77889	Electrical parts of machinery or apparatus, n. e. s.
78421	Bodies(including cabs), for motor cars and motor vehicles designed for the transport of persons(other than public-transport type vehicles)
78425	Bodies (including cabs) for tractors, trucks and special purpose motor vehicles and road motor vehicles n. e. s.
78431	Bumpers and parts thereof, for tractors, motor cars and other motor vehicles, etc.
78432	Other parts and accessories of motor vehicle bodies of headings 8701to 8705(including cabs)
78433	Brakes and servo-brakes and parts thereof for tractors, motor cars and other motor vehicles, etc.
78434	Gear boxes
78435	Drive axles with differential, whether or not provided with other transmission components, for tractors, motor cars and other motor vehicles, etc.
78436	Non-driving axles and parts thereof for tractors, motor cars and other motor vehicles, etc.
78439	Parts and accessories n. e. s. for tractors, motor cars and other motor vehicles, trucks, public-transport vehicles and road motor vehicles, n. e. s.
78535	Parts and accessories for motorcycles(including mopeds)
78536	Parts and accessories for invalid carriages
78537	Parts and accessories for bicycles and other cycles(except motorcycles and mopeds), n. e. s.
78689	Parts of trailers and semi-trailers, for housing or camping, transport of goods, trailers, n. e. s. and vehicles not mechanically propelled, n. e. s.
79199	Parts of railway or tramway locomotives or rolling stock railway vehicles; parts of railway or tramway coaches, vans, trucks, service vehicles, etc.
79291	Propellers and rotors and parts thereof for aircraft
79293	Undercarriages and parts thereof for aircraft
79295	Parts of airplanes or helicopters, n. e. s.
79297	Parts of aircraft and associated equipment, spacecraft(including satellites) and spacecraft launch vehicles, n. e. s.
81211	Radiators and parts thereof, of iron or steel
81219	Parts of central heating boilers, n. e. s., of iron or steel
81380	Parts of portable electric lamps designed to function on their own energy sources(batteries etc.), other than for motor vehicles, etc.
81391	Parts n. e. s., of lamps and lighting fittings, n. e. s., and parts of illuminated signs and nameplates, etc., of glass
81392	Parts n. e. s., of lamps and lighting fittings, n. e. s., and parts of illuminated signs and nameplates, etc., of plastics

续表

SITC 编码	编码类别
81399	Parts n. e. s. , of lamps and lighting fittings, n. e. s. , and parts of illuminated signs and nameplates, etc. , of materials other than glass or plastics
82119	Parts of seats, n. e. s.
82180	Parts of furniture, n. e. s. , of metal, wood and other materials
84699	Clothing accessories, n. e. s. , knitted or crocheted; parts of garments or of clothing accessories, knitted or crocheted
84848	Headbands, linings, covers, hat foundations, hat frames, peaks(visors) and chinstraps, for headgear
85190	Parts of footwear; removable in-soles, heel cushions and similar articles; gaiters, leggings and similar articles, and parts thereof
87119	Parts and accessories (including mountings) of binoculars, monoculars, other optical telescopes, and astronomical instruments, n. e. s.
87149	Parts and accessories of compound optical microscopes
87240	Medical, dental, surgical or veterinary furniture (operating and examining tables, mechanical hospital beds and dentists or similar chairs) and parts
87319	Parts and accessories of gas, liquid or electricity meters
87329	Parts and accessories of revolution and production counters, odometers, pedometers, speedometers, tachometers, stroboscopes, etc.
87412	Parts and accessories of navigational instruments and appliances
87414	Parts and accessories for surveying, hydrographic, oceanographic, hydrological, meteorological, etc. instruments and appliances, and rangefinders
87424	Parts and accessories for drafting tables, etc. , marking out and mathematical calculating instruments, and instruments for measuring length by hand
87426	Parts and accessories for measuring or checking instruments, appliances and machines, n. e. s. and profile projectors
87439	Parts and accessories for instruments and apparatus for measuring or checking the flow, level, pressure or other variables of liquids or gases, n. e. s.
87449	Microtones; parts and accessories of instruments for physical or chemical analysis, measuring or checking viscosity, etc. or heat, sound or light
87454	Parts and accessories for the machines and appliances for testing the mechanical properties of materials
87456	Parts and accessories for hydrometers and similar floating instruments, thermometers, pyrometers, pyrometers, barometers, hygrhydrometers and similar floating instruments
87469	Parts and accessories for automatic regulating or controlling instruments and apparatus
87479	Parts and accessories for instruments and apparatus(except meters) measuring etc. electrical quanities and devices measuring etc. ionized radiations
87490	Parts and accessories for machines, appliances, instruments and apparatus, n. e. s. , measuring, checking, analyzing or controlling, n. e. s.
88114	Parts and accessories for photographic(other than cinematographic) cameras

续表

SITC 编码	编码类别
88115	Parts and accessories for photographic flashlight apparatus
88123	Parts and accessories for cinematographic cameras
88124	Parts and accessories for cinematographic projectors
88134	Parts and accessories for microform readers, image projectors, n. e. s. and photographic (except cinematographic) enlargers and reducers
88136	Parts and accessories for photographic(including cinematographic) laboratory apparatus and equipment, n. e. s., negascopes and projection screens
88422	Parts for frames and mountings of spectacles, goggles and the like
88431	Objective lenses for camera, projectors or photographic enlargers or reducers
88432	Objective lenses, n. e. s., mounted
88433	Filters(optical elements), mounted
88439	Mounted optical elements, n. e. s.
88591	Watch cases and parts of watch cases
88592	Watch straps, watch bands and watch bracelets, and parts thereof, of mrtal
88593	Watch straps, watch bands and watch bracelets and parts thereof, of material other than metal
88597	Clock cases and cases of a similar type for other clock mechanisms (time registers and/or recorders, time stamps, time meters, etc.) and parts thereof
88599	Clock or watch parts, n. e. s.
89124	Cartridges and parts thereof, n. e. s.
89129	Munitions of war and parts thereof, n. e. s.
89191	Parts and accessories of revolvers or pistols designed to fire live ammunition
89195	Parts of shotguns and rifles for sports, hunting, etc. n. e. s.
89199	Parts and accessories, n. e. s. of military weapons(other than revolvers and pistols) and non-military arms(other than firearms and side arms)
89410	Baby carriages, and parts thereof, n. e. s.
89935	Parts and accessories of lighters, n. e. s., other than flints or wicks
89937	Smoking pipes(including pipe bowls) and cigar or cigarette holders, and parts thereof
89949	Parts, trimmings and accessories of umbrellas, walking-sticks, seat-sticks, whips, riding-crops and the like
89966	Artificial parts of the body
89984	Button moulds and other parts of buttons; button blanks
89986	Parts of slide fasteners
89996	Parachutes (including dirigible parachutes) and rotochutes: parts thereof and accessories thereto
89997	Vacuum flasks and other vacuum vessels, complete with cases; parts thereof (other than glass inners)

资料来源：根据 Athukorala(2003)的分类整理而得

附录G 中国与世界和各洲的制造业和零部件进出口额

G1 中国从世界和各洲的制造业进口额 (单位：百万美元)

年份	世界	亚洲	欧洲	北美洲	拉丁美洲	非洲	大洋洲
1997	112 819.8	54 344.2	17 597.6	13 957.0	312.6	14.1	729.2
1998	116 534.2	55 354.3	17 607.4	15 176.2	217.3	7.1	772.8
1999	137 483.2	64 099.0	21 406.5	17 732.7	336.3	3.9	926.3
2000	176 632.9	83 454.3	25 203.2	20 111.4	785.9	402.8	1 162.5
2001	196 133.5	86 100.0	32 485.4	23 922.0	1 192.9	474.8	1 320.5
2002	244 335.4	109 777.5	35 627.4	24 622.5	1 735.1	595.6	1 603.6
2003	338 714.7	154 615.9	48 080.3	28 587.7	3 293.1	1 134.6	2 118.1
2004	442 432.9	201 155.7	58 716.2	36 475.9	3 421.6	1 629.5	2 493.9
2005	510 231.1	228 353.8	61 724.3	40 717.1	3 509.2	1 936.4	2 766.6
2006	602 301.9	259 436.7	73 088.6	50 405.5	3 740.8	2 100.5	3 228.6
2007	710 282.7	298 745.2	86 842.9	58 992.3	4 582.1	2 777.6	3 997.8
2008	765 572.3	319 702.9	103 779.8	64 833.0	5 075.3	3 354.9	3 203.8
2009	712 899.2	294 546.7	99 674.8	60 044.2	6 366.4	3 482.5	4 257.9
2010	943 618.3	400 529.9	129 285.0	76 118.4	7 086.3	4 414.9	4 353.4
2011	1 089 154.7	454 190.3	160 789.5	85 473.0	8 666.2	5 639.9	5 330.7
2012	1 113 935.9	441 639.0	161 767.7	89 046.7	8 923.3	5 633.7	5 040.4
2013	1 186 517.0	447 066.3	166 182.8	109 288.3	9 607.0	7 694.4	5 103.2
2014	1 227 869.2	456 987.3	186 501.2	115 322.4	11 768.3	9 326.3	5 414.0
2015	1 126 937.8	418 710.0	157 448.9	112 246.2	11 203.7	8 899.2	4 765.4

注：根据1997～2015年各年中国对亚洲、非洲、欧洲、拉丁美洲、北美洲和大洋洲等各个国家和地区的出口数据，选取在连续19年间中国对各洲国家的出口中出口值最大的代表性国家和地区，亚洲选取了10个中国的最大出口国家和地区，中国香港、日本、韩国、新加坡、印度、中国台湾、阿联酋、马来西亚、印度尼西亚、泰国；非洲选取了3个中国的最大出口国，南非、埃及、尼日利亚；欧洲选取了8个中国的最大出口国，德国、荷兰、英国、意大利、俄罗斯、法国、西班牙、比利时；拉丁美洲选取了2个中国的最大出口国，墨西哥、巴西；北美洲选取了2个中国的最大出口国，加拿大、美国；大洋洲选取了2个中国的最大出口国，澳大利亚、新西兰，一共27个代表性国家和地区

资料来源：作者根据联合国COMTRADE数据库数据计算而得

G2 中国向世界和各洲的制造业出口额 (单位：百万美元)

年份	世界	亚洲	欧洲	北美洲	拉丁美洲	非洲	大洋洲
1997	158 485.7	80 113.2	20 270.4	33 035.7	1 312.3	757.9	2 193.9
1998	163 214.7	71 820.9	23 454.8	38 556.7	1 576.4	895.9	2 493.5
1999	174 822.0	75 765.4	26 730.3	42 998.0	1 550.2	1 029.3	2 903.7

续表

年份	世界	亚洲	欧洲	北美洲	拉丁美洲	非洲	大洋洲
2000	223 232.3	97 665.4	33 837.4	53 070.1	2 385.2	2 192.1	3 618.2
2001	239 176.2	105 226.5	36 107.6	55 695.1	2 870.6	2 527.7	3 773.6
2002	296 408.0	128 603.4	43 506.1	71 884.8	3 910.5	2 941.0	4 884.0
2003	402 460.2	166 648.0	65 774.9	95 101.0	4 880.2	4 416.7	6 613.0
2004	551 664.4	223 883.3	91 757.7	129 239.9	7 763.6	5 702.3	9 413.8
2005	711 310.1	275 937.9	123 869.7	169 601.1	9 677.0	7 764.6	11 824.9
2006	913 702.1	344 112.0	155 311.8	212 564.1	15 522.1	11 214.7	14 535.1
2007	1 155 433.3	422 881.0	212 537.4	245 079.4	22 030.9	15 181.9	19 420.3
2008	1 351 004.8	483 750.0	249 264.9	264 946.6	30 611.2	20 473.6	23 728.1
2009	1 136 896.1	410 150.4	194 783.6	231 993.0	25 711.7	17 241.1	21 715.8
2010	1 494 574.4	525 746.2	267 708.9	297 248.2	40 859.0	22 720.8	28 933.9
2011	1 795 455.0	643 615.0	309 262.9	340 025.7	53 938.4	28 745.6	36 139.9
2012	1 946 760.6	731 746.4	294 807.1	369 685.2	59 330.8	31 739.7	40 128.0
2013	2 099 964.9	813 202.5	303 853.7	387 444.4	62 986.5	36 148.6	40 202.6
2014	2 227 329.1	816 044.9	333 186.8	416 048.2	65 429.2	40 370.6	41 909.7
2015	2 175 726.4	782 920.6	305 849.2	429 856.7	59 485.2	40 536.3	42 963.7

注：根据1997～2015年各年中国对亚洲、非洲、欧洲、拉丁美洲、北美洲和大洋洲等各个国家和地区的出口数据，选取在连续19年间中国对各洲国家的出口中出口值最大的代表性国家和地区，亚洲选取了10个中国的最大出口国家和地区，中国香港、日本、韩国、新加坡、印度、中国台湾、阿联酋、马来西亚、印度尼西亚、泰国；非洲选取了3个中国的最大出口国，南非、埃及、尼日利亚；欧洲选取了8个中国的最大出口国，德国、荷兰、英国、意大利、俄罗斯、法国、西班牙、比利时；拉丁美洲选取了2个中国的最大出口国，墨西哥、巴西；北美洲选取了2个中国的最大出口国，加拿大、美国；大洋洲选取了2个中国的最大出口国，澳大利亚、新西兰，一共27个代表性国家和地区

资料来源：作者根据联合国COMTRADE数据库数据计算而得

G3 中国从世界和各洲的零部件进口额 （单位：百万美元）

年份	世界	亚洲	欧洲	北美洲	拉丁美洲	非洲	大洋洲
1997	44 889.6	21 091.2	8 600.8	6 909.2	87.9	0.4	115.5
1998	48 842.4	21 748.1	9 343.1	7 783.5	65.9	0.5	131.5
1999	58 771.8	26 257.6	10 590.5	8 802.5	106.5	0.1	163.8
2000	78 397.1	36 305.9	11 325.1	10 654.1	449.2	14.7	152.1
2001	90 255.8	38 670.3	15 531.7	13 224.4	755.4	17.5	200.8
2002	114 636.5	52 095.8	16 186.8	13 037.6	1 020.8	11.2	218.5
2003	161 274.9	75 494.5	22 353.3	13 820.8	1 371.8	46.9	259.7
2004	214 267.1	97 557.7	28 009.3	18 621.2	1 466.6	68.1	371.8
2005	247 532.3	112 012.3	27 757.2	20 383.2	1 569.8	37.9	435.9

续表

年份	世界	亚洲	欧洲	北美洲	拉丁美洲	非洲	大洋洲
2006	307 473.2	131 001.1	34 674.6	27 662.0	1 881.1	44.3	459.7
2007	354 030.9	147 659.7	40 882.5	30 044.9	2 202.3	34.6	687.6
2008	375 285.3	154 794.6	48 045.0	31 743.3	2 492.6	73.3	592.7
2009	345 811.5	142 713.1	44 331.0	30 116.0	2 302.6	44.1	521.1
2010	461 304.8	202 001.3	56 406.6	37 226.3	2 930.3	112.1	704.3
2011	521 101.4	224 467.4	69 348.3	38 580.8	3 660.8	74.9	872.9
2012	536 372.7	215 806.5	66 741.5	40 568.7	3 794.6	130.9	823.0
2013	599 857.5	223 766.4	70 556.4	57 161.3	3 673.6	205.0	679.9
2014	608 258.8	224 333.4	80 440.8	58 896.3	4 589.3	188.7	567.7
2015	597 770.5	223 978.3	67 478.5	59 011.3	5 224.6	74.8	486.7

注：根据1997～2015年各年中国对亚洲、非洲、欧洲、拉丁美洲、北美洲和大洋洲等各个国家和地区的出口数据，选取在连续19年间中国对各洲国家的出口中出口值最大的代表性国家和地区，亚洲选取了10个中国的最大出口国家和地区，中国香港、日本、韩国、新加坡、印度、中国台湾、阿联酋、马来西亚、印度尼西亚、泰国；非洲选取了3个中国的最大出口国，南非、埃及、尼日利亚；欧洲选取了8个中国的最大出口国，德国、荷兰、英国、意大利、俄罗斯、法国、西班牙、比利时；拉丁美洲选取了2个中国的最大出口国，墨西哥、巴西；北美洲选取了2个中国的最大出口国，加拿大、美国；大洋洲选取了2个中国的最大出口国，澳大利亚、新西兰，一共27个代表性国家和地区

资料来源：作者根据联合国COMTRADE数据库数据计算而得

G4　中国向世界和各洲的零部件出口额　（单位：百万美元）

年份	世界	亚洲	欧洲	北美洲	拉丁美洲	非洲	大洋洲
1997	43 922.2	19 336.4	5 872.0	11 983.6	341.6	179.3	469.8
1998	47 799.5	19 185.3	6 551.9	13 613.1	555.9	217.7	574.6
1999	55 803.5	22 896.0	8 227.9	15 965.0	552.0	273.0	640.1
2000	76 011.8	32 772.2	11 355.2	20 138.0	741.3	600.0	847.4
2001	85 657.5	37 186.7	12 340.2	22 119.5	1 013.3	803.1	893.9
2002	108 698.9	48 727.3	14 566.9	27 986.1	1 280.3	993.3	1 209.0
2003	144 850.8	61 702.2	21 832.4	35 711.4	1 664.8	1 611.8	1 653.9
2004	202 281.3	84 908.7	32 602.8	48 456.5	2 730.1	2 031.2	2 429.7
2005	261 850.7	107 070.9	42 490.1	61 566.4	3 973.5	2 862.4	3 024.6
2006	337 265.1	137 580.8	51 426.3	77 594.7	6 327.1	4 026.7	4 052.0
2007	419 937.0	168 515.3	66 898.4	88 334.1	8 820.6	5 435.0	5 554.6
2008	498 136.9	196 991.0	81 527.0	93 295.0	12 652.7	8 155.3	6 855.9
2009	437 341.7	180 039.5	66 224.0	81 338.6	10 940.6	6 506.0	6 628.4
2010	571 136.2	227 537.3	95 965.0	105 367.1	16 298.6	8 239.7	8 748.2
2011	675 618.9	267 507.6	109 962.7	123 536.2	20 869.9	9 919.3	11 027.8

续表

年份	世界	亚洲	欧洲	北美洲	拉丁美洲	非洲	大洋洲
2012	753 013.0	311 228.2	105 717.3	141 534.2	22 988.6	10 706.4	12 662.7
2013	843 045.7	374 704.8	108 151.3	150 365.7	25 192.3	12 400.7	12 226.2
2014	873 992.0	357 742.4	118 402.6	166 710.6	25 447.4	13 388.4	12 798.7
2015	896 631.4	380 331.1	113 076.9	174 375.3	22 702.1	13 226.7	13 856.0

注：根据1997～2015年各年中国对亚洲、非洲、欧洲、拉丁美洲、北美洲和大洋洲等各个国家和地区的出口数据，选取在连续19年间中国对各洲国家的出口中出口值最大的代表性国家和地区，亚洲选取了10个中国的最大出口国家和地区，中国香港、日本、韩国、新加坡、印度、中国台湾、阿联酋、马来西亚、印度尼西亚、泰国；非洲选取了3个中国的最大出口国，南非、埃及、尼日利亚；欧洲选取了8个中国的最大出口国，德国、荷兰、英国、意大利、俄罗斯、法国、西班牙、比利时；拉丁美洲选取了2个中国的最大出口国，墨西哥、巴西；北美洲选取了2个中国的最大出口国，加拿大、美国；大洋洲选取了2个中国的最大出口国，澳大利亚、新西兰，一共27个代表性国家和地区

资料来源：作者根据联合国COMTRADE数据库数据计算而得

附录 H 中国出口伙伴国或地区排名

国家(地区)	2001年	2002年	2003年	2004年	2005年	2006年	2007年	2008年	2009年	2010年	2011年	2012年	2013年
亚洲													
中国香港	1	1	1	1	1	1	1	1	1	1	1	1	1
日本	2	2	2	2	2	2	2	2	2	2	2	2	2
韩国	3	3	3	3	3	3	3	3	3	3	3	3	3
新加坡	4	4	5	5	4	4	4	4	4	5	5	5	7
中国台湾	5	5	4	4	5	5	6	6	6	6	6	6	8
马来西亚	6	6	6	6	6	7	7	8	7	7	9	7	6
印度尼西亚	7	8	8	8	9	10	9	9	10	9	7	8	9
阿联酋	8	7	7	7	8	8	8	7	8	10	10	10	10
泰国	9	9	9	9	10	9	10	10	11	11	11	11	11
印度	10	10	10	10	7	6	5	5	5	4	4	4	5
非洲													
南非	1	1	1	1	1	1	1	1	1	1	1	1	1
尼日利亚	2	2	2	2	2	3	3	2	2	2	2	2	2
埃及	3	3	3	3	3	2	2	3	3	3	3	3	3
拉丁美洲													
墨西哥	1	1	1	1	1	1	1	2	2	2	2	2	2
巴西	2	2	2	2	2	2	2	1	1	1	1	1	1
欧洲													
德国	1	1	1	1	1	1	1	1	1	1	1	1	1
荷兰	2	2	2	2	2	2	2	2	2	2	2	2	2
英国	3	3	3	3	3	3	3	3	3	3	3	3	3
意大利	4	4	5	5	5	4	5	5	5	4	5	6	6
法国	5	5	4	4	6	6	6	6	4	6	6	5	5
俄罗斯	6	6	6	6	4	5	4	4	6	5	4	4	4
比利时	7	7	7	7	8	8	8	8	8	8	8	8	8
西班牙	8	8	8	8	7	7	7	7	7	7	7	7	7
北美洲													
美国	1	1	1	1	1	1	1	1	1	1	1	1	1
加拿大	2	2	2	2	2	2	2	2	2	2	2	2	2
大洋洲													
澳大利亚	1	1	1	1	1	1	1	1	1	1	1	1	1
新西兰	2	2	2	2	2	2	2	2	2	2	2	2	2

注：作者根据2002～2014年《中国统计年鉴》里的我国同各国(地区)海关货物出口总额数据，统计排序而得

附录Ⅰ 选取118个国家和地区样本

国家	代码	国家	代码	国家	代码	国家	代码
阿根廷	ARG	黎巴嫩	LBN	厄瓜多尔	ECU	塞内加尔	SEN
澳大利亚	AUS	立陶宛	LTU	埃及	EGY	塞舌尔	SYC
奥地利	AUT	卢森堡	LUX	萨尔瓦多	SLV	塞拉利昂	SLE
阿塞拜疆	AZE	中国澳门	MAC	赤道几内亚	GNQ	新加坡	SGP
巴哈马	BHS	马来西亚	MYS	爱沙尼亚	EST	斯洛伐克	SVK
巴林	BHR	马里	MLI	芬兰	FIN	斯洛文尼亚	SVN
孟加拉国	BGD	马耳他	MLT	法国	FRA	南非	ZAF
巴巴多斯	BRB	毛里求斯	MUS	德国	GER	西班牙	ESP
白俄罗斯	BLR	墨西哥	MEX	加纳	GHA	斯里兰卡	LKA
比利时	BEL	蒙古	MNG	希腊	GRC	苏里南	SUR
玻利维亚	BOL	摩洛哥	MAR	危地马拉	GTM	瑞典	SWE
巴西	BRA	莫桑比克	MOZ	洪都拉斯	HKG	瑞士	CHE
保加利亚	BGR	荷兰	NLD	匈牙利	HUN	叙利亚	SYR
布隆迪	BDI	新西兰	NZL	冰岛	ISL	坦桑尼亚	TZA
喀麦隆	CMR	尼日尔	NER	印度	IND	泰国	THA
加拿大	CAN	尼日利亚	NGA	印度尼西亚	IDN	多哥	TGO
中非	CAF	挪威	NOR	伊朗	IRN	突尼斯	TUN
乍得	TCD	阿曼	OMN	伊拉克	IRQ	土耳其	TUR
智利	CHL	巴基斯坦	PAK	爱尔兰	IRL	乌克兰	UKR
中国	CHN	巴拉圭	PRY	以色列	ISR	英国	GBR
哥伦比亚	COL	秘鲁	PER	意大利	ITA	美国	USA
刚果(金)	ZAR	菲律宾	PHL	牙买加	JAM	乌拉圭	URY
刚果(布)	COG	波兰	POL	日本	JPN	委内瑞拉	VEN
哥斯达黎加	CRI	葡萄牙	PRT	约旦	JOR	越南	VNM
科特迪瓦	CIV	卡塔尔	QAT	哈萨克斯坦	KAZ	也门	YEM
克罗地亚	HRV	罗马尼亚	ROM	肯尼亚	KEN	赞比亚	ZMB
塞浦路斯	CYP	俄罗斯	RUS	韩国	KOR	津巴布韦	ZWE
捷克	CZE	卢旺达	RWA	科威特	KWT	拉脱维亚	LVA
阿拉伯联合酋长国	ARE	波斯尼亚和黑塞哥维那	BIH	巴布亚新几内亚	PNG	特立尼达和多巴哥	TTO
丹麦	DNK	沙特阿拉伯	SAU				

附录J 中国产品的复杂度

J1 我国属于制造业的SITC Rev. 3三位码的205种产品类别的复杂度（单位：美元）

年份	2001	2002	2003	2004	2005	2006	2007
011	20 561	22 275	22 675	22 966	22 337	19 997	21 195
012	22 212	22 588	23 383	23 555	24 712	24 950	24 985
016	29 288	28 318	29 133	28 965	29 688	30 265	27 198
017	19 402	19 414	20 726	20 952	21 460	21 087	21 694
022	20 521	21 156	22 361	22 964	22 169	22 474	23 713
023	21 661	23 701	24 993	25 005	25 793	26 623	26 925
024	23 598	23 549	25 339	25 451	25 511	25 967	27 094
025	15 533	15 772	18 803	18 457	18 363	20 351	18 605
034	20 593	20 984	20 187	25 730	24 997	24 967	23 590
035	27 262	26 608	26 663	31 475	32 563	33 168	33 251
037	12 547	13 063	13 096	14 248	13 406	12 371	12 857
042	7 933	6 461	7 327	6 471	6 089	7 295	8 109
045	20 456	20 122	21 273	22 756	21 228	11 931	19 412
046	14 407	14 537	16 414	16 057	12 814	14 642	14 511
047	12 442	10 174	12 705	13 764	10 013	11 980	13 335
048	19 291	17 110	20 957	21 083	19 441	20 603	21 061
054	10 611	12 184	15 792	14 853	14 770	13 055	13 818
056	12 346	14 986	18 478	17 403	18 547	17 831	17 397
058	13 851	12 520	15 759	14 924	15 409	15 619	17 543
059	14 718	13 948	15 368	15 626	14 880	16 481	16 223
061	10 282	9 642	12 218	13 096	12 941	13 379	13 302
062	13 479	13 868	16 576	15 883	12 832	13 235	14 442
071	5 997	4 765	7 405	6 563	7 785	7 317	7 703
073	20 403	20 177	21 755	22 083	20 373	20 416	20 382
074	7 241	9 491	19 782	11 736	10 208	14 383	7 609
075	4 850	5 103	8 943	8 445	8 875	7 509	7 844
081	12 763	12 864	14 542	15 105	17 151	16 352	14 993
091	14 683	15 505	17 287	14 363	16 418	16 890	16 702
098	19 212	19 283	21 174	22 083	20 864	21 942	21 513
111	11 943	13 226	9 962	14 171	7 374	12 148	15 115

续表

年份	2001	2002	2003	2004	2005	2006	2007
112	18 907	7 225	9 048	16 024	8 726	6 348	6 316
122	6 936	9 433	8 958	12 544	11 920	4 022	7 353
232	18 965	18 197	19 677	20 392	19 676	18 813	20 903
251	11 010	12 646	17 696	11 548	16 398	12 506	10 106
266	7 706	8 766	6 826	13 285	7 853	12 019	6 744
267	13 348	17 305	4 577	9 447	9 016	35 235	18 361
269	17 281	14 939	18 349	22 006	19 159	23 168	16 999
325	6 969	11 835	10 432	11 705	7 710	12 395	10 185
334	5 069	6 943	16 289	10 813	7 891	16 965	9 253
335	10 198	14 697	9 283	10 616	8 904	18 492	16 600
411	22 231	20 576	25 715	23 142	26 780	26 517	22 626
421	12 370	12 478	13 196	14 107	15 602	14 314	13 885
422	7 972	7 907	9 092	7 673	8 392	9 602	8 999
431	13 935	15 229	16 035	14 593	14 041	13 611	13 629
511	19 205	18 959	20 016	26 302	21 153	19 347	25 378
512	13 570	17 150	17 311	26 744	13 172	19 125	21 449
513	19 871	19 346	20 936	21 572	21 404	22 725	23 119
514	25 167	25 475	26 171	27 652	28 377	28 988	30 271
515	28 862	29 648	30 855	31 832	33 128	34 008	34 259
516	19 522	19 581	20 333	20 413	20 630	22 284	22 780
522	15 418	14 481	17 197	20 867	16 339	17 324	19 232
523	16 938	18 615	18 730	22 026	19 064	17 897	16 174
524	20 061	20 143	20 039	20 519	17 890	20 386	16 428
525	17 476	24 285	24 126	27 996	20 327	20 586	23 286
531	21 159	22 008	22 479	22 691	22 582	23 662	22 356
532	14 436	12 807	15 996	15 508	16 898	17 343	16 203
533	20 818	22 264	23 486	24 349	22 656	22 984	25 450
541	4 617	10 772	18 316	15 454	9 111	13 076	29 574
542	20 048	8 944	17 492	9 673	18 275	5 195	11 031
551	24 486	25 433	28 284	30 554	31 534	31 842	32 071
553	20 160	20 503	23 591	22 509	22 823	22 965	21 918
554	16 941	17 993	18 540	19 035	18 677	17 360	18 442
562	14 557	17 119	20 712	22 575	23 690	20 788	19 406

续表

年份	2001	2002	2003	2004	2005	2006	2007
571	29 161	29 350	32 411	32 168	31 526	31 606	34 843
572	21 224	22 195	22 443	23 626	23 125	24 159	25 137
573	16 305	16 824	17 260	18 489	17 279	17 590	17 485
574	22 626	23 654	22 479	22 695	21 998	22 457	23 151
575	23 195	23 281	24 000	24 350	24 416	25 187	25 869
579	23 774	23 354	24 049	22 929	23 938	23 925	23 190
581	8 657	8 160	7 723	12 521	10 419	11 307	7 951
582	12 300	15 410	11 620	10 557	15 811	14 036	14 486
583	8 747	12 489	14 189	12 832	11 501	10 963	24 904
591	17 147	16 594	18 474	19 482	18 101	20 065	18 965
592	20 152	20 640	21 595	21 332	21 827	21 627	22 794
593	15 821	16 048	17 866	18 103	19 351	19 181	18 548
597	25 884	26 062	27 068	27 853	28 132	27 818	28 996
598	25 197	26 435	26 416	27 365	28 140	28 642	29 716
611	8 927	23 789	9 414	7 534	8 911	9 268	26 135
612	18 757	13 524	10 057	14 044	17 139	12 244	9 959
613	7 766	11 668	10 419	12 217	23 165	18 589	13 559
621	10 949	12 283	9 187	17 286	15 797	9 456	11 404
625	12 282	12 310	19 614	12 875	14 543	13 398	8 142
629	8 149	8 687	14 514	10 484	13 041	11 440	11 109
633	15 807	12 320	14 950	15 051	16 462	18 068	24 815
634	6 929	8 838	8 135	12 999	11 435	13 228	9 217
635	16 820	4 918	8 507	15 871	14 707	14 883	6 789
641	12 127	14 634	9 040	8 302	9 706	13 376	13 991
642	10 873	5 670	14 298	15 581	23 786	12 637	10 232
651	10 713	11 282	13 440	13 487	12 844	13 306	13 790
652	12 484	13 045	13 587	13 485	11 657	10 951	12 308
653	14 074	15 137	18 414	18 193	17 837	16 960	18 587
654	17 975	17 376	18 839	17 574	18 894	19 284	20 126
655	18 142	18 017	21 306	21 415	20 398	19 958	20 318
656	16 017	14 863	17 660	18 631	17 843	16 236	17 989
657	22 514	25 981	23 652	24 691	23 875	26 992	28 224
658	9 223	9 049	9 352	9 303	8 884	9 489	10 524

续表

年份	2001	2002	2003	2004	2005	2006	2007
659	13 100	13 214	14 317	13 724	14 371	16 178	18 404
661	12 109	14 087	13 351	12 921	12 759	15 239	13 995
662	17 694	18 114	20 527	20 753	19 384	20 204	20 367
663	20 883	20 982	21 427	21 092	22 002	23 287	24 173
664	23 672	25 261	22 855	24 221	22 819	25 467	28 818
665	18 283	17 577	19 158	19 743	19 969	21 584	21 561
666	15 806	16 510	18 850	18 028	18 559	19 313	18 837
667	16 156	16 603	18 340	19 319	20 913	22 035	23 235
671	12 160	11 859	11 464	13 083	13 347	13 736	13 991
672	11 088	12 593	12 284	13 283	13 699	14 653	15 979
673	13 365	13 759	14 069	14 628	15 397	17 029	18 228
674	22 289	24 829	22 013	22 507	20 698	24 637	26 874
675	21 455	21 421	21 279	22 259	23 819	23 667	25 028
676	20 846	28 058	25 098	24 987	21 594	26 531	29 466
677	24 630	27 617	25 709	28 349	28 458	33 249	39 310
678	21 218	24 062	20 463	20 358	20 221	24 559	28 209
679	17 350	18 162	18 646	19 040	19 695	20 344	20 473
681	16 304	20 328	14 562	15 572	18 992	18 276	21 751
682	13 675	10 895	14 231	14 286	16 436	13 855	16 195
683	23 791	20 088	25 863	20 769	26 863	26 358	27 612
684	20 131	21 355	22 007	24 747	24 416	22 302	19 807
685	15 556	14 652	18 518	17 675	19 467	18 088	17 833
686	17 647	16 996	21 152	21 061	21 418	21 472	21 848
687	9 090	9 802	9 774	7 951	9 468	8 832	7 694
689	13 693	10 566	15 495	22 289	19 570	19 470	20 515
691	20 406	20 385	20 849	21 091	20 913	21 757	22 733
692	18 450	18 854	19 488	20 288	19 908	19 527	20 299
693	18 711	21 055	19 303	20 290	20 486	21 679	17 203
694	21 690	22 251	22 524	22 446	22 365	23 743	23 960
695	20 571	21 105	23 755	24 385	24 227	25 606	26 495
696	18 185	18 734	19 945	19 590	19 280	20 582	20 519
699	19 813	19 601	20 764	20 052	21 490	21 660	22 133
711	18 195	19 874	19 099	20 497	21 336	22 232	21 034

续表

年份	2001	2002	2003	2004	2005	2006	2007
712	20 895	19 479	20 715	21 352	23 069	23 007	21 540
713	21 210	21 269	22 628	21 567	22 537	23 019	23 802
714	26 352	26 885	27 583	28 771	28 725	30 231	30 886
716	20 674	20 522	21 309	21 641	22 286	23 011	24 000
718	20 501	19 049	22 698	22 713	24 287	24 530	24 675
721	24 113	24 564	25 190	24 753	25 249	25 856	26 176
722	19 141	21 811	22 326	24 582	22 235	23 555	24 443
723	22 258	24 118	25 690	26 020	25 426	26 041	27 234
724	24 182	24 545	24 680	25 183	24 907	25 650	25 669
725	26 642	27 237	27 120	28 227	27 534	29 480	29 953
726	25 475	26 426	26 486	27 658	27 848	28 949	29 204
727	24 195	24 555	25 505	26 175	26 619	19 003	24 832
728	25 871	26 515	26 243	26 999	26 626	27 856	28 058
731	25 846	25 927	26 102	27 264	27 761	28 694	28 124
733	23 520	23 142	24 470	24 874	24 553	25 906	25 748
735	24 347	25 518	24 740	26 053	26 242	27 025	26 655
737	23 742	24 114	24 057	25 317	25 771	26 665	24 725
741	22 665	23 193	23 177	23 284	23 546	24 572	24 466
742	23 956	24 138	25 079	25 783	26 080	27 860	28 787
743	21 586	21 279	20 464	21 827	22 405	22 312	22 894
744	25 930	25 784	25 973	26 515	27 092	28 002	28 621
745	25 560	25 824	25 963	26 961	27 072	27 832	25 263
746	19 534	20 298	21 416	22 299	21 267	22 263	23 218
747	23 815	25 797	24 427	25 199	25 192	26 506	27 177
748	22 641	23 034	23 393	23 183	23 332	24 220	24 853
749	26 464	28 787	26 276	27 709	27 686	30 707	32 741
751	24 253	23 793	24 035	24 913	24 095	24 014	26 415
752	22 846	21 902	21 452	21 102	21 897	21 976	21 461
759	21 378	21 532	22 092	22 831	23 608	26 137	28 268
761	16 213	15 645	16 711	16 398	16 884	18 176	19 035
762	18 023	17 678	19 108	19 381	19 931	20 818	20 575
763	18 529	18 224	20 462	21 007	22 056	23 825	24 799
764	23 145	23 739	23 518	23 655	24 699	25 746	27 033

续表

年份	2001	2002	2003	2004	2005	2006	2007
771	19 933	20 190	20 234	21 236	21 860	21 373	21 693
772	21 839	22 359	21 611	22 567	22 631	24 060	24 652
773	16 427	16 072	15 307	16 296	16 740	15 951	17 726
774	26 655	26 493	27 334	27 574	28 157	29 427	29 623
775	19 715	19 493	20 209	19 942	19 969	19 689	21 099
776	20 440	20 480	20 544	21 488	21 934	22 690	24 133
778	20 917	20 857	21 383	21 159	20 979	22 496	23 226
781	23 415	23 662	24 142	24 148	24 396	25 214	25 843
782	20 457	20 954	22 416	21 414	21 468	21 075	22 203
783	20 758	21 884	20 778	19 740	21 958	23 045	22 896
784	22 650	22 606	22 513	22 370	22 523	22 964	23 197
785	18 274	18 597	19 383	18 201	19 728	20 581	20 847
786	18 657	19 822	19 374	20 503	20 343	22 259	24 102
791	19 413	19 483	19 331	17 689	20 070	21 061	19 335
792	24 247	25 113	25 554	25 358	26 564	25 920	27 340
793	19 381	17 095	16 234	20 417	20 394	20 057	20 994
811	23 184	23 541	20 931	22 427	21 953	23 506	23 867
812	17 300	17 088	17 976	18 378	18 395	18 444	18 484
813	21 595	19 110	22 319	22 353	22 637	23 850	24 255
821	11 269	8 740	8 423	11 205	13 328	18 319	13 775
831	8 468	9 822	10 996	10 021	10 981	3 372	15 233
841	8 782	10 033	10 738	10 239	10 983	9 614	10 482
842	10 595	12 257	12 546	12 372	12 039	10 992	11 965
843	9 459	9 535	9 974	9 012	8 456	8 226	9 671
844	13 397	13 080	15 297	14 978	12 279	11 089	11 969
845	12 246	13 350	13 924	13 343	13 016	11 616	12 908
846	11 939	13 353	13 593	14 712	13 374	13 338	14 242
848	11 674	12 709	13 562	13 522	13 711	14 676	15 750
851	10 918	4 662	12 333	16 466	10 644	27 179	15 136
871	24 765	24 277	23 457	22 905	22 744	23 587	23 769
872	24 848	23 567	24 343	25 945	24 123	25 993	26 491
873	20 073	20 824	21 121	20 900	20 777	22 051	22 344
874	25 594	26 300	26 132	27 432	27 996	28 576	29 370

续表

年份	2001	2002	2003	2004	2005	2006	2007
881	23 041	23 614	23 233	24 229	25 676	25 883	19 925
882	27 043	26 866	27 945	28 424	28 093	28 758	28 861
883	23 466	21 724	24 539	24 717	25 842	24 634	24 872
884	24 777	24 502	24 994	25 332	26 450	26 183	27 831
885	29 267	29 823	30 129	31 542	32 276	33 554	34 875
892	10 934	16 191	10 442	10 204	18 099	19 166	13 814
893	8 667	11 770	9 395	15 103	8 067	16 540	11 875
894	8 088	8 130	10 837	8 451	6 880	7 584	11 050
895	14 790	16 145	10 729	8 232	8 230	7 730	15 914
898	11 228	10 352	14 874	7 473	6 294	20 563	6 510

注：产品代码类别见附录 E
资料来源：作者根据联合国 COMTRADE 数据库数据计算而得

J2 我国复杂度排名前十五位的产品的复杂度 （单位：美元）

年份	2001	2002	2003	2004	2005	2006	2007
515	28 862	29 648	30 855	31 832	33 128	34 008	34 259
885	29 267	29 823	30 129	31 542	32 276	33 554	34 875
571	29 161	29 350	32 411	32 168	31 526	31 606	34 843
035	27 262	26 608	26 663	31 475	32 563	33 168	33 251
677	24 630	27 617	25 709	28 349	28 458	33 249	39 310
551	24 486	25 433	28 284	30 554	31 534	31 842	32 071
016	29 288	28 318	29 133	28 965	29 688	30 265	27 198
749	26 464	28 787	26 276	27 709	27 686	30 707	32 741
714	26 352	26 885	27 583	28 771	28 725	30 231	30 886
725	26 642	27 237	27 120	28 227	27 534	29 480	29 953
882	27 043	26 866	27 945	28 424	28 093	28 758	28 861
774	26 655	26 493	27 334	27 574	28 157	29 427	29 623
514	25 167	25 475	26 171	27 652	28 377	28 988	30 271
726	25 475	26 426	26 486	27 658	27 848	28 949	29 204
598	25 197	26 435	26 416	27 365	28 140	28 642	29 716

注：这些产品分别是 515(有机无机化合物、杂环化合物、核酸及其盐类和磺胺)、885(钟表)、571(初级形状的乙烯聚合物)、035[干制的、盐腌的或盐水渍的鱼；烟熏的鱼(不论在烟熏前或者烟熏中是否煮过)；适于人类食用的鱼的细粉、粗粉和团粒]、677(钢轨及铁道铺轨用的钢铁材料)、551(香精油、香料及调味香料)、016(腌制的、盐水渍的、干制的或烟熏的肉及食用内脏；肉或内脏的可食用的粉末)、749(未另列明机械的非电动零件及附件)、714(非电动发动机及马达)、725(造纸厂和制浆厂机械、切纸机及其他制造纸制品的机械及其零件)、882(照相及电影拍摄用品)、774(医用电诊断装置和放射性装置)、514(含氮化合物)、726(印刷和装订机械及其零件)、598(未另列明的杂项化学产品)

J3　我国复杂度排名最后十五位的产品的复杂度　（单位：美元）

年份	2001	2002	2003	2004	2005	2006	2007
325	6 969	11 835	10 432	11 705	7 710	12 395	10 185
841	8 782	10 033	10 738	10 239	10 983	9 614	10 482
634	6 929	8 838	8 135	12 999	11 435	13 228	9 217
831	8 468	9 822	10 996	10 021	10 981	3 372	15 233
581	8 657	8 160	7 723	12 521	10 419	11 307	7 951
658	9 223	9 049	9 352	9 303	8 884	9 489	10 524
843	9 459	9 535	9 974	9 012	8 456	8 226	9 671
266	7 706	8 766	6 826	13 285	7 853	12 019	6 744
687	9 090	9 802	9 774	7 951	9 468	8 832	7 694
122	6 936	9 433	8 958	12 544	11 920	4 022	7 353
894	8 088	8 130	10 837	8 451	6 880	7 584	11 050
422	7 972	7 907	9 092	7 673	8 392	9 602	8 999
075	4 850	5 103	8 943	8 445	8 875	7 509	7 844
042	7 933	6 461	7 327	6 471	6 089	7 295	8 109
071	5 997	4 765	7 405	6 563	7 785	7 317	7 703

注：这些产品分别是325[煤、褐煤或泥煤制的焦炭和半焦(包括炭)；不论是否成块；成碳]、841(纺织物非针织或钩编而制成的男装或男童装、披肩、夹克、套装、运动衫、长裤、短裤、衬衫、内衣、睡衣和类似物品)、634(贴面板、胶合板、刨花板和其他未另列明的已加工木材)、831(材料为皮革或合成革、塑料薄膜、纺织材料、硬化纤维或纸板、或者全部或主要用这些材料的箱、包、袋、盒)、581(塑料管、软管及其附件)、658(未另列明的全部或基本上以纺织原料制成的制品)、843(纺织物针织或钩编而制成的男装或男童装、披肩、夹克、套装、运动衫、长裤、短裤、衬衫、内衣、睡衣和类似物品)、266(纺织用合成纤维)、687(锡)、122(加工烟)、894(婴儿车、玩具、游戏及体育运动用品)、422(未加工的精制的或提炼的非挥发性植物油脂，“软性”的除外)、075(香料)、042(稻米)、071(咖啡及其代用品)。

J4　我国复杂度排名前十五位的产品的出口份额　（单位：%）

年度	2001	2002	2003	2004	2005	2006	2007
515	0.4862	0.4549	0.4490	0.3910	0.4350	0.4914	0.5733
885	0.7801	0.6503	0.5554	0.4178	0.3192	0.2498	0.2429
571	0.0088	0.0082	0.0086	0.0123	0.0209	0.0206	0.0245
035	0.0491	0.0515	0.0451	0.0377	0.0331	0.0280	0.0237
677	0.0094	0.0106	0.0096	0.0083	0.0078	0.0170	0.0238
551	0.0439	0.0405	0.0362	0.0303	0.0258	0.0238	0.0227
016	0.0048	0.0033	0.0020	0.0013	0.0010	0.0007	0.0004
749	0.1421	0.1482	0.1515	0.1484	0.1577	0.1709	0.1817
714	0.0663	0.0613	0.0466	0.0539	0.0538	0.0869	0.0650
725	0.0231	0.0255	0.0286	0.0262	0.0326	0.0341	0.0467

续表

年度	2001	2002	2003	2004	2005	2006	2007
882	0.2035	0.2044	0.2133	0.1922	0.1718	0.0970	0.0759
774	0.0850	0.0940	0.0887	0.0891	0.0985	0.1122	0.1209
514	0.3678	0.3709	0.3306	0.3181	0.3439	0.3500	0.3504
726	0.0253	0.0356	0.0378	0.0412	0.0434	0.0459	0.0448
598	0.3616	0.3204	0.3050	0.3107	0.3477	0.3922	0.4321
总计	2.6569	2.4796	2.3080	2.0784	2.0921	2.1203	2.2287

注：产品代码类别见附录 E
资料来源：根据联合国 COMTRADE 数据库数据计算而得

J5 我国复杂度排名最后十五位的产品的复杂度 （单位：%）

年度	2001	2002	2003	2004	2005	2006	2007
325	0.0001	0.0007	0.0000	0.0003	0.0000	0.0026	0.0003
841	3.6532	2.9054	2.5420	2.0418	1.9397	1.8113	1.5615
634	0.7155	0.0000	0.0403	1.5805	0.0021	0.0083	0.0000
831	0.0605	0.3269	0.0001	0.0000	0.0000	0.0024	0.0010
581	0.1137	1.4655	0.0000	0.3234	0.0026	0.0059	0.0000
658	1.7902	1.7137	1.7750	1.5710	1.6427	1.4992	1.3370
843	0.8250	0.8073	0.8248	0.7106	0.6337	0.8078	1.0848
266	0.0001	0.0021	0.0010	0.0011	0.0000	0.0000	0.0017
687	0.1436	0.0623	0.0531	0.0663	0.0334	0.0257	0.0336
122	0.0000	0.0051	0.0056	0.0053	0.0844	0.0025	0.0112
894	0.0082	0.0023	0.0001	0.0000	0.0001	0.0005	0.0002
422	0.0132	0.0099	0.0081	0.0072	0.0066	0.0038	0.0036
075	0.0922	0.0819	0.0697	0.0829	0.0667	0.0501	0.0431
042	0.1597	0.1488	0.1429	0.0472	0.0360	0.0512	0.0475
071	0.0109	0.0104	0.0109	0.0088	0.0080	0.0092	0.0079
总计	7.5862	7.5423	5.4737	6.4466	4.4560	4.2806	4.1335

注：产品代码类别见附录 E
资料来源：根据联合国 COMTRADE 数据库数据计算而得

附录K　中国制造业行业与HS1996的六位编码货号对应表

行业名称：01 食品加工和制造业

HS 货品税则号：第 2 章 03.03－06(0306.1100－1990)第 4 章(不包括 04.09－10)07.10－12 08.11－12 08.14 09.01 10.06 第 11 章 12.08 第 15 章(不包括 15.18－20)16 17 18 19 20 21 23 章 22.09

对应 HS6 位码：020110 020120 020130 020210 020220 020230 020311 020312 020319 020321 020322 020329 020410 020421 020422 020423 020430 020441 020442 020443 020450 020500 020610 020621 020622 020629 020630 020641 020649 020680 020690 020711 020712 020713 020714 020724 020725 020726 020727 020732 020733 020734 020735 020736 020810 020820 020890 020890 020890 020890 020900 021011 021012 021019 021020 021090 021090 021090 021090 030310 030310 030321 030322 030329 030331 030332 030333 030339 030341 030342 030343 030349 030349 030349 030349 030350 030360 030371 030372 030373 030374 030375 030376 030377 030378 030379 030380 030410 030420 030490 030510 030520 030530 030541 030542 030549 030551 030559 030561 030562 030563 030569 030611 030612 030613 030614 030619 030621 030622 030623 030624 030629 040110 040120 040130 040210 040221 040229 040291 040299 040310 040390 040410 040490 040510 040520 040590 040610 040620 040630 040640 040690 040700 040811 040819 040891 040899 071010 071021 071022 071029 071030 071040 071080 071090 071120 071130 071140 071190 071190 071110 071190 071220 071230 071230 071230 071230 071290 081110 081120 081190 081210 081220 081290 081400 090111 090112 090121 090122 090190 100610 100620 100630 100640 110100 110210 110220 110230 110290 110311 110312 110313 110314 110319 110321 110329 110411 110412 110419 110421 110422 110423 110429 110430 110510 110520 110610 110620 110630 110710 110720 110811 110812 110813 110814 110819 110820 110900 120810 120890 150100 150200 150300 150410 150420 150430 150510 150590 150600 150710 150790 150810 150890 150910 150990 151000 151110 151190 151211 151219 151221 151229 151311 151319 151321 151329 151410 151410 151490 151490 151511 151519 151521 151529 151530 151540 151550 151560 151590 151610 151620 151710 151790 152110 152190 152200 160100 160210 160220 160231 160232 160239 160241 160242 160249 160250 160290 160300 160411 160412 160413 160414 160415 160416 160419 160420 160430

160510 160520 160530 160540 160590 170111 170112 170191 170199 170211 170219 170220 170230 170240 170250 170260 170290 170310 170390 170410 170490 180100 180200 180310 180320 180400 180500 180610 180620 180631 180632 180690 190110 190120 190190 190211 190219 190220 190230 190240 190300 190410 190420 190490 190490 190510 190520 190530 190530 190540 190590 200110 200120 200190 200210 200290 200310 200310 200320 200410 200490 200510 200520 200540 200551 200559 200560 200570 200580 200590 200600 200710 200791 200799 200811 200819 200820 200830 200840 200850 200860 200870 200880 200891 200892 200899 200911 200919 200919 200920 200920 200930 200930 200940 200940 200950 200960 200960 200970 200970 200980 200990 210111 210112 210120 210130 210210 210220 210230 210310 210320 210330 210390 210410 210420 210500 210610 210690 230110 230120 230210 230220 230230 230240 230250 230310 230320 230330 230400 230500 230610 230620 230630 230640 230640 230650 230660 230670 230690 230700 230810 230890 230910 230990 220900

行业名称：02 饮料制造业

HS 货品税则号：09.02 第 22 章(不包括 22.09)

对应 HS6 位码：090210 090220 090230 090240 220110 220190 220210 220290 220300 220410 220421 220429 220430 220510 220590 220600 220710 220720 220820 220830 220840 220850 220860 220870 220890

行业名称：03 烟草加工业

HS 货品税则号：24.02—03

对应 HS6 位码：240210 240220 240290 240310 240391 240399

行业名称：04 纺织业

HS 货品税则号：第 50 51 52 53 56 57 58 59 60 61 63 章

对应 HS6 位码：500100 500200 500310 500390 500400 500500 500600 500710 500720 500790 510111 510119 510121 510129 510130 510210 510210 510220 510310 510320 510330 510400 510510 510521 510529 510530 510530 510540 510610 510620 510710 510720 510810 510820 510910 510990 511000 511111 511119 511120 511130 511190 511211 511219 511220 511230 511290 511300 520100 520210 520291 520299 520300 520411 520419 520420 520511 520512 520513 520514 520515 520521 520522 520523 520524 520526 520527 520528 520531 520532 520533 520534 520535 520541 520542 520543 520544 520546 520547 520548 520611 520612 520613 520614 520615 520621 520622 520623 520624 520625 520631 520632 520633 520634 520635 520641 520642 520643 520644 520645 520710 520790 520811 520812 520813 520819 520821

520822	520823	520829	520831	520832	520833	520839	520841	520842	520843
520849	520851	520852	520853	520859	520911	520912	520919	520921	520922
520929	520931	520932	520939	520941	520942	520943	520949	520951	520952
520959	521011	521012	521019	521021	521022	521029	521031	521032	521039
521041	521042	521049	521051	521052	521059	521111	521112	521119	521121
521122	521129	521131	521132	521139	521141	521142	521143	521149	521151
521152	521159	521211	521212	521213	521214	521215	521221	521222	521223
521224	521225	530110	530121	530129	530130	530210	530290	530310	530390
530410	530490	530511	530519	530521	530529	530591	530599	530610	530620
530710	530720	530810	530820	530830	530890	530911	530919	530921	530929
531010	531090	531100	560110	560121	560122	560129	560130	560210	560221
560229	560290	560311	560312	560313	560314	560391	560392	560393	560394
560410	560420	560490	560500	560600	560710	560721	560729	560730	560741
560749	560750	560790	560811	560819	560890	560900	570110	570190	570210
570220	570231	570232	570239	570241	570242	570249	570251	570252	570259
570291	570292	570299	570310	570320	570330	570390	570410	570490	570500
580110	580121	580122	580123	580124	580125	580126	580131	580132	580133
580134	580135	580136	580190	580211	580219	580220	580230	580310	580390
580410	580421	580429	580430	580500	580610	580620	580631	580632	580639
580640	580710	580790	580810	580890	580900	581010	581091	581092	581099
581100	590110	590190	590210	590220	590290	590310	590320	590390	590410
590491	590492	590500	590610	590691	590699	590700	590800	590900	591000
591110	591120	591131	591132	591140	591190	600110	600121	600122	600129
600191	600192	600199	600210	600210	600220	600220	600220	600220	600220
600230	600230	600241	600242	600242	600242	600242	600243	600243	600243
600243	600243	600243	600243	600243	600249	600291	600292	600292	600292
600292	600293	600293	600293	600293	600293	600293	600293	600293	600299
610110	610120	610130	610190	610210	610220	610230	610290	610311	610312
610319	610321	610322	610323	610329	610331	610332	610333	610339	610341
610342	610343	610349	610411	610412	610413	610419	610421	610422	610423
610429	610431	610432	610433	610439	610441	610442	610443	610444	610449
610451	610452	610453	610459	610461	610462	610463	610469	610510	610520
610590	610610	610620	610690	610711	610712	610719	610721	610722	610729
610791	610792	610799	610811	610819	610821	610822	610829	610831	610832
610839	610891	610892	610899	610910	610990	611010	611010	611010	611020
611030	611090	611110	611120	611130	611190	611211	611212	611219	611220

611231 611239 611241 611249 611300 611410 611420 611430 611490 611511 611512 611519 611520 611591 611592 611593 611599 611610 611691 611692 611693 611699 611710 611720 611780 611790 630110 630120 630130 630140 630190 630210 630221 630222 630229 630231 630232 630239 630240 630251 630252 630253 630259 630260 630291 630292 630293 630299 630311 630312 630319 630391 630392 630399 630411 630419 630491 630492 630493 630499 630510 630520 630532 630533 630539 630590 630611 630612 630619 630621 630622 630629 630631 630639 630641 630649 630691 630699 630710 630720 630790 630800 630900 631010 631090

行业名称：05 纺织服装、鞋、帽制造业

HS 货品税则号：第 62 章 65 章

对应 HS6 位码：620111 620112 620113 620119 620191 620192 620193 620199 620211 620212 620213 620219 620291 620292 620293 620299 620311 620312 620319 620321 620322 620323 620329 620331 620332 620333 620339 620341 620342 620343 620349 620411 620412 620413 620419 620421 620422 620423 620429 620431 620432 620433 620439 620441 620442 620443 620444 620449 620451 620452 620453 620459 620461 620462 620463 620469 620510 620520 620530 620590 620610 620620 620630 620640 620690 620711 620719 620721 620722 620729 620791 620792 620799 620811 620819 620821 620822 620829 620891 620892 620899 620910 620920 620930 620990 621010 621020 621030 621040 621050 621111 621112 621120 621131 621132 621133 621139 621141 621142 621143 621149 621210 621220 621230 621290 621310 621320 621390 621410 621420 621430 621440 621490 621510 621520 621590 621600 621710 621790 650100 650200 650300 650400 650510 650590 650610 650691 650692 650699 650700

行业名称：06 皮革毛皮羽绒及其制品业

HS 货品税则号：第 41 章(不包括 41.01—03)第 42 章 43 章(不包括 43.01)第 64 67 章(不包括 67.02)94.04

对应 HS6 位码：410410 410410 410410 410410 410410 410410 410410 410410 410421 410421 410421 410421 410421 410422 410422 410422 410422 410422 410429 410429 410429 410429 410429 410431 410431 410431 410431 410431 410439 410439 410439 410511 410511 410511 410512 410512 410512 410519 410520 410520 410611 410611 410612 410612 410619 410620 410620 410710 410710 410710 410710 410721 410721 410729 410729 410729 410790 410790 410790 410790 410800 410900 411000 411100 420100 420211 420212 420219 420221 420222 420229 420231 420232 420239 420291 420292 420299

420310 420321 420329 420330 420340 420400 420500 420610 420690 430211 430212 430213 430219 430220 430230 430310 430390 430400 640110 640191 640192 640199 640212 640219 640220 640230 640291 640299 640312 640319 640320 640330 640340 640351 640359 640391 640399 640411 640419 640420 640510 640520 640590 640610 640620 640691 640699 670100 670300 670411 670419 670420 670490 940410 940421 940429 940430 940490

行业名称：07 木材加工及家具制造业

HS 货品税则号：第 44 章(不包括 44.01－03)45.03－04 第 46 章 94.01－94.03

对应 HS6 位码：440110 440121 440122 440130 440200 440310 440320 440341 440349 440391 440392 440399 440399 440410 440420 440500 440610 440690 440710 440724 440725 440726 440729 440791 440792 440799 440799 440810 440831 440839 440890 440890 440910 440920 441011 441011 441019 441019 441019 441019 441019 441090 441111 441119 441121 441129 441131 441139 441191 441199 441213 441213 441213 441213 441213 441214 441214 441214 441214 441219 441219 441219 441219 441222 441222 441222 441222 441222 441223 441223 441223 441229 441229 441229 441229 441292 441292 441292 441292 441292 441293 441293 441293 441299 441299 441299 441299 441300 441400 441510 441520 441600 441700 441810 441820 441830 441840 441850 441890 441900 442010 442090 442110 442190 450310 450390 450410 450490 460110 460110 460120 460191 460199 460210 460290 940110 940120 940130 940140 940150 940161 940169 940171 940179 940180 940190 940210 940290 940310 940320 940330 940340 940350 940360 940370 940380 940390

行业名称：08 造纸及纸制品业

HS 货品税则号：第 47、48 章(不包括 48.20)

对应 HS6 位码：470100 470200 470311 470319 470321 470329 470411 470419 470421 470429 470500 470610 470620 470691 470692 470693 470710 470720 470730 470790 480100 480100 480100 480100 480210 480220 480230 480240 480251 480251 480251 480251 480252 480252 480252 480252 480252 480252 480253 480253 480253 480253 480260 480260 480260 480300 480411 480411 480419 480419 480421 480421 480429 480429 480431 480431 480439 480439 480441 480441 480442 480442 480449 480449 480451 480451 480452 480452 480459 480459 480510 480510 480521 480521 480521 480521 480521 480521 480521 480521 480521 480521 480521 480521 480521 480521 480522 480522 480522 480522 480522 480522 480522 480522 480522 480522 480522 480522 480522 480522 480523 480523 480523 480523 480523 480523 480523

480523 480523 480523 480523 480523 480523 480523 480529 480529 480529 480529 480529 480529 480529 480529 480529 480529 480529 480529 480529 480529 480529 480529 480530 480530 480540 480540 480550 480550 480560 480560 480560 480560 480560 480560 480560 480560 480560 480560 480560 480560 480560 480560 480560 480570 480570 480570 480570 480570 480570 480570 480570 480570 480570 480570 480580 480580 480580 480580 480580 480580 480580 480580 480580 480580 480610 480610 480620 480620 480630 480630 480640 480640 480710 480710 480790 480790 480810 480810 480820 480820 480830 480830 480890 480890 480910 480920 480990 481011 481011 481011 481011 481012 481012 481012 481012 481021 481029 481031 481032 481039 481039 481091 481099 481110 481121 481129 481131 481139 481140 481190 481200 481310 481320 481390 481410 481420 481430 481490 481500 481610 481620 481630 481690 481710 481720 481730 481810 481820 481830 481840 481850 481890 481910 481920 481930 481940 481950 481960 482110 482190 482210 482290 482311 482311 482319 482319 482320 482340 482340 482340 482340 482340 482340 482340 482340 482340 482340 482340 482351 482351 482351 482351 482351 482351 482359 482359 482359 482359 482359 482359 482359 482359 482359 482359 482359 482359 482359 482359 482359 482359 482359 482360 482370 482390 482390 482390 482390 482390 482390 482390 482390 482390 482390 482390 482390 482390

行业名称：09 印刷业记录媒介的复制

HS 货品税则号：第 49 章

对应 HS6 位码：490110 490191 490199 490210 490290 490300 490400 490510 490591 490599 490600 490700 490810 490890 490900 491000 491110 491191 491199

行业名称：10 文教体育用品制造业

HS 货品税则号：48.20 第 92 章 95.06

对应 HS6 位码：482010 482020 482030 482040 482050 482090 920110 920120 920190 920210 920290 920300 920410 920420 920510 920590 920600 920710 920790 920810 920890 920910 920920 920930 920991 920992 920993 920994 920999 950611 950612 950619 950621 950629 950631 950632 950639 950640 950651 950659 950661 950662 950669 950670 950691 950699

行业名称：11 石油加工及炼焦业

HS 货品税则号：27.04 27.06—08 27.10—13 27.15

对应 HS6 位码：270400 270600 270710 270720 270730 270740 270750 270760 270791 270799 270810 270820 271000 271000 271000 271000 271111

271112 271113 271114 271119 271121 271129 271210 271220 271290 271311 271312 271320 271390 271500

行业名称：12 化学原料及化学制品制造业

HS 货品税则号：15.18 15.19 15.20 第 28 29 31 32 33 34 35 36 37 38 章 39.01 40.02

对应 HS6 位码：151800 152000 280110 280120 280130 280200 280300 280410 280421 280429 280430 280440 280450 280461 280469 280470 280480 280490 280511 280519 280521 280522 280530 280540 280610 280620 280700 280800 280910 280920 281000 281111 281119 281121 281122 281123 281129 281210 281290 281310 281390 281410 281420 281511 281512 281520 281530 281610 281620 281630 281700 281810 281820 281830 281910 281990 282010 282090 282110 282120 282200 282300 282410 282420 282490 282510 282520 282530 282540 282550 282560 282570 282580 282590 282611 282612 282619 282620 282630 282690 282710 282720 282731 282732 282733 282734 282735 282736 282738 282739 282741 282749 282751 282759 282760 282810 282890 282911 282919 282990 283010 283020 283030 283090 283110 283190 283210 283220 283230 283311 283319 283321 283322 283323 283324 283325 283326 283327 283329 283330 283340 283410 283421 283422 283429 283510 283522 283523 283524 283525 283526 283529 283531 283539 283610 283620 283630 283640 283650 283660 283670 283691 283692 283699 283711 283719 283720 283800 283911 283919 283920 283990 284011 284019 284020 284030 284110 284120 284130 284140 284150 284161 284169 284170 284180 284190 284210 284290 284310 284321 284329 284330 284390 284410 284420 284430 284440 284450 284510 284590 284610 284690 284700 284800 284910 284920 284990 285000 285100 290110 290121 290122 290123 290124 290129 290211 290219 290220 290230 290241 290242 290243 290244 290250 290260 290270 290290 290311 290312 290313 290314 290315 290316 290319 290321 290322 290323 290329 290330 290341 290342 290343 290344 290345 290346 290347 290349 290351 290359 290361 290362 290369 290410 290420 290490 290511 290512 290513 290514 290515 290516 290517 290519 290522 290529 290531 290532 290539 290541 290542 290543 290544 290545 290549 290550 290550 290611 290612 290613 290614 290619 290621 290629 290711 290712 290713 290714 290715 290719 290721 290722 290723 290729 290730 290810 290820 290890 290911 290919 290920 290930 290941 290942 290943 290944 290949 290950 290960 291010 291020 291030 291090 291100 291211 291212 291213 291219 291221 291229 291230 291241 291242 291249 291250 291260 291300 291411

291412	291413	291419	291421	291422	291423	291429	291431	291439	291440
291450	291450	291461	291469	291470	291511	291512	291513	291521	291522
291523	291524	291529	291531	291532	291533	291534	291535	291539	291540
291550	291560	291570	291590	291611	291612	291613	291614	291615	291619
291620	291631	291632	291634	291635	291639	291711	291712	291713	291714
291719	291720	291731	291732	291733	291734	291735	291736	291737	291739
291811	291812	291813	291814	291815	291816	291817	291819	291819	291821
291822	291823	291829	291830	291890	291890	291900	292010	292090	292111
292112	292119	292121	292122	292129	292130	292141	292142	292143	292144
292145	292149	292149	292151	292159	292211	292212	292213	292219	292219
292221	292222	292229	292230	292230	292241	292242	292243	292249	292249
292250	292250	292310	292320	292390	292410	292410	292421	292422	292429
292429	292429	292511	292519	292519	292520	292610	292620	292690	292690
292700	292800	292910	292990	293010	293020	293030	293040	293090	293100
293211	293212	293213	293219	293221	293229	293291	293292	293293	293294
293299	293299	293311	293319	293321	293329	293331	293332	293339	293339
293340	293340	293351	293351	293351	293359	293359	293361	293369	293371
293379	293379	293390	293390	293390	293390	293390	293410	293420	293430
293490	293490	293490	293490	293490	293490	293500	293610	293621	293622
293623	293624	293625	293626	293627	293628	293629	293690	293710	293710
293721	293722	293729	293791	293792	293799	293799	293799	293799	293799
293799	293799	293810	293890	293910	293910	293921	293929	293930	293941
293942	293949	293949	293950	293950	293961	293962	293963	293969	293970
293990	293990	294000	294110	294120	294130	294140	294150	294190	294200
310100	310210	310221	310229	310230	310240	310250	310260	310270	310280
310290	310310	310320	310390	310410	310420	310430	310490	310510	310520
310530	310540	310551	310559	310560	310590	320110	320120	320190	320210
320290	320300	320411	320412	320413	320414	320415	320416	320417	320419
320420	320490	320500	320611	320619	320620	320630	320641	320642	320643
320649	320650	320710	320720	320730	320740	320810	320820	320890	320910
320990	321000	321100	321210	321290	321310	321390	321410	321490	321511
321519	321590	330111	330112	330113	330114	330119	330121	330122	330123
330124	330125	330126	330129	330130	330190	330210	330290	330300	330410
330420	330430	330491	330499	330510	330520	330530	330590	330610	330620
330690	330710	330720	330730	330741	330749	330790	340111	340119	340120
340211	340212	340213	340219	340220	340220	340290	340311	340319	340391

340399 340410 340420 340490 340510 340520 340530 340540 340590 340600 340700 350110 350190 350211 350219 350220 350290 350300 350400 350510 350520 350610 350691 350699 350710 350790 360100 360200 360300 360410 360490 360500 360610 360690 370110 370120 370130 370191 370199 370210 370220 370231 370232 370239 370241 370242 370243 370244 370251 370252 370253 370254 370255 370256 370291 370292 370293 370294 370295 370310 370320 370390 370400 370510 370520 370590 370610 370690 370710 370790 380110 380120 380130 380190 380210 380290 380300 380400 380510 380520 380590 380610 380620 380630 380690 380700 380810 380820 380830 380840 380890 380910 380991 380992 380993 381010 381090 381111 381119 381121 381129 381190 381210 381220 381230 381300 381400 381511 381512 381519 381590 381600 381710 381720 381800 381900 382000 382100 382200 382311 382312 382313 382319 382370 382410 382420 382430 382440 382450 382460 382471 382479 382490 382490 382490 382490 382490 382490 382490 382490 382490 382490 382490 382490 382490 390110 390120 390130 390190 400211 400219 400220 400231 400239 400241 400249 400251 400259 400260 400270 400280 400291 400299

行业名称：13 医药制造业

HS 货品税则号：第 30 章

对应 HS6 位码：300110 300110 300120 300120 300190 300190 300210 300210 300220 300220 300230 300230 300290 300290 300310 300310 300320 300320 300331 300331 300339 300339 300340 300340 300390 300390 300410 300410 300420 300420 300431 300431 300432 300432 300439 300439 300439 300440 300440 300450 300450 300490 300490 300510 300510 300510 300590 300590 300590 300610 300610 300620 300620 300630 300630 300640 300640 300650 300650 300660 300660

行业名称：14 化学纤维制造业

HS 货品税则号：第 54、55 章

对应 HS6 位码：540110 540120 540210 540220 540231 540232 540233 540239 540241 540242 540243 540249 540251 540252 540259 540261 540262 540269 540310 540320 540331 540332 540333 540339 540341 540342 540349 540410 540490 540500 540610 540620 540710 540720 540730 540741 540742 540743 540744 540751 540752 540753 540754 540761 540769 540771 540772 540773 540774 540781 540782 540783 540784 540791 540792 540793 540794 540810 540821 540822 540823 540824 540831 540832 540833 540834 550110 550120 550130 550190 550200 550310 550320 550330 550340 550390 550410

550490 550510 550520 550610 550620 550630 550690 550700 550810 550820 550911 550912 550921 550922 550931 550932 550941 550942 550951 550952 550953 550959 550961 550962 550969 550991 550992 550999 551011 551012 551020 551030 551090 551110 551120 551130 551211 551219 551221 551229 551291 551299 551311 551312 551313 551319 551321 551322 551323 551329 551331 551332 551333 551339 551341 551342 551343 551349 551411 551412 551413 551419 551421 551422 551423 551429 551431 551432 551433 551439 551441 551442 551443 551449 551511 551512 551513 551519 551521 551522 551529 551591 551592 551599 551611 551612 551613 551614 551621 551622 551623 551624 551631 551632 551633 551634 551641 551642 551643 551644 551691 551692 551693 551694

行业名称：15 橡胶制品业

HS 货品税则号：第 40 章(不包括 40.01—02)

对应 HS6 位码：400300 400400 400510 400520 400591 400599 400610 400690 400700 400811 400819 400821 400829 400910 400920 400930 400940 400950 400950 400950 400950 401011 401012 401013 401019 401021 401021 401022 401022 401023 401024 401029 401110 401120 401130 401140 401150 401191 401191 401191 401191 401199 401199 401199 401199 401210 401210 401210 401210 401220 401290 401310 401320 401390 401410 401490 401511 401511 401519 401590 401610 401691 401692 401693 401694 401695 401699 401700

行业名称：16 塑料制品业

HS 货品税则号：39.02

对应 HS6 位码：390210 390220 390230 390290

行业名称：17 非金属矿物制品业

HS 货品税则号：第 68、69、70 章 90.03—04

对应 HS6 位码：680100 680210 680221 680222 680223 680229 680291 680292 680293 680299 680300 680410 680421 680422 680423 680430 680510 680520 680530 680610 680620 680690 680710 680790 680800 680911 680919 680990 681011 681019 681091 681099 681110 681120 681130 681190 681210 681220 681230 681240 681250 681260 681270 681290 681310 681390 681410 681490 681510 681520 681591 681599 690100 690210 690220 690290 690310 690320 690390 690410 690490 690510 690590 690600 690710 690790 690810 690890 690911 690912 690919 690990 691010 691090 691110 691190 691200 691310 691390 691410 691490 700100 700210 700220 700231 700232 700239 700312 700319 700320 700330 700420 700490 700510 700521 700529 700530

700600 700711 700719 700721 700729 700800 700910 700991 700992 701010 701020 701091 701092 701093 701094 701110 701120 701190 701200 701310 701321 701329 701331 701332 701339 701391 701399 701400 701510 701590 701610 701690 701710 701720 701790 701810 701820 701890 701911 701912 701919 701931 701932 701939 701940 701951 701952 701959 701990 702000 900311 900319 900390 900410 900490

行业名称：18 黑色金属冶炼及压延加工业

HS 货品税则号：26.18－19 第 72 章 81.11

对应 HS6 位码：261800 261900 720110 720120 720150 720211 720219 720221 720229 720230 720241 720249 720250 720260 720270 720280 720291 720292 720293 720299 720310 720390 720410 720421 720429 720430 720441 720449 720450 720510 720521 720529 720610 720690 720711 720712 720719 720720 720810 720825 720826 720827 720836 720837 720838 720839 720840 720851 720852 720853 720854 720890 720915 720916 720917 720918 720925 720926 720927 720928 720990 721011 721012 721020 721030 721041 721049 721050 721061 721069 721070 721090 721113 721114 721119 721123 721129 721190 721210 721220 721230 721240 721250 721260 721310 721320 721391 721399 721410 721420 721430 721491 721499 721510 721550 721590 721610 721621 721622 721631 721632 721633 721640 721650 721661 721669 721691 721699 721710 721720 721730 721790 721810 721891 721899 721911 721912 721913 721914 721921 721922 721923 721924 721931 721932 721933 721934 721935 721990 722011 722012 722020 722090 722100 722211 722219 722220 722230 722240 722300 722410 722490 722511 722519 722520 722530 722540 722550 722591 722592 722599 722611 722619 722620 722691 722692 722693 722694 722699 722710 722720 722790 722810 722820 722830 722840 722850 722860 722870 722880 722910 722920 722990 811100

行业名称：19 有色金属冶炼及压延加工业

HS 货品税则号：74.01－74.10 75.01－75.06 76.01－76.07 78.01－78.04 79.01－79.05 80.01－80.05 第 81 章(不包括 81.11)

对应 HS6 位码：740110 740120 740200 740311 740312 740313 740319 740321 740322 740323 740329 740400 740500 740610 740620 740710 740721 740722 740729 740811 740819 740821 740822 740829 740911 740919 740921 740929 740931 740939 740940 740990 741011 741012 741021 741022 750110 750120 750210 750220 750300 750400 750511 750512 750521 750522 750610 750620 760110 760120 760200 760310 760320 760410 760421 760429 760511 760519 760521 760529 760611 760612 760691 760692 760711 760719 760720

780110 780191 780199 780200 780300 780411 780419 780420 790111 790112 790120 790200 790310 790390 790400 790500 800110 800120 800200 800300 800400 800500 810110 810191 810191 810192 810193 810199 810210 810291 810291 810292 810293 810299 810310 810310 810390 810411 810419 810420 810430 810490 810510 810510 810590 810600 810710 810710 810790 810810 810810 810890 810910 810910 810990 811000 811000 811000 811211 811211 811219 811220 811220 811220 811230 811240 811291 811291 811291 811299 811299 811300

行业名称：20 金属制品业

HS 货品税则号：66.01 第 73 章 74.11—19 75.07—08 76.08—16 78.05—06 79.06—07 80.06—07 第 82 83 章 94.06

对应 HS6 位码：660110 660191 660199 730110 730120 730210 730220 730230 730240 730290 730300 730410 730421 730429 730431 730439 730441 730449 730451 730459 730490 730511 730512 730519 730520 730531 730539 730590 730610 730620 730630 730640 730650 730660 730690 730711 730719 730721 730722 730723 730729 730791 730792 730793 730799 730810 730820 730830 730840 730890 730900 731010 731021 731029 731100 731210 731290 731300 731412 731413 731414 731419 731420 731431 731439 731441 731442 731449 731450 731511 731512 731519 731520 731581 731582 731589 731590 731600 731700 731811 731812 731813 731814 731815 731816 731819 731821 731822 731823 731824 731829 731910 731920 731930 731990 732010 732020 732090 732111 732112 732113 732181 732182 732183 732190 732211 732219 732290 732310 732391 732392 732393 732394 732399 732410 732421 732429 732490 732510 732591 732599 732611 732619 732620 732690 741110 741121 741122 741129 741210 741220 741300 741420 741490 741510 741521 741529 741531 741532 741539 741600 741700 741811 741819 741820 741910 741991 741999 750711 750712 750720 750810 750890 760810 760820 760900 761010 761090 761100 761210 761290 761300 761410 761490 761511 761519 761520 761610 761691 761699 780500 780600 790600 790700 800600 800700 820110 820120 820130 820140 820150 820160 820190 820210 820220 820231 820239 820240 820291 820299 820310 820320 820330 820340 820411 820412 820420 820510 820520 820530 820540 820551 820559 820560 820570 820580 820590 820600 820713 820719 820720 820730 820740 820750 820760 820770 820780 820790 820810 820820 820830 820840 820890 820900 821000 821110 821191 821192 821193 821194 821195 821210 821220 821290 821300 821410 821420 821490 821510 821520 821591 821599 830110 830120 830130 830140 830150

830160 830170 830210 830220 830230 830241 830242 830249 830250 830260 830300 830400 830510 830520 830590 830610 830621 830629 830630 830710 830790 830810 830820 830890 830910 830990 831000 831110 831120 831130 831190 940600

行业名称：21 普通机械制造业

HS 货品税则号：84.01—14 84.16 84.18—20 84.52 84.56—84.68 84.80—85

对应 HS6 位码：840110 840120 840130 840140 840211 840212 840219 840220 840290 840310 840390 840410 840420 840490 840510 840590 840610 840681 840682 840690 840710 840721 840729 840731 840732 840733 840734 840790 840810 840820 840890 840910 840991 840999 841011 841012 841013 841090 841111 841112 841121 841122 841181 841182 841191 841199 841210 841221 841229 841231 841239 841280 841290 841311 841319 841320 841330 841340 841350 841360 841370 841381 841382 841391 841392 841410 841420 841430 841440 841451 841459 841460 841480 841490 841610 841620 841630 841690 841810 841821 841822 841829 841830 841840 841850 841861 841869 841891 841899 841911 841919 841920 841931 841932 841939 841940 841950 841960 841981 841989 841990 842010 842091 842099 845210 845221 845229 845230 845240 845290 845610 845620 845630 845691 845699 845710 845720 845730 845811 845819 845891 845899 845910 845921 845929 845931 845939 845940 845951 845959 845961 845969 845970 846011 846019 846021 846029 846031 846039 846040 846090 846110 846120 846130 846140 846150 846190 846210 846221 846229 846231 846239 846241 846249 846291 846299 846310 846320 846330 846390 846410 846420 846490 846510 846591 846592 846593 846594 846595 846596 846599 846610 846620 846630 846691 846692 846693 846694 846711 846719 846781 846789 846791 846792 846799 846810 846820 846880 846890 848010 848020 848030 848041 848049 848050 848060 848071 848079 848110 848120 848130 848140 848180 848190 848210 848220 848230 848240 848250 848280 848291 848299 848310 848320 848330 848340 848350 848360 848390 848410 848420 848490 848510 848590

行业名称：22 专用设备制造业

HS 货品税则号：84.17 84.21—22 84.24—49 84.51 84.53—55 84.74—79 90.18—22

对应 HS6 位码：841710 841720 841780 841790 842111 842112 842119 842121 842122 842123 842129 842131 842139 842191 842199 842211 842219 842220 842230 842240 842290 842410 842420 842430 842481 842489 842490 842511 842519 842520 842531 842539 842541 842542 842549 842611 842612

842619 842620 842630 842641 842649 842691 842699 842710 842720 842790 842810 842820 842831 842832 842833 842839 842840 842850 842860 842890 842911 842919 842920 842930 842940 842951 842952 842959 843010 843020 843031 843039 843041 843049 843050 843061 843062 843069 843110 843120 843131 843139 843141 843142 843143 843149 843210 843221 843229 843230 843240 843280 843290 843311 843319 843320 843330 843340 843351 843352 843353 843359 843360 843390 843410 843420 843490 843510 843590 843610 843621 843629 843680 843691 843699 843710 843780 843790 843810 843820 843830 843840 843850 843860 843880 843890 843910 843920 843930 843991 843999 844010 844090 844110 844120 844130 844140 844180 844190 844210 844220 844230 844240 844250 844311 844312 844319 844321 844329 844330 844340 844351 844359 844360 844390 844400 844511 844512 844513 844519 844520 844530 844540 844590 844610 844621 844629 844630 844711 844712 844720 844790 844811 844819 844820 844831 844832 844833 844839 844841 844842 844849 844851 844859 844900 845110 845121 845129 845130 845140 845150 845180 845190 845310 845320 845380 845390 845410 845420 845430 845490 845510 845521 845522 845530 847410 847420 847431 847432 847439 847480 847490 847510 847521 847529 847590 847621 847629 847681 847689 847690 847710 847720 847730 847740 847751 847759 847780 847790 847810 847890 847910 847920 847930 847940 847950 847960 847981 847982 847989 847990 901811 901812 901813 901814 901819 901820 901831 901831 901832 901832 901839 901839 901841 901849 901850 901890 901910 901920 902000 902111 902119 902121 902129 902130 902140 902150 902190 902212 902213 902214 902219 902221 902229 902230 902290

行业名称：23 交通运输设备制造业

HS 货品税则号：第 86 87 88 89 章

对应 HS6 位码：860110 860120 860210 860290 860310 860390 860400 860500 860610 860620 860630 860691 860692 860699 860711 860712 860719 860721 860729 860730 860791 860799 860800 860900 870110 870120 870130 870190 870210 870290 870310 870321 870322 870323 870324 870331 870332 870333 870390 870410 870421 870422 870423 870431 870432 870490 870510 870520 870530 870540 870590 870600 870710 870790 870810 870821 870829 870831 870839 870840 870850 870860 870870 870880 870891 870892 870893 870894 870899 870911 870919 870990 871000 871110 871120 871130 871140 871150 871190 871200 871310 871390 871411 871419 871420 871491 871492 871493 871494 871495 871496 871499 871500 871610 871620 871631 871639

871640 871680 871690 880110 880190 880211 880212 880220 880230 880240 880260 880310 880320 880330 880390 880400 880510 880520 880520 890110 890120 890130 890190 890200 890310 890391 890392 890399 890400 890510 890520 890590 890600 890600 890710 890790 890800

行业名称：24 电气机械及器材制造业

HS 货品税则号：84.15 84.50 85.01—16 85.30—39 85.44—48 94.05

对应 HS6 位码：841510 841520 841581 841582 841582 841583 841590 845011 845012 845019 845020 845090 850110 850120 850131 850132 850133 850134 850140 850151 850152 850153 850161 850162 850163 850164 850211 850212 850213 850220 850231 850239 850240 850300 850410 850421 850422 850423 850431 850432 850433 850434 850440 850450 850490 850511 850519 850520 850530 850590 850610 850630 850640 850650 850660 850680 850690 850710 850720 850730 850740 850780 850790 850810 850820 850880 850880 850880 850880 850880 850880 850880 850890 850890 850890 850890 850890 850890 850910 850920 850930 850940 850980 850990 851010 851020 851030 851090 851110 851120 851130 851140 851150 851180 851190 851210 851220 851230 851240 851290 851310 851390 851410 851420 851430 851440 851490 851511 851519 851521 851529 851531 851539 851580 851590 851610 851621 851629 851631 851632 851633 851640 851650 851660 851671 851672 851679 851680 851690 853010 853080 853090 853110 853120 853180 853190 853210 853221 853222 853223 853224 853225 853229 853230 853290 853310 853321 853329 853331 853339 853340 853390 853400 853510 853521 853529 853530 853540 853590 853610 853620 853630 853641 853649 853650 853661 853669 853690 853710 853720 853810 853890 853910 853921 853922 853929 853931 853932 853939 853941 853949 853990 854411 854419 854420 854430 854441 854449 854451 854459 854460 854470 854511 854519 854520 854590 854610 854620 854690 854710 854720 854790 854810 854890 940510 940520 940530 940540 940550 940560 940591 940592

行业名称：25 通信设备、计算机及其他电子设备制造业

HS 货品税则号：84.70—71 85.17—29 85.40—43

对应 HS6 位码：847010 847021 847029 847030 847040 847050 847090 847110 847130 847141 847149 847150 847160 847170 847180 847190 851711 851719 851721 851722 851730 851750 851780 851790 851810 851821 851822 851829 851830 851840 851850 851890 851910 851921 851929 851931 851939 851940 851992 851993 851999 852010 852020 852032 852033 852039 852090 852110 852190 852210 852290 852311 852312 852313 852320 852330 852390

852410 852431 852432 852439 852440 852451 852452 852453 852460 852491 852499 852510 852520 852530 852540 852610 852691 852692 852712 852713 852719 852721 852729 852731 852732 852739 852790 852812 852813 852821 852822 852830 852910 852990 854011 854012 854020 854040 854050 854060 854071 854072 854079 854081 854089 854091 854099 854110 854121 854129 854130 854140 854150 854160 854190 854212 854213 854214 854219 854230 854230 854240 854250 854290 854311 854319 854320 854330 854340 854381 854389 854390

行业名称：26 仪器仪表及文化办公用机械制造业

HS 货品税则号：84.23 84.69 84.72—73 90.01—02 90.05—17 90.23—33 第 91 章

对应 HS6 位码：842310 842320 842330 842381 842382 842389 842390 845590 846911 846912 846920 846930 847210 847220 847230 847290 847310 847321 847329 847330 847340 847350 900110 900120 900130 900140 900150 900190 900211 900219 900220 900290 900510 900580 900590 900610 900620 900630 900640 900651 900652 900653 900659 900661 900662 900669 900691 900699 900711 900719 900720 900791 900792 900810 900820 900830 900840 900890 900911 900912 900921 900922 900930 900990 900990 900990 900990 901010 901041 901042 901049 901050 901060 901090 901110 901120 901180 901190 901210 901290 901310 901320 901380 901390 901410 901420 901480 901490 901510 901520 901530 901540 901580 901590 901600 901710 901720 901730 901780 901790 902300 902410 902480 902490 902511 902519 902580 902590 902610 902620 902680 902690 902710 902720 902730 902740 902750 902780 902790 902810 902820 902830 902890 902910 902920 902990 903010 903020 903031 903039 903040 903082 903083 903089 903090 903110 903120 903130 903141 903149 903180 903190 903210 903220 903281 903289 903290 903300 910111 910112 910119 910121 910129 910191 910199 910211 910212 910219 910221 910229 910291 910299 910310 910390 910400 910511 910519 910521 910529 910591 910599 910610 910620 910690 910700 910811 910812 910819 910820 910891 910899 910911 910919 910990 911011 911012 911019 911090 911110 911120 911180 911190 911210 911280 911290 911310 911320 911390 911410 911420 911430 911440 911490

注：作者根据盛斌（2002）中国工业行业与协调编码货号对应的方法，将 HS96 的六位编码货号对应到中国制造业行业。

附录L 中国制造业同十大贸易伙伴的出口和市场份额

L1 我国同十大贸易伙伴的货物出口额 （单位：亿美元）

出口额	2002年	2003年	2004年	2005年	2006年	2007年	2008年
全球总计/亿美元	3 256.0	4 382.3	5 933.3	7 619.5	9 689.4	12 177.8	14 306.9
美国/亿美元	699.5	924.7	1 249.4	1 628.9	2 034.5	2 326.8	2 523.8
中国香港/亿美元	584.6	762.7	1 008.7	1 244.7	1 553.1	1 844.4	1 907.3
日本/亿美元	484.3	594.1	735.1	839.9	916.2	1 020.1	1 161.3
韩国/亿美元	155.3	200.9	278.1	351.1	445.2	561.0	739.3
德国/亿美元	113.7	174.4	237.6	325.3	403.1	487.1	592.1
荷兰/亿美元	91.1	135.0	185.2	258.8	308.6	414.2	459.2
英国/亿美元	80.6	108.2	149.7	189.8	241.6	316.6	360.7
新加坡/亿美元	69.8	88.6	126.9	166.3	231.9	296.2	323.1
俄罗斯/亿美元	35.2	60.3	91.0	132.1	158.3	284.7	330.8
印度/亿美元	22.7	33.4	59.4	89.3	145.8	240.1	315.9
十国合计/亿美元	2 337.0	3 082.5	4 120.9	5 226.2	6 438.4	7 791.1	8 713.4
十国占全球比重/%	71.8	70.3	69.5	68.6	66.4	64.0	60.9

资料来源：作者根据2003～2009年《中国统计年鉴》里的我国同各国(地区)海关货物出口总额数据统计排序计算而得

L2 中国向十国(地区)和世界的出口额及共同产品出口额

（单位：百万美元）

行业	2001年			2007年		
	向十国(地区)出口	共同产品出口	向世界出口	向十国(地区)出口	共同产品出口	向世界出口
C1	8 116	115 480	123 044	16 271	204 737	218 067
C2	775	22 597	23 383	977	44 740	44 965
C3	140	5 221	5 338	151	6 692	6 692
C4	28 650	103 347	103 347	60 535	155 260	155 263
C5	22 961	74 085	74 085	46 063	99 629	99 630
C6	32 330	62 602	62 606	53 260	91 062	91 062
C7	11 251	70 514	70 787	33 588	116 540	116 540
C8	1 380	50 157	51 259	4 984	75 623	75 630
C9	1 150	10 451	10 451	3 827	17 085	17 085
C10	26 486	47 300	47 300	58 184	81 237	81 237
C11	2 079	69 739	71 554	8 170	234 067	234 067

续表

行业	2001年			2007年		
	向十国(地区)出口	共同产品出口	向世界出口	向十国(地区)出口	共同产品出口	向世界出口
C12	7 947	200 909	203 658	30 319	391 000	401 583
C13	361	44 988	45 976	1 210	143 552	143 553
C14	1 742	15 127	15 129	3 547	17 915	17 915
C15	918	19 254	19 254	5 663	42 080	42 080
C16	8 497	40 124	40 124	18 563	79 658	79 658
C17	6 104	33 630	33 630	15 223	59 045	59 045
C18	1 436	39 382	39 965	18 610	138 332	138 332
C19	2 278	47 402	47 402	9 198	141 234	141 235
C20	11 695	69 254	69 254	41 483	157 199	157 199
C21	5 850	140 233	142 756	23 804	270 516	271 554
C22	3 147	103 568	103 738	39 549	310 935	310 935
C23	3 837	325 365	327 224	16 668	543 058	553 191
C24	33 553	159 276	159 276	89 246	274 327	274 327
C25	53 173	435 956	435 992	245 134	764 056	764 056
C26	11 314	82 983	84 776	20 819	123 002	123 003

资料来源：作者根据联合国 COMTRADE 数据库数据计算而得

L3 中国和世界向十国(地区)的出口额及共同产品出口额

（单位：百万美元）

进口国(地区)	出口国(地区)行业	2001年			2007年		
		中国出口	共同产品出口	世界出口	中国出口	共同产品出口	世界出口
中国香港	C1	1 031.28	4 821.22	5 076.95	1 413.96	6 118.58	6 531.83
	C2	430.92	881.14	882.50	508.59	1 070.05	1 071.22
	C3	69.85	467.57	468.39	83.61	430.37	465.06
	C4	12 470.49	16 987.37	16 990.06	16 228.19	20 699.18	20 704.88
	C5	6 611.15	7 136.49	7 136.49	7 639.23	8 486.40	8 486.40
	C6	9 147.04	11 911.70	11 913.85	9 895.61	14 200.22	14 205.13
	C7	1 473.68	2 310.44	2 315.85	872.57	1 286.99	1 288.63
	C8	574.22	2 198.27	2 204.28	1 146.57	2 238.15	2 239.00
	C9	442.88	663.80	663.80	1 046.51	1 270.61	1 270.61
	C10	6 249.81	7 189.23	7 189.24	9 854.96	12 742.76	12 742.76

续表

进口国（地区）	出口国（地区）行业	2001 年			2007 年		
		中国出口	共同产品出口	世界出口	中国出口	共同产品出口	世界出口
中国香港	C11	212.64	2 095.51	2 837.13	1 383.69	9 467.41	9 467.47
	C12	1 287.10	10 219.42	10 363.43	3 042.65	17 278.41	17 360.10
	C13	74.02	750.12	759.98	126.73	1 288.52	1 296.45
	C14	859.18	3 604.57	3 607.92	1 129.88	2 844.99	2 850.59
	C15	89.69	452.72	457.49	153.30	708.29	708.97
	C16	2 539.17	4 514.76	4 514.80	2 367.77	5 981.75	5 981.75
	C17	969.12	2 052.22	2 053.09	1 183.52	2 798.44	2 799.00
	C18	243.38	2 363.73	2 367.67	1 181.05	3 947.84	3 952.96
	C19	454.54	1 990.99	1 992.86	1 598.45	5 682.68	5 690.26
	C20	2 595.62	3 619.37	3 622.76	2 906.17	4 202.16	4 206.29
	C21	1 110.25	4 911.01	4 928.01	1 992.62	7 821.46	7 841.40
	C22	727.83	4 139.96	4 220.70	3 510.92	10 295.28	10 360.47
	C23	533.79	2 848.13	4 396.99	597.10	4 403.99	4 553.43
	C24	10 569.46	18 301.84	18 313.02	24 810.54	37 314.99	37 356.88
	C25	15 129.50	46 569.37	46 623.33	50 963.35	123 453.70	123 454.11
	C26	4 636.11	11 101.84	11 141.66	7 572.27	15 010.19	15 025.12
德国	C1	353.03	12 790.10	21 235.83	1 086.41	24 662.47	42 799.51
	C2	17.42	2 298.19	3 531.56	38.85	3 586.36	6 062.13
	C3	—	—	669.86	0.11	842.65	1 019.72
	C4	1 041.51	13 714.26	14 659.33	4 101.74	22 947.54	23 112.59
	C5	1 137.82	10 628.40	10 628.40	4 966.95	15 457.39	15 457.39
	C6	1 196.82	7 127.52	7 181.07	3 283.12	11 051.05	11 067.20
	C7	327.47	9 899.25	10 194.65	1 878.41	17 249.70	17 329.97
	C8	37.01	7 003.52	11 696.00	193.31	17 580.16	19 380.67
	C9	29.59	1 654.07	1 672.10	180.91	2 477.66	2 496.33
	C10	1 431.30	3 849.13	3 856.97	5 023.19	8 589.67	8 589.67
	C11	126.58	9 347.16	9 951.30	236.95	19 132.07	20 310.83
	C12	650.55	32 880.64	41 998.10	2 518.69	71 478.42	83 732.14
	C13	50.12	7 938.43	8 962.80	110.30	36 046.44	38 530.63

续表

进口国（地区）	出口国（地区）行业	2001年			2007年		
		中国出口	共同产品出口	世界出口	中国出口	共同产品出口	世界出口
德国	C14	46.65	1 907.01	2 804.86	225.83	3 618.95	3 724.44
	C15	45.77	4 374.71	4 521.82	364.66	10 530.75	10 552.52
	C16	496.36	7 099.01	7 262.47	1 215.11	15 432.41	15 456.71
	C17	377.34	5 854.29	6 280.68	1 312.27	10 004.61	10 061.06
	C18	45.57	4 835.43	9 463.01	1 156.26	31 394.75	35 608.98
	C19	136.73	7 200.81	10 322.97	522.79	34 291.29	35 034.34
	C20	919.47	13 571.26	14 142.75	3 694.50	31 776.67	31 905.13
	C21	503.62	28 289.04	30 077.42	1 975.89	58 003.71	58 842.82
	C22	212.73	15 129.44	17 154.94	4 301.31	49 873.91	50 387.02
	C23	239.85	45 941.47	58 299.39	1 528.81	94 705.15	112 730.36
	C24	2 240.40	26 563.63	27 162.02	7 266.49	52 830.96	53 020.90
	C25	3 603.48	52 349.75	52 425.27	22 075.55	85 168.35	85 169.03
	C26	906.39	11 073.67	11 723.03	1 499.17	18 099.24	18 116.14
印度	C1	7.33	85.38	1 674.39	45.20	315.04	2 933.70
	C2	0.15	19.61	23.67	7.14	96.74	156.28
	C3	—	0.07	1.64	0.58	9.50	11.02
	C4	80.91	371.77	416.73	836.32	1 600.30	1 609.00
	C5	11.52	23.93	28.72	20.19	68.89	70.31
	C6	10.07	177.12	177.88	135.79	540.73	540.83
	C7	3.49	48.72	75.74	214.24	612.08	616.41
	C8	3.21	620.21	742.56	205.50	1 927.99	1 984.40
	C9	0.91	113.82	228.13	33.56	678.67	679.02
	C10	22.83	67.55	68.23	136.19	240.82	240.82
	C11	159.32	193.23	1 746.70	1 157.44	10 404.92	10 661.17
	C12	420.59	4 008.61	5 076.20	4 104.84	18 958.19	20 522.12
	C13	2.33	144.06	163.80	18.29	680.88	699.60
	C14	14.40	300.55	334.83	257.30	659.60	668.56
	C15	1.55	127.32	134.53	155.63	630.36	630.51
	C16	9.18	252.43	257.29	257.26	1 038.98	1 039.58

续表

进口国（地区）	出口国（地区）行业	2001年			2007年		
		中国出口	共同产品出口	世界出口	中国出口	共同产品出口	世界出口
印度	C17	32.50	227.39	237.40	439.45	1 034.20	1 039.66
	C18	13.96	866.10	1 059.88	1 491.77	8 310.74	8 405.37
	C19	53.94	822.75	872.47	410.80	4 130.89	4 211.95
	C20	31.79	468.26	525.86	1 285.05	4 250.06	4 251.33
	C21	43.87	1 382.19	1 619.41	1 043.23	8 525.19	8 700.76
	C22	30.20	1 394.69	1 663.55	1 455.42	10 100.38	10 142.99
	C23	7.09	355.13	902.11	623.70	5 224.75	8 014.64
	C24	96.71	1 127.04	1 174.65	1 906.93	5 987.49	5 994.39
	C25	199.35	2 463.30	2 489.23	6 358.45	15 914.51	15 921.60
	C26	35.27	695.08	740.14	257.47	2 748.24	2 757.80
日本	C1	4 437.91	20 445.68	28 728.91	6 272.41	24 964.34	33 337.56
	C2	220.46	1 882.08	2 318.56	168.07	2 213.11	2 985.98
	C3	9.02	2 004.90	2 025.09	18.71	2 976.45	3 018.15
	C4	8 105.50	11 911.17	12 001.94	12 657.35	16 021.05	16 044.36
	C5	8 225.50	10 533.89	10 533.89	9 758.18	12 191.17	12 191.17
	C6	4 368.56	7 809.50	7 817.45	6 585.21	10 368.74	10 375.11
	C7	1 828.52	9 591.90	9 616.43	3 901.47	12 240.31	12 340.51
	C8	177.28	2 599.21	3 338.78	605.50	3 137.01	3 781.95
	C9	38.94	764.70	766.65	164.12	879.74	879.74
	C10	2 034.41	3 904.48	3 908.20	6 241.47	7 893.86	7 894.01
	C11	372.98	6 775.55	7 863.35	1 477.73	18 805.71	18 948.62
	C12	1 519.46	17 798.76	20 651.63	6 100.92	33 268.37	36 150.24
	C13	91.26	3 344.83	4 220.64	227.33	6 574.61	8 296.02
	C14	109.27	568.98	634.28	244.89	1 075.56	1 111.53
	C15	90.46	1 001.39	1 033.16	479.08	2 050.63	2 050.67
	C16	987.53	3 438.16	3 474.13	2 853.07	6 249.25	6 266.17
	C17	1 170.11	3 183.98	3 205.72	2 163.25	4 912.58	4 912.87
	C18	381.32	2 160.26	2 615.48	1 806.75	8 652.87	8 706.00
	C19	421.09	6 315.62	6 884.58	1 684.97	18 430.51	19 675.40

续表

进口国（地区）	出口国（地区）行业	2001年			2007年		
		中国出口	共同产品出口	世界出口	中国出口	共同产品出口	世界出口
日本	C20	1 440.94	4 669.65	4 690.47	4 756.87	10 079.19	10 082.77
	C21	924.64	8 825.76	10 056.18	3 929.26	17 329.95	19 199.31
	C22	594.51	8 735.11	9 610.13	5 442.99	22 487.16	22 687.82
	C23	718.23	8 270.72	12 126.67	2 348.60	17 132.08	21 789.06
	C24	4 775.60	12 853.61	12 902.03	12 872.04	24 885.11	24 912.81
	C25	6 881.33	47 654.12	47 820.99	22 674.81	64 427.12	64 457.74
	C26	1 648.00	9 663.15	10 465.09	3 380.81	16 055.31	16 103.03
荷兰	C1	120.46	4 027.70	9 200.29	397.04	9 701.63	22 049.86
	C2	4.12	861.10	1 156.42	8.85	2 781.06	3 122.70
	C3	—	—	454.95	0.17	231.63	478.98
	C4	262.00	3 046.64	3 432.43	1 047.75	5 775.04	5 951.33
	C5	320.32	2 611.82	2 613.38	1 081.64	4 148.96	4 149.00
	C6	447.45	2 082.35	2 110.10	1 213.00	3 806.84	3 807.96
	C7	165.62	2 921.99	3 361.56	796.72	6 426.41	6 694.92
	C8	12.32	1 659.25	3 861.77	81.42	4 865.26	6 637.84
	C9	19.10	551.65	567.90	76.60	1 014.70	1 016.91
	C10	507.79	1 915.22	1 919.16	1 002.06	2 534.14	2 535.59
	C11	40.65	3 849.89	4 299.28	70.35	20 612.12	24 274.81
	C12	253.82	8 385.92	14 297.81	877.96	24 879.76	34 977.90
	C13	4.63	3 570.92	4 209.82	30.29	14 609.97	15 135.33
	C14	12.55	275.69	686.38	64.12	693.13	925.01
	C15	22.42	1 285.26	1 344.42	180.29	3 034.11	3 070.27
	C16	231.72	2 576.76	2 787.50	459.43	5 440.19	5 555.34
	C17	114.72	1 136.20	1 570.76	416.46	2 881.00	3 161.61
	C18	49.04	418.06	2 748.46	370.36	8 443.31	12 231.61
	C19	29.33	1 158.16	2 367.54	243.40	6 662.08	8 404.26
	C20	255.14	3 798.41	4 351.25	1 142.72	9 540.16	9 671.96
	C21	121.51	4 996.56	5 499.58	421.59	11 517.05	12 068.89
	C22	106.42	5 217.26	6 763.82	2 581.54	27 463.64	28 669.98

续表

进口国（地区）	出口国（地区）行业	2001年			2007年		
		中国出口	共同产品出口	世界出口	中国出口	共同产品出口	世界出口
荷兰	C23	87.03	4 053.16	13 845.00	397.02	23 178.90	24 613.79
	C24	563.40	6 289.05	6 495.35	1 901.97	12 231.72	12 246.32
	C25	2 769.60	28 086.14	28 332.85	17 719.04	53 279.26	53 288.02
	C26	286.06	4 373.67	4 731.88	366.25	6 038.88	6 072.37
韩国	C1	785.76	3 724.09	4 718.49	1 900.24	6 390.31	9 838.32
	C2	25.58	342.37	347.93	54.63	629.57	657.24
	C3	2.14	215.22	215.24	0.04	66.43	67.43
	C4	985.04	2 419.89	2 439.40	2 322.70	3 955.77	3 958.87
	C5	675.64	980.58	980.58	2 281.19	2 871.52	2 871.52
	C6	422.18	1 194.29	1 194.55	1 474.65	2 614.55	2 620.40
	C7	201.41	1 193.55	1 197.36	1 462.86	2 961.29	2 962.24
	C8	39.13	1 533.82	1 827.90	311.99	2 826.54	3 244.32
	C9	4.03	214.97	215.76	38.38	354.40	354.40
	C10	202.13	681.33	684.17	657.63	1 504.91	1 504.91
	C11	362.25	5 112.77	5 142.60	860.88	13 887.71	13 891.11
	C12	900.89	10 636.41	12 390.45	3 915.23	25 944.34	28 158.40
	C13	12.62	584.56	718.71	87.17	2 467.01	2 756.65
	C14	468.58	1 406.93	1 421.00	746.59	1 610.25	1 667.37
	C15	32.13	332.85	336.66	220.96	914.19	914.28
	C16	78.31	1 064.38	1 141.94	644.74	3 994.05	3 994.82
	C17	276.33	1 587.80	1 608.31	1 633.03	4 843.10	4 843.18
	C18	422.85	4 272.31	4 956.86	8 073.09	23 086.83	23 303.61
	C19	426.71	3 811.53	3 990.76	2 530.28	14 191.22	15 047.42
	C20	290.79	1 973.98	2 005.63	2 856.54	6 805.62	6 809.68
	C21	185.47	5 467.03	6 128.74	1 395.72	14 073.94	14 491.86
	C22	79.14	4 825.02	5 414.20	1 557.10	19 370.68	19 488.71
	C23	89.33	2 432.07	3 093.61	992.92	8 731.92	11 281.65
	C24	1 502.02	6 992.23	7 005.38	8 117.90	18 139.35	18 151.40
	C25	1 940.51	24 962.23	25 039.88	11 050.23	44 791.20	44 809.98
	C26	291.81	4 542.80	4 949.81	1 479.35	10 132.32	10 165.04

续表

进口国（地区）	出口国（地区）行业	2001 年			2007 年		
		中国出口	共同产品出口	世界出口	中国出口	共同产品出口	世界出口
俄罗斯	C1	62.05	2 672.61	5 874.52	523.53	5 570.79	15 132.76
	C2	10.50	508.45	752.21	33.60	1 435.66	2 676.60
	C3	0.27	6.59	157.01	0.01	0.02	175.70
	C4	136.29	617.23	701.20	1 005.40	2 938.87	3 030.08
	C5	76.26	191.69	192.10	848.69	1 718.10	1 718.10
	C6	202.97	397.48	408.05	1 840.18	2 832.75	2 835.94
	C7	10.90	407.51	415.49	403.24	2 246.18	2 252.24
	C8	30.45	783.93	982.40	91.18	3 152.90	3 245.77
	C9	7.02	336.42	340.11	37.49	931.00	943.25
	C10	145.73	313.78	313.86	649.61	1 140.71	1 140.76
	C11	63.53	257.20	263.13	162.88	933.67	995.10
	C12	113.21	2 131.98	4 176.52	1 016.95	13 650.24	14 536.00
	C13	5.20	1 181.05	1 801.13	14.53	6 091.22	6 680.62
	C14	29.32	196.14	263.58	136.24	654.94	664.06
	C15	9.77	228.71	336.77	125.43	1 693.81	1 718.82
	C16	46.16	645.08	667.08	468.11	3 609.42	3 643.83
	C17	58.02	579.14	615.10	757.67	2 597.54	2 609.04
	C18	5.96	422.69	850.58	668.69	5 574.68	5 749.66
	C19	3.53	164.69	365.58	96.50	851.30	1 108.31
	C20	79.17	1 120.84	1 625.26	1 366.06	8 218.12	8 306.77
	C21	11.71	1 827.91	2 135.09	1 026.65	10 198.08	10 616.95
	C22	25.05	2 970.77	3 699.57	1 708.26	20 086.43	20 531.53
	C23	20.71	811.72	2 426.28	1 705.19	33 607.44	35 982.83
	C24	51.25	1 393.33	1 552.26	1 792.96	9 554.35	9 808.05
	C25	193.02	2 115.06	2 136.44	6 333.74	16 220.25	16 221.99
	C26	35.21	617.93	696.12	415.15	3 044.48	3 172.27
新加坡	C1	144.47	1 672.13	2 173.39	219.61	3 559.32	4 123.43
	C2	9.81	428.55	498.28	27.87	1 441.18	1 446.34
	C3	37.37	583.27	587.81	40.67	327.60	328.01

续表

进口国（地区）	出口国（地区）行业	2001年			2007年		
		中国出口	共同产品出口	世界出口	中国出口	共同产品出口	世界出口
新加坡	C4	249.69	1 798.94	1 815.32	578.66	2 293.48	2 298.07
	C5	107.77	612.76	614.07	378.40	1 013.63	1 013.63
	C6	112.65	547.01	553.23	384.34	1 088.96	1 093.17
	C7	64.18	566.76	579.05	236.94	1 032.89	1 035.12
	C8	33.23	681.42	733.42	117.70	1 161.17	1 174.85
	C9	4.84	306.92	309.95	18.03	528.89	528.89
	C10	127.32	547.61	547.66	448.43	983.04	983.05
	C11	439.47	6 985.47	6 996.22	2 095.34	30 118.08	30 121.70
	C12	242.49	5 787.47	6 785.45	907.59	13 796.30	14 441.21
	C13	15.88	395.70	429.98	70.45	1 251.49	1 326.16
	C14	47.93	235.21	268.38	96.47	233.90	263.94
	C15	37.54	435.50	445.54	162.24	833.01	846.73
	C16	65.54	1 033.95	1 045.70	328.65	2 087.54	2 088.92
	C17	71.60	743.15	761.07	184.74	1 249.06	1 249.54
	C18	28.55	801.68	1 007.55	958.27	3 369.48	3 399.15
	C19	400.02	1 405.16	1 586.91	586.21	4 184.66	4 230.21
	C20	162.48	2 336.86	2 360.99	1 136.84	6 150.94	6 182.14
	C21	158.26	4 430.62	4 705.23	818.40	11 746.35	12 080.81
	C22	118.55	4 964.37	5 223.05	3 823.50	25 140.70	25 288.00
	C23	109.70	2 063.88	6 451.62	647.44	10 596.83	13 136.56
	C24	871.43	8 464.38	8 497.99	2 716.33	13 436.64	13 436.76
	C25	2 113.10	36 613.72	36 640.34	13 038.58	75 352.13	75 354.44
	C26	229.51	3 566.25	3 749.51	552.99	7 051.02	7 054.94
英国	C1	129.58	7 059.86	16 011.38	426.09	18 588.40	33 463.96
	C2	13.37	3 505.80	4 537.52	28.40	8 012.08	8 625.57
	C3	0.08	124.42	215.93	0.07	351.93	474.23
	C4	1 078.50	9 920.45	10 359.17	3 461.75	18 017.67	18 168.38
	C5	1 096.07	7 079.05	7 080.28	3 918.74	12 690.32	12 690.32
	C6	1 093.02	5 084.61	5 104.37	3 076.29	9 105.32	9 106.76

续表

进口国（地区）	出口国（地区）行业	2001年			2007年		
		中国出口	共同产品出口	世界出口	中国出口	共同产品出口	世界出口
英国	C7	501.84	6 914.06	7 273.29	3 233.62	16 182.45	16 286.33
	C8	71.57	4 913.38	8 066.10	364.55	10 683.75	11 803.34
	C9	127.53	1 990.59	1 994.70	392.80	3 430.15	3 430.15
	C10	1 610.75	3 940.25	3 940.83	4 674.91	8 573.79	8 573.79
	C11	9.27	71.85	5 117.12	158.93	23 816.57	24 640.58
	C12	391.95	16 361.87	23 047.14	1 110.92	40 870.72	45 500.90
	C13	8.89	7 379.60	8 663.54	106.42	17 837.54	19 674.68
	C14	58.90	1 600.08	2 063.50	108.11	1 724.34	1 813.16
	C15	50.28	2 046.02	2 254.80	421.09	5 092.65	5 110.30
	C16	613.41	5 090.77	5 226.38	1 171.17	10 632.81	10 667.92
	C17	229.99	3 109.23	3 290.28	1 029.47	6 757.37	6 769.60
	C18	26.11	1 053.43	3 432.28	564.95	8 718.77	9 730.13
	C19	56.71	2 550.07	4 589.62	221.92	8 085.83	11 258.40
	C20	769.01	7 642.66	8 129.18	3 021.42	17 625.53	17 844.30
	C21	449.38	17 006.39	18 235.30	1 501.46	34 732.64	35 109.04
	C22	121.61	10 202.57	11 930.24	1 060.96	26 912.37	27 479.16
	C23	156.39	27 774.89	39 952.13	553.74	73 569.99	77 224.84
	C24	1 638.59	14 345.15	14 579.63	4 262.71	25 091.03	25 091.03
	C25	2 019.88	43 587.14	43 632.54	8 269.04	57 158.61	57 169.02
	C26	366.68	9 349.47	9 561.91	608.25	10 662.71	10 666.60
美国	C1	1 043.90	20 746.54	28 349.44	3 986.68	38 705.25	47 856.15
	C2	43.08	6 565.66	9 333.89	100.51	15 509.66	18 160.56
	C3	21.16	248.33	542.47	7.33	222.60	653.37
	C4	4 239.67	39 968.74	40 531.63	18 294.98	60 301.56	60 388.70
	C5	4 698.68	34 277.01	34 277.18	15 170.02	40 982.12	40 982.12
	C6	15 329.28	26 136.34	26 145.34	25 371.83	35 408.36	35 409.36
	C7	6 673.40	33 871.63	35 757.67	20 587.73	55 723.22	55 733.71
	C8	402.00	14 163.37	17 806.27	1 866.41	18 257.49	22 137.38
	C9	474.92	3 691.68	3 691.68	1 838.91	5 485.26	5 485.26

续表

进口国（地区）	出口国（地区）行业	2001年			2007年		
		中国出口	共同产品出口	世界出口	中国出口	共同产品出口	世界出口
美国	C10	14 153.72	24 872.00	24 872.00	29 495.52	37 031.52	37 031.52
	C11	292.72	26 770.48	27 337.40	565.82	80 120.23	80 755.97
	C12	2 166.81	58 197.93	64 871.51	6 723.74	95 514.94	106 203.87
	C13	95.96	12 566.82	16 045.88	418.70	45 605.52	49 156.90
	C14	95.37	2 428.98	3 044.26	537.70	4 204.96	4 226.07
	C15	538.02	8 381.61	8 388.53	3 399.97	16 472.39	16 476.44
	C16	3 429.29	13 744.99	13 746.79	8 797.34	24 963.22	24 963.22
	C17	2 804.00	13 875.71	14 007.35	6 103.39	21 596.59	21 599.29
	C18	218.83	8 425.53	11 463.06	2 339.26	25 198.15	27 244.39
	C19	295.89	11 615.86	14 428.94	1 302.87	35 226.85	36 574.36
	C20	5 150.82	27 512.78	27 799.84	19 317.32	57 938.11	57 938.11
	C21	2 341.76	53 347.64	59 370.62	9 698.74	88 038.54	92 602.48
	C22	1 131.41	36 110.86	38 057.89	14 106.82	94 886.87	95 898.98
	C23	1 874.48	170 701.54	185 730.24	7 273.79	234 245.08	243 864.33
	C24	11 244.01	60 380.46	61 593.82	28 107.66	97 553.11	97 553.11
	C25	18 322.98	150 644.75	150 851.53	86 651.52	228 152.36	228 210.24
	C26	2 878.93	25 889.67	27 016.92	4 687.04	33 869.10	33 869.23

注："—"表示由于2001年没有中国该行业对该国的出口数据，所以无法计算
资料来源：作者根据联合国COMTRADE数据库数据计算而得

L4　中国制造业各行业在各国（地区）市场份额的增量

（2007年比2001年的增量）

行业	中国香港	德国	日本	印度	荷兰	韩国	俄罗斯	新加坡	英国	美国
C1	1.33	0.88	3.37	1.10	0.49	2.66	2.40	−1.32	0.46	4.65
C2	−1.35	0.15	−3.88	3.95	−0.07	0.96	−0.14	−0.04	0.03	0.09
C3	3.06	0.00	0.17	5.01		−0.94	−0.17	6.04	−0.02	−2.78
C4	4.98	10.64	11.35	32.56	9.97	18.29	13.74	11.43	8.64	19.84
C5	−2.62	21.43	1.96	−11.40	13.81	10.54	9.70	19.78	15.40	23.31
C6	−7.11	13.00	7.59	19.45	10.65	20.93	15.15	14.80	12.37	13.02
C7	4.08	7.63	12.60	30.14	6.97	32.56	15.28	11.81	12.96	13.28
C8	25.16	0.68	10.70	9.92	0.91	7.48	−0.29	5.49	2.20	6.17

续表

行业	中国香港	德国	日本	印度	荷兰	韩国	俄罗斯	新加坡	英国	美国
C9	15.64	5.48	13.58	4.54	4.17	8.96	1.91	1.85	5.06	20.66
C10	−9.60	21.37	27.01	23.10	13.06	14.16	10.52	22.37	13.65	22.74
C11	7.12	−0.11	3.06	1.74	−0.66	−0.85	−7.78	0.67	0.46	−0.37
C12	5.11	1.46	9.52	11.72	0.73	6.63	4.29	2.71	0.74	2.99
C13	0.04	−0.27	0.58	1.19	0.09	1.41	−0.07	1.62	0.44	0.25
C14	15.82	4.40	4.80	34.18	5.10	11.80	9.39	18.69	3.11	9.59
C15	2.02	2.44	14.61	23.53	4.20	14.62	4.40	10.73	6.01	14.22
C16	−16.66	1.03	17.11	21.18	−0.04	9.28	5.93	9.47	−0.76	10.30
C17	−4.92	7.04	7.53	28.58	5.87	16.54	19.61	5.38	8.22	8.24
C18	19.60	2.77	6.17	16.43	1.24	26.11	10.93	25.36	5.05	6.68
C19	5.28	0.17	2.45	3.57	1.66	6.12	7.74	−11.35	0.74	1.51
C20	−2.56	5.08	16.46	24.18	5.95	27.45	11.57	11.51	7.47	14.81
C21	2.88	1.68	11.27	9.28	1.28	6.60	9.12	3.41	1.81	6.53
C22	16.64	7.30	17.80	12.53	7.43	6.53	7.64	12.85	2.84	11.74
C23	0.97	0.94	4.86	7.00	0.98	5.91	3.89	3.23	0.33	1.97
C24	8.70	5.46	14.65	23.58	6.86	23.28	14.98	9.96	5.75	10.56
C25	8.83	19.05	20.79	31.93	23.48	16.91	30.01	11.54	9.83	25.82
C26	8.79	0.54	5.25	4.57	−0.01	8.66	8.03	1.72	1.87	3.18

注：行业代码和行业分类见附录 C
资料来源：根据联合国 COMTRADE 数据库数据计算而得